JANSENISTICA TE MECHELEN

ANNUA NUNTIA LOVANIENSIA

Uitgegeven door / Published by
Faculteit der Godgeleerdheid / Faculty of Theology
Katholieke Universiteit Leuven

XXVIII

JANSENISTICA TE MECHELEN
HET ARCHIEF VAN HET AARTSBISDOM

CONSTANT VAN DE WIEL

LEUVEN
UNIVERSITY PRESS

UITGEVERIJ PEETERS
LEUVEN

1988

CIP KONINKLIJKE BIBLIOTHEEK ALBERT I, BRUSSEL

ISBN 90 6186 287 6 (Leuven University Press)
D/1988/1869/21

ISBN 90-6831-144-1 (Uitgeverij Peeters)
D/1988/0602/59

Leuven University Press/Presses Universitaires de Louvain
Universitaire Pers Leuven
Krakenstraat 3, B-3000 Leuven-Louvain (Belgium)

VOORWOORD

Het archief van het aartsbisdom te Mechelen bezit een rijke verzameling in verband met het Jansenisme, *Museum Bellarminum* genaamd. Ze wordt slechts weinig benut in de studies over het Jansenisme. In de bronnenuitgaven van Lucianus Ceyssens, die lopen van 1640 tot 1682, zijn akten uit deze verzameling wel opgenomen. Een inventaris van de volledige verzameling is zeker gewenst. Pater Ceyssens spoorde ons ertoe aan om de inventaris op te stellen en hielp ons bij de totstandkoming ervan. Wij zijn er hem dankbaar voor.

De belangstelling van de Theologische Faculteit voor dit onderwerp is wel bekend. In onze bijdrage over "de studie van het Jansenisme aan de Theologische Faculteit te Leuven" brengen we daarover enige informatie. We stellen het op prijs dat de Faculteit de uitgave van onze inventaris opneemt in haar *Annua Nuntia Lovaniensia*.

Leuven, 1988. C. Van de Wiel

INHOUDSTAFEL

INLEIDING

De tentoonstelling "Jansenius en het Jansenisme in de Nederlanden"[1], die te Leuven georganiseerd werd in de bibliotheek van de faculteit der godgeleerdheid van 4 april tot 6 mei 1979, bracht ons op de gedachte een overzicht te publiceren van de documenten over het Jansenisme die in het aartsbisschoppelijk archief te Mechelen bewaard zijn.

Diverse omstandigheden hebben inderdaad geleid tot een vrij aanzienlijke verzameling te Mechelen. Leuven, bakermat van het Jansenisme, was in het aartsbisdom Mechelen gelegen. Ieper, waar Cornelius Jansenius bisschop was (1635-1638), was een suffragaan bisdom van het aartsbisdom. Jansenius was tevens bevriend met aartsbisschop Jacobus Boonen (1625-1655) en met Antonius Triest, bisschop van Gent (1622-1657). Ook de aartsbisschoppen Andreas Cruesen (1657-1666) en Alphonsus de Berghes (1670-1689) hadden veel met het Jansenisme te maken. Humbertus Gullielmus de Precipiano (1690-1711) en Thomas Philippus d'Alsace (1715-1759), die het Jansenisme vijandig gezind waren, brachten veel documentatie samen. H.G. de Precipiano legde beslag op de omvangrijke papieren van Quesnel en van Du Vaucel[2]. Na de afschaffing van de jezuïeten in 1773 werden o.a. het *Museum Bellarminum*[3] en de documentatie van Alphonsus Huylebroucq[4], de z.g. *acta authentica*, op het aartsbisschoppelijk archief gedeponeerd.

In dit repertorium behandelen we vooreerst de eigenlijke verzameling *jansenistica*, zoals die in het archief van het aartsbisdom bewaard wordt. Ze bestaat uit 58 registers en vele losse stukken, bijeengebracht in 54 bundels. Verscheidene bundels en registers behoorden, zoals reeds gezegd, tot het *Museum Bellarminum.* Daarvan waren 43 registers genummerd van B tot N. Die oude alfabetische volgorde wordt tussen haakjes vermeld naast onze nieuwe nummering. Het is moeilijk uit te maken of de overige registers en liassen al dan niet tot het *Museum Bellarminum* behoorden. In ieder geval is ons niet bekend hoe ze in het archief beland zijn. We hebben de oorspronkelijke titel van ieder register bewaard en het aantal akten met hun begin- en einddatum vermeld.

Vele registers bezitten een eigen index, steeds van dezelfde hand. We kunnen hier niet onvermeld laten dat verschillende akten, in de index aangegeven, verdwenen zijn. Voor die ontbrekende stukken wordt, zo mogelijk, aangeduid waar die in andere werken verschenen.

Wanneer het ons nuttig lijkt, verwijzen we naar publikaties die de materie behandelen. Meestal gaat het over de bronnenuitgaven en studies van Lucianus CEYSSENS. We gebruiken de hierna volgende afkortingen.

Sources I:
Sources relatives aux débuts du jansénisme et de l'anti-jansénisme (1640-1643), (Bibliothèque de la Revue d'histoire ecclésiastique = BRHE 31), Leuven, 1957.

Sources II:
La première bulle contre Jansénius. Sources relatives à son histoire (1644-1653), (Bibliothèque de l'Institut historique belge de Rome = BIHBR 9), t. I (1644-1649), Brussel-Rome, 1961.

Sources III:
La première bulle contre Jansénius. Sources relatives à son histoire (1644-1653) (BIHBR 9), t. II (1650-1653), Brussel-Rome, 1962.

Sources IV:
La fin de la première période du jansénisme. Sources des années 1654-1660 (BIHBR 12), t. I (1654-1656), Brussel-Rome, 1963.

Sources V:
La fin de la première période du jansénisme. Sources des années 1654-1660 (BIHBR 13), t. II (1657-1660), Brussel-Rome, 1965.

Sources VI:
Sources relatives à l'histoire du jansénisme et de l'anti-jansénisme des années 1661-1672 (BRHE 45), Leuven, 1968.

Sources VII:
La seconde période du jansénisme, t. I: *Les débuts. Sources des années 1673-1676* (BIHBR 17), Brussel-Rome, 1968.

Sources VIII:
Sources relatives à l'histoire du jansénisme et de l'anti-jansénisme des années 1677-1679 (BHRE 59), Leuven, 1974.

Sources IX:
La seconde période du jansénisme, t. II: *Sources des années 1680-1682* (BIHBR 19), Brussel-Rome, 1974.

Voor de gedrukte werken die erin voorkomen verwijzen we eventueel naar L. WILLAERT, *Bibliotheca Janseniana Belgica*, 3 vol., Namen-Parijs, 1949-1951.

Vermits het jansenisme in verscheidene kloosterinstellingen was doorgedrongen, zijn daarvan sporen te vinden in de verzameling Religieuzen, o.a. in de *archivalia* van de oratorianen, de jezuïeten, de maricolen (Leuven) en de dominicanen. We vinden ook *jansenistica* in de verzamelingen Vicariaat, *Nuntii et internuntii* en Amatus Coriache (1600-1681). Ook in de verzameling Oude Universiteit Leuven, nrs. 344-346, die betrekking hebben op de theologische faculteit (1620-1794), bevinden zich enkele bescheiden over C. Jansenius en over jansenisten en anti-jansenisten, alsook twee eigenhandig geschreven brieven van C. Jansenius[5]. Daarenboven bevatten de talrijke dossiers van de aartsbisschoppen Jacobus Boonen (+ 1655) tot Thomas Philippus d'Alsace (+ 1759) en de registers *Episcopalia Mechliniensia* uit dezelfde jaren meerdere documenten van jansenistische aard. Er zijn ook gedrukte stukken in verschillende bundels bijeengebonden (*Janseniana* I - X). De analyse van al die akten volgt hier in ons repertorium na die van de eigenlijke *jansenistica*.

In 1912 hebben Jozef Laenen, archivaris van het aartsbisdom[6], en Florent Fierens uit Leuven voor het eerst de aandacht op de Mechelse verzameling gevestigd[7]. Laenen beperkte zich tot een vermelding van het bestaan van talrijke registers van het *Museum Bellarminum*. Fierens gaf slechts een opsomming van de titels van de eerste 18 registers (B-E5). Daarbij uitte hij de wens dat "ce travail important puisse dans un avenir prochain être mené à bonne fin"[8].

NOTEN BIJ DE INLEIDING

1. J. ROEGIERS, *Jansenius en het Jansenisme in de Nederlanden*. (Cataloog tentoonstelling Bibliotheek Faculteit der Godgeleerdheid, Leuven 4 april - 6 mei 1979), Leuven, 1979. - De tentoongestelde documenten waren ontleend aan de bibliotheek van de faculteit der godgeleerdheid, de universiteitsbibliotheek en het universiteitsarchief te Leuven en aan het archief van het grootseminarie te Gent. Het aartsbisschoppelijk archief te Mechelen bleef onvermeld.

2. Cfr. L. CEYSSENS, *Les papiers de Quesnel saisis à Bruxelles et transportés à Paris en 1703 et 1704*, in *Revue d'histoire ecclésiastique* 44 (1949) 508-511 (= *Jansenistica minora*, I, fasc. 5).

3. Het *Museum Bellarminum* dankt zijn ontstaan aan Robertus Bellarminus (1542-1621). Als kardinaal (gecreëerd 3 maart 1599) stichtte hij een fonds tot onderhoud van de Hollandse en de Zuidnederlandse jezuïeten die de katholieke leer verdedigden tegen het calvinisme. Aanvankelijk verbleven ze in hun eigen klooster. In het begin van de 18de eeuw vestigden zij zich allen te Mechelen in het jezuïetencollege. De jezuïeten bekampten er het Jansenisme, de grote ketterij van die tijd.

4. Alfons Huylebroucq (1667-1722) werd door Kardinaal Th.-Ph. d'Alsace aangesteld tot bibliothecaris van het museum. Cfr. C. SOMMERVOGEL, *Bibliothèque de la Compagnie de Jésus*, IV, 1893, 539; J. REUSENS, *Huylebroucq (Alphonse)*, in *Biographie nationale*, IX, 749-752.

5. Cfr. L. CEYSSENS, *Deux nouvelles lettres originales de Corneille Jansénius*, in *Revue d'histoire ecclésiastique* 76 (1981) 81-83. - Het op p. 81 vermelde dossiernummer is 344, niet 343.

6. *Annuaire de l'archevêché de Malines*, 1912, p. VIII.

7. Cfr. *Rapport sur les travaux du Séminaire historique pendant l'année académique 1910-1911*, première section: *Faculté de théologie*, in *Annuaire de l'Université catholique de Louvain*, 1912, p. 407-408. In 1914 noteerde A. Legrand dat een vijftigtal volumes van het *Museum Bellarminum* in het aartsbisschoppelijk archief voorhanden zijn, cfr. *Mélanges d'histoire offerts à Charles Moeller* (Recueil de travaux ... d'histoire et de philologie, fasc. 41), II, Leuven-Parijs, 1914, p. 327, noot 2.

8. *Annuaire de l'Université catholique de Louvain*, 1912, p. 408.

DE STUDIE VAN HET JANSENISME

AAN DE THEOLOGISCHE FACULTEIT TE LEUVEN

Aan de theologische faculteit te Leuven is de belangstelling niet nieuw voor Cornelius Jansenius, ooit hoogleraar in de H. Schrift aan de Leuvense faculteit[1], en voor de jansenistische en anti-jansenistische pennetwisten die na de verschijning van zijn werk *Augustinus* (1640) gedurende anderhalve eeuw de katholieke Kerk in bijna alle landen van Europa in beroering brachten[2].

Al werd de kerkgeschiedenis voor het einde van de 18de eeuw aan de theologische faculteit niet *ex professo* gedoceerd [3], toch werd ze in andere kerkelijke wetenschappen behandeld en was de theologische faculteit erg betrokken bij tijdstromingen als humanisme, protestantisme, baianisme en jansenisme[4]. De debatten en discussies hieromtrent, bewaard in de universiteitsbibliotheek, zouden later een bron van studie worden.

Vanaf de heroprichting van de universiteit in 1834 had de theologische faculteit een leerstoel voor kerkgeschiedenis. Guillaume-Henri Wouters (1802-1872), professor in de kerkgeschiedenis aan het grootseminarie te Luik, was de eerste die de leerstoel bekleedde [5]. In zijn *Historiae ecclesiasticae compendium*, een handboek van kerkgeschiedenis in drie volumes te Leuven uitgegeven in 1842-1843, schreef hij in het derde deel uitvoerig over de jansenistische twisten vanaf 1640 tot het midden der 18de eeuw[6]. In een later werk, dat het voorgaande moest vervolledigen, de *Dissertationes in selecta historiae ecclesiasticae capita*[7], behandelt hij de doctrinele controversen, evenwel slechts van de eerste veertien eeuwen van de Kerk. De dood heeft de afwerking onderbroken.

Bernard Jungmann (1833-1895), professor in de dogmatiek aan het grootseminarie te Brugge, werd de opvolger van H.G. Wouters en doceerde de kerkgeschiedenis aan de theologische faculteit van 1871 tot 1895[8]. In zijn levenswerk, de vijfdelige *Dissertationes selectae*, een uitwerking van zijn colleges, zette hij de doctrinele twisten uiteen die de Kerk en vooral het pausdom beroerden tot het einde van de 18de eeuw[9]. De 40ste dissertatie is getiteld *De Jansenismo*. In een hondertal bladzijden beschrijft hij de oorsprong en verspreiding van het jansenisme; de veroordeling van de vijf proposities en de *Pax Clementina*, de constitutie *Unigenitus* en het Utrechtse schisma[10]. Een resumé hiervan vinden we in het *Kirchenlexicon*[11]. Het einde van zijn loopbaan bekroonde Jungmann met de stichting van een Seminarie voor Kerkgeschiedenis[12]. Een speciale studie over Jansenius' laatste levensdagen en zijn onderwerping aan de H. Stoel werd door B. Jungmann en zijn studenten uitgegeven in 1893[13]. Het was het derde werk van het pas opgerichte kerkhistorisch seminarie. Het werd wereldwijd geprezen[14].

Na de plotse dood van B. Jungmann in 1895 werd de leerstoel van kerkgeschiedenis toegewezen aan Alfred Cauchie (1860-1922)[15]. Afkomstig uit het bisdom Doornik, werd hij na zijn doctoraat in 1890 verbonden aan de faculteit van Wijsbegeerte en Letteren. Het werd zijn taak ook het college kerkgeschiedenis uit te bouwen als een beschrijving van de christelijke civilisatie en dan in welomschreven gebieden gedurende een bepaalde periode. Zijn beide voorgangers hadden de kerkgeschiedenis bestudeerd en gedoceerd in functie van de theologie, maar kerkgeschiedenis mocht niet alleen gezien worden als een hulpwetenschap van dogmatiek, moraal en kerkelijk recht. A. Cauchie, die zijn colleges bleef geven aan de faculteit Wijsbegeerte en Letteren, stichtte in 1896 het Historisch Seminarie in de schoot van die faculteit[16]. Hij had hierbij het opzet een deel van zijn werkzaamheid te wijden aan de studie van het jansenisme en enkele van zijn leerlingen in die zin te oriënteren[17].

Over de oorsprong van het jansenisme en de jansenistische twisten tot de vrede van Clemens IX in 1669 heeft hij zelf geschreven in 1898[18]. Op het 23ste archeologisch en historisch congres dat in 1913 te Gent gehouden werd[19], wees hij openlijk op het gebrek aan ernstig onderzoek van het jansenisme, dat toch het religieuze, het intellectuele en zelfs het politieke leven in de 17de en de 18de eeuw sterk had beïnvloed[20]. Zijn oproep bleef niet onopgemerkt. We kunnen hier wijzen op de zeven artikelen die in 1914 met betrekking tot het pausdom in de feestbundel van Charles

Moeller verschenen zijn. Alle auteurs zijn oud-studenten van het Historisch Seminarie[21]. Cauchie leidde daarenboven de dissertatie van J. Laferrière over Jean Duvergier, abt van Saint-Cyran[22], en die van Albert De Meyer.

Albert De Meyer (1887-1952)[23], die in 1922 zijn opvolger zou worden als professor in de kerkgeschiedenis, schreef zijn proefschrift in de theologie onder leiding van A. Cauchie: *Les premières controverses jansénistes en France (1640-1649)*[24]. Het was de kroon op A. Cauchie's onderwijs. A. De Meyer is ook auteur van vier artikelen met betrekking tot janseniaanse kwesties[25]. Onder zijn leiding werden ook drie doctoraatsthesissen geschreven met betrekking tot dat onderwerp. Vooreerst in 1927 die van Pontianus Polman over *Jansenius contra Voetius*, over de geschiedenis der polemiek tussen katholieken en protestanten in Nederland tussen 1630 en 1635[26]. Een tweede, in 1940, was die van Robert Guelluy over de ontwikkeling van de theologische methoden te Leuven van Erasmus tot Jansenius[27]; en een derde, in 1948, die van Achille Roets over Libertus Fromondus en zijn polemiek tegen de calvinisten[28].

Nog andere Leuvense professoren maakten zich verdienstelijk op dit gebied. Arthur Janssen (1886-1979)[29], ook oud-student van A. Cauchie, bestudeerde de rol van de jezuïet François Annat in de veroordeling van de vijf proposities[30], alsook het contritionisme en het attritionisme te Gent en te Kortrijk[31]. Louis Jadin (1903-1972)[32] heeft onder zijn menigvuldige werken[33] ook enkele artikelen over het jansenisme[34]. In zijn lijvig boek over de briefwisseling tussen aartsbisschop Thomas Philippus d'Alsace en de H. Stoel beschreef hij de jansenistische toestanden in de Mechelse kerkprovincie en de tussenkomt van d'Alsace tot in Frankrijk en de Nederlanden toe[35].

Uiteraard mogen we het oeuvre van de minderbroeder Lucianus Ceyssens niet onvermeld laten. Ruim 25 jaar was hij professor in de kerkgeschiedenis aan het *Antonianum* te Rome en sinds 1963 houdt hij zich uitsluitend met het jansenisme bezig[36]. In de uitgaven van documenten en in zijn studies over jansenisme en anti-jansenisme speelt de universiteit van Leuven, in het bijzonder de theologische faculteit, een grote rol[37]. Hij publiceerde drie van de *Sources* in de *Bibliothèque de la Revue d'histoire ecclésiastique*[38]. De akten van het Congres over Jansenius en het jansenisme in de Nederlanden dat van 4 tot 7 april 1979 door de theologische faculteit te zijner eer werd georganiseerd, verschenen in de *Bibliotheca Ephemeridum Theologicarum Lovaniensium*[39]. Een tentoonstelling van 4 april tot 6 mei verlevendigde dit colloquium[40]. In 1987 gaf dezelfde *Bibliotheca* de artikels uit die L. Ceyssens en A.J.G. Tans van 1981 tot 1984 met betrekking tot de bul *Unigenitus* schreven[41]. De bul *Unigenitus* (1713) van Clemens XI heeft de hele Westerse Kerk beroerd door de veroordeling van 101 proposities getrokken uit *Nouveau Testament en français avec de Réflexions morales van Pasquier Quesnel.*

Ook professor R. Aubert[42] geeft steeds blijk van interesse voor het jansenisme. In zijn colleges was de jansenistische controverse een van zijn geliefde onderwerpen[43]. In de *Revue d'histoire ecclésiastique*, waarvan hij de leiding heeft, worden alle werken, congressen, colloquia en tentoonstellingen over jansenisme opgenomen en besproken, meestal door hemzelf[44]. De akten van het internationaal colloquium over de geschiedenis van het jansenisme, gehouden te Rome in november 1973, nam hij op in de *Bibliothèque de la Revue d'histoire ecclésiastique*[45]. Op zijn voorstel verleende de U.C.L. aan L. Ceyssens het doctoraat honoris causa in april 1978[46].

De faculteit van godgeleerdheid[47] van de Katholieke Universiteit Leuven beschikt nu over een eigen faculteitsbibliotheek[48] waarin ondermeer boekenverzamelingen van verschillende kloosterinstellingen en van het grootseminarie van Mechelen opgenomen zijn[49]. Ook een groot deel van het boekenbestand van L. Ceyssens werd er aan toegevoegd.

Aan de theologische faculteit werd in 1983 een Centrum voor de studie van het jansenisme opgericht[50]. Naar aanleiding van de 400ste verjaardag van de geboorte (3 november 1585) van de Leuvense theoloog organiseerde het Centrum van 7 tot 9 november 1985 een colloquium. Vijftien sprekers belichtten er de betekenis van Jansenius in de 17de en de 18de eeuw vanuit diverse gezichtspunten. De akten werden gepubliceerd in de BETL onder de titel: *L'image de C. Jansenius jusqu'à la fin du XVIIIe siècle*[51]. Een tentoonstelling in de bibliotheek van de theologische faculteit, nu wel de best gedocumenteerde met betrekking tot de geschiedenis van het jansenisme[52], luisterde het colloquium op[53]. Op 19 januari 1986 hield het Centrum een tentoonstelling naar aanleiding van de officiële opening van de gerestaureerde Janseniustoren[54]. Op 26-27 september 1987 vond op het kasteel van Oupeye een internationaal colloquium plaats over Libert Froidmont (1587-1653), professor te Leuven. Het centrum was één der organisatoren. In de collectie *Instrumenta theologica* gepubliceerd door de Bibliotheek van de theologische faculteit, verschijnt weldra een *Lexicon pseudonymorum Jansenisticorum*.

De publikatie van ons repertorium in de *Annua Nuntia Lovaniensia* wil op haar manier aansluiten bij de hernieuwde belangstelling voor de studie van het jansenisme.

NOTEN

1. Over Cornelius Jansenius (1585-1638): L.J. COGNET, *Jansen, Cornelius Otto (Jansenius)*, in *New Catholic Encyclopedia*, VII, 1967, 818-819; J. ORCIBAL, *Jansénius (Cornelius) (1585-1638)*, in *Catholicisme. Hier, aujourd'hui, demain*, VI, 1967, 332-343; ID., *Un grand universitaire malgré lui: C. Jansénius d'Ypres*, in *Facultas S. Theologiae Lovaniensis 1432-1797. Bijdragen tot haar geschiedenis* (BETL 45), Leuven, 1977, 351-380; L. CEYSSENS, *Jansenius, Cornelis*, in *Nationaal Biografisch Woordenboek*, IX, 1981, 393-417.

2. Zie de artikels over het Jansenisme: L. WILLAERT, *Jansenismus*, in *Lexikon für Theologie und Kirche*, V, 1960, 865-869; L. COGNET, *Jansénisme*, in *Catholicisme*, VI, 1967, 313-331; ID., *Jansenism*, in *New Catholic Encyclopedia*, VII, 1967, 820-824; *Jansénisme*, in *Dictionnaire de spiritualité*, VIII, 1974, 102-148; CH. H. O'BRIEN, *Jansen, Jansenismus*, in *Theologische Realenzyklopädie*, XVI, 1987, 502-509.

3. De leerstoel werd slechts in 1783 opgericht, cfr. J. ROEGIERS, *Jan Frans Van de Velde en de Universiteit van Leuven voor de oprichting van het Seminarie Generaal (1743-1786)*, Leuven, 1970, 208-217 (onuitgegeven licentieverhandeling); ID., *De Leuvense Faculteit der theologie in de eeuw van de Verlichting (1730-1797)*, in *Facultas S. Theologiae Lovaniensis, 1432-1797. Bijdragen tot haar geschiedenis* (BETL 45), Leuven, 1977, 476-477.

4. A. DE MEYER, *L'enseignement de la théologie à l'université de Louvain: l'histoire ecclésiastique*, in *ETL* 9 (1932) 677-687; = *Le cinquième centenaire de la Faculté de théologie de l'université (1432-1932)*, Brugge - Leuven, 1932, p. 90-100.

5. B. JUNGMANN, *Notice sur la vie et les oeuvres de M. le Chanoine Guillaume-Henri Wouters, professeur ordinaire à la Faculté de théologie*, in *Annuaire de l'Université catholique de Louvain*, Leuven, 1873, p. (374)-(390); *Université catholique de Louvian, Bibliographie 1834-1900*, Leuven, 1900, p. 52; A. DE MEYER, *a.c.*, 678-680.

6. Het werk kende vijf uitgaven voor het overlijden van de auteur; postuum verschenen nog een zesde en een zevende editie in 1879 en 1889. Op het eerste gezicht verschillen die uitgaven niet veel van elkander, cfr. A. DE MEYER, *a.c.*, 679, noot 11.

7. Het verscheen te Leuven in vier volumes, van 1868 tot 1872.

8. *Annuaire de l'Université catholique de Louvain. Appendice. Analectes pour servir à l'histoire de l'Université de Louvain*, Leuven, 1896, p. I-XLI: Lijkredes, op 5 maart 1895, door J.B. ABBELOOS en M. DUPONT; *Université catholique de Louvain. Bibliographie 1834-1900*, Leuven, p. 63-64; A. DE MEYER, *a.c.*, 680-682.

9. *Dissertationes selectae in historiam ecclesiasticam*, 5 vol., Regensburg, 1880-1887.

10. *Ibid.*, vol. 5, 1887, p. 217-310.

11. *Kirchenlexicon*, VI, 1889, 1217-1236.

12. Hij volgde hierin het voorbeeld van Charles Moeller, die in 1885 een seminarie van geschiedenis aan de Faculteit Wijsbegeerte en Letteren had opgericht (cfr. noot 16).

13. *Jansénius, évêque d'Ypres. Ses derniers moments, sa soumission au S. Siège d'après des documents inédits. Étude de critique historique par des membres du Séminaire d'histoire ecclésiastique établi à l'Université catholique de Louvain.*

14. Cfr. A. DE MEYER, *a.c.*, 682: "Ceux-ci valurent au directeur du séminaire historique les éloges du monde savant".

15. Over zijn leven en werk, cfr. A. VAN DER ESSEN, *Alfred Cauchie (1860-1922). L'initiateur - le savant - l'homme*, in *Revue d'histoire ecclésiastique* 18 (1922) 213-239; C. TERLINDEN, *Le chanoine Cauchie*, in *Revue Générale* 60 (1922) 331-338; U. BERLIÈRE, *Alfred Cauchie*, in *Annuaire de l'Académie royale de Belgique*, 1925, p. 199-252; A. DE MEYER, *a.c.*, 682-685; *Annuaire de l'Université catholique de Louvain 1920-1926: Éloge funèbre le 28 février 1922*, p. CX-CXXXVI.

16. Reeds Charles Moeller had in 1885 een praktische cursus ingelegd onder de benaming Conférence d'histoire, cfr. A. CAUCHIE, *Un demi-siècle d'enseignement historique à l'Université de Louvain*, in *Mélanges Charles Moeller* (cfr. noot 21), p. XX-XXIX; L. VAN DER ESSEN, *Éloge funèbre A. Cauchie* (28 februari 1922), in *Annuaire de l'Université catholique de Louvain, 1920-1926*, p. CXV. - Aangaande A. Cauchie, de Séminaire historique en de Revue d'histoire ecclésiastique, cfr. J. TOLLEBEEK, *"L'Église n'a pas besoin de mensonges". A. Cauchie en de Revue d'histoire ecclésiastique (1900-1922)*, in *Liber amicorum Dr. J. Scheerder, Tijdingen uit Leuven over de Spaanse Nederlanden, de Leuvense universiteit en Historiografie*, Leuven (Vereniging Historici Lovanienses), 1987, p. 357-372.

17. Cfr. L. VAN DER ESSEN, *Éloge académique A. De Meyer*, 22 december 1952, in *Jaarboek K.U.L.*, p. CXLVII.

18. A. CAUCHIE, *La paix de Clément IX (1668-1669)*, in *Revue d'histoire et de littérature religieuses* 3 (1898) 481-501.

19. Cfr. *Aperçu sur l'histoire du jansénisme en Belgique*, in *Annales du XXIIIe congrès archéologique et historique de Belgique (Gand, 1913)* (Fédération archéologique et historique de Belgique), II, Gent, 1914, p. 250-255.

20. *Ibid.*, p. 250: "Jusqu'en ces dernières années l'histoire du jansénisme en Belgique a été assez peu étudiée d'une manière scientifique". Cfr. L. VAN DER ESSEN, *Éloge académique A. De Meyer* (22 december 1952), in *Jaarboek K.U.L. 1951-1952*, p. CXLVII: "Il (Cauchie) avait appelé d'abord l'attention des historiens sur le manque d'études sérieuses concernant le sujet (jansénisme)".

21. Ter gelegenheid van zijn vijftigjarig professoraat: *Mélanges d'histoire offerts à Charles Moeller* (Recueil des travaux l'histoire et de philologie, fasc. 41) II, Leuven-Parijs, 1914; met name C. VAN MERRIS, *Jansénius et la fondation de l'oratoire en Belgique*, p. 322-326; A. LEGRAND, *Notice sur le manuscrit II, 1220 de la Bibliothèque royale de Belgique. Contribution à l'histoire du jansénisme dans les Pays-Bas espagnols*, p. 327-338; H. LAMIROY, *Le "jansénisme" des Pensées de Pascal*, p. 359-367; J. SOBRY, *L'université de Louvain et la controverse sur le laxisme en morale au XVIIe siècle (1650-1700)*, p. 368-381; L. ROCHETTE, *Humbert-Guillaume de Precipiano (1626-1711) et le formulaire sur le jansénisme*, p. 382-389. — De bijdragen van A. De Meyer en A. Janssen, cfr. resp. noten 25 en 30.

22. J. LAFERRIÈRE, *Étude sur Jean Duvergier de Hauranne, abbé de Saint-Cyran*, 1912.

23. J. COPPENS, *Professor Albert De Meyer. Een karakterbeeld*, in *Miscellanea historica in honorem Alberti De Meyer* (Recueil de travaux d'histoire et de philologie, 3e sér., fasc. 22), t. I, Leuven-Brussel, 1946, 31-42; ID., *In memoriam, kanunnik professor A. De Meyer*, in *De Nieuwe Gids (Brussel)*, 14 november 1952, 1-2; *In memoriam professor kanunnik Albert De Meyer*, in *Jaarboek Koninklijke Vlaamse Academie voor Wetenschappen, Letteren en Schone Kunsten*, Brussel, 1952, 122-125, 249-267; *Le professeur Albert De Meyer. Un homme, une oeuvre*, in *Revue Générale Belge* 9 (1953) 261-277; ID., in *ETL* 29 (1953) 256-258; ID., *Meyer, Albert Achille De*, in *Nationaal Biografisch Woordenboek*, III, 1968, 560-563. - Over het wetenschappelijk werk van A. De Meyer, cfr. J. COPPENS, *La carrière et l'oeuvre scientifique du professeur Albert De Meyer*, in *Miscellanea historica in honorem Alberti De Meyer* (Recueil de travaux d'histoire et de philologie, 3me sér., fasc. 22), t. I, Leuven-Brussel, 1946, 1-29 (over dit werk, 1-14); A. VAN DER ESSEN, *Le professeur Albert De Meyer, 1887-1952. Son oeuvre, sa signification pour le travail historique à Louvain*, in *Revue d'histoire ecclésiastique* 48 (1953) 5-21; *Annuaire-Jaarboek, Katholieke Universiteit Leuven (1951-1952)*, 89, Tongeren, 1962, p. CXLVI-CLXII (academische lofrede van 22 december 1952).

24. Verschenen in *Dissertationes ad gradum doctoris in facultate theologica consequendum conscriptae*, ser. II, tom. IX, Leuven, 1919, XXIII-574 p.

25. *L' influence de la controverse janséniste sur le premier tome des "Dogmata theologica" du P. Petau*, in *Mélanges Charles Moeller* (cfr. *supra*, n. 21), p. 339-348; *La relation officielle du Saint-Office sur la condamnation des cinq propositions de Jansénius*, in *Revue d'histoire ecclésiastique* 15 (1914) 490-494 (cfr. *Miscellanea historica*, I, 43); *De werkwijze van Jansenius en zijn Augustinus* (Mededeelingen van de Koninklijke Vlaamsche Academie voor Wetenschappen, Letteren en Schoone Kunsten van België, VIII, nr. 1), Antwerpen, 1946, 25 p.; *Jansenius et Roose, auteurs du 'Mars Gallicus'*, in *Miscellanea historica in honorem Leonis Van der Essen*, II, Brussel-Parijs, 1947, 831-836.

26. Cfr. *Annua Nuntia Lovaniensia*, XVII, p. 75, nr. 28.

27. Cfr. *ANL*, XVII, p. 81, nr. 104. Cfr. *L'évolution des méthodes théologiques à Louvain d' Érasme à Jansénius*, in *RHE* 37 (1941) 31-144.

28. Cfr. *ANL*, XVII, p. 88, nr. 175. Cfr. *Libertus Fromondus (1587-1653) en het kerkelijk gezag*, in *Sacris Erudiri* 2 (1949) 335-366.

29. Over zijn leven en werk, cfr. *Miscellanea moralia in honorem eximii Domini Arthur Janssen* (BETL 2 en 3), Leuven-Gembloux, 1948, 1-15; *ETL* 40 (1964) 225-231 = *Collectanea moralia in honorem... Arthur Janssen* (BETL 23), Leuven, 1964, 225-231; A. HOUSSIAU, *In memoriam Mgr Arthur Janssen*, in *Revue théologique de Louvain* 10 (1979) 125-127; *In memoriam*, in *ETL* 55 (1979) I-VI; *ANL* 24 (1980) 300-303.

30. A. JANSSEN, *Un polémiste anti-janséniste. Le père Fr. Annat, S.J. Son rôle dans la condamnation des cinq propositions de l'Augustinus*, in *Mélanges Charles Moeller* (cfr. *supra*, n. 21), p. 349-358.

31. *Contritionisme tegen Attritionisme. Strijd tussen de pastoors van Gent en de Jezuïeten (1661-1670)*, in *Miscellanea historica in honorem Alberti De Meyer*, II, Leuven-Brussel, 1946, 1107-1129; *Contritionisme en attritionisme te Kortrijk (1677)*, in *Miscellanea historica in honorem Leonis Van der Essen*, II, Brussel-Parijs, 1947, 837-841. De auteur maakt gebruik van het handschrift M3 van het *Museum Bellarminum* en geeft een index van de documenten (p. 1124-1129).

32. Cfr. *ETL* 48 (1972) 643; *Éloge académique* door E. Massaux op 4 april 1972; *Revue d'histoire ecclésiastique* 67 (1972) 592-593.

33. Cfr. *Bibliographia academica*, XII, 1972, p. 946-966.

34. *Lumières nouvelles sur les origines du schisme janséniste aux Pays-Bas*, in *Revue d'histoire ecclésiastique* 48 (1953) 795-804; *Documentation originale sur les débuts du schisme janséniste aux Pays-Bas, 1706-1727*, *ibid.* 55 (1960) 935-

946; *Pierre Van de Perre, évêque de Namur et Mathieu Rouvroy, pseudo-janséniste, professeur au séminaire, élu doyen du chapitre Notre-Dame de Namur (1690-1695)*, in *Augustiniana* 13 (1963) 120-173.

35. L. JADIN, *Le cardinal Thomas-Philippe d'Alsace, archevêque de Malines et le Saint-Siège. Correspondance tirée des archives du Vatican, 1703-1759* (Bibliothèque de l'institut historique belge de Rome, fasc. 6), Brussel-Rome, 1953, 760 blz. - Speciale notities over de veroordeling van Pasquier Quesnel (p. 43-45), de bul *Unigenitus* (p. 46-48), het placet der bullen (p. 58-59), zijn tussenkomst in Frankrijk en Holland (p. 59-71), de jansenistische aartsbisschoppen van Utrecht (p. 71-72).

36. I. VASQUEZ, *L'oeure littéraire de Lucien Ceyssens sur le jansénisme et l'anti-jansénisme devant la critique* (Bibliotheca Pontificii Athenaei "Antonianum", 20), Rome 1979, 288 pag., cfr. *Antonianum* 53 (1978) 194-266; ID., *L'oeuvre littéraire de Lucien Ceyssens sur le jansénisme et l'antijansénisme: supplément bibliographique (1979-1985)*, in *Antonianum* 60 (1985) 505-517. Over het werk van L. Ceyssens, cfr. J.A.G. TANS, *L'oeuvre scientifique de Lucien Ceyssens*, in *Autour de l'Unigenitus* (cfr. *infra*, n. 41), p. VII-XVI.
A. Legrand (cfr. *supra*, n. 21) bezorgde in 1941 aan L. Ceyssens zijn nota's die hij in 1911-1912 in de Vaticaanse Bibliotheek had verzameld. Zo vatte L. Ceyssens zijn studie aan vanaf de beginperiode van het jansenisme, nl. de publikatie van *Augustinus* in de zomer van 1640 (cfr. *infra*, n. 41).

37. Cfr. L. CEYSSENS, *Sources* I, p. XLVIII-LIV; *Sources* II, p. XXXV-XXXVIII; *Sources* IV, p. XXII-XXVII; *Sources* VI, p. XXI-XXX; *Sources* VII, p. XLV-XLVI; *Sources* VIII, p. XI-XIV, XXI-XXV, L-LIII; *Sources* XI, p. XXI-XXIII, XXXII-XXXVIII. Zie ook zijn bijdrage: *Les débuts du jansénisme et de l'antijansénisme à Louvain*, in E.J.M. VAN EIJL (ed.), *Facultas S. Theologiae Lovaniensis 1432-1797. Bijdragen tot haar geschiedenis* (BETL 45), Leuven, 1977, 381-434.

38. Cfr. *supra*, p. 12-13: *Sources* I (1640-1643); *Sources* VI (1661-1672); *Sources* VIII (1677-1679).

39. J. VAN BAVEL - M. SCHRAMA (ed.), *Jansénius et le jansénisme dans les Pays-Bas. Mélanges Lucien Ceyssens* (BETL 56), Leuven, 1982, 234 p. — Een verslag door R. Aubert in *RHE* 80 (1985) 897-899.

40. Cfr. E. JACQUES, in *RHE* 74 (1979) 484-485; R. AUBERT, in *RHE* 75 (1980) 178. Zie ook *ETL* 55 (1979) 437.

41. L. CEYSSENS - J.A.G. TANS, *Autour de l'Unigenitus. Recherches sur la genèse de la constitution* (BETL 76), Leuven, 1987, XXV-845 p. Cfr. J.A.G. TANS, in *ETL* 63 (1987) 224-225. - J.A.G. Tans overhandigde aan L. Ceyssens zijn hele documentatie (microfilmen, afschriften en aantekeningen) in verband met de bul *Unigenitus*, getrokken uit verschillende depots. Samen gaven ze eerst de bronnen uit die onontbeerlijk zijn voor verdere studie van de bul, cfr. L. CEYSSENS - J.A.G. TANS, *Introduction*, in *Autour de l'Unigenitus* (BETL 76), p. XVII-XVIII.

42. Cfr. R. GRYSON, *Séance d'hommage* (10 mei 1984), in *RTL* 15 (1984) 399-401.

43. *Ibid.*, 401.

44. Cfr. *RHE* 62 (1967) 213-214, 591-592; 64 (1969) 568, 943; 65 (1970) 632-634; 67 (1972) 963; 68 (1973) 241-242 en 609; 73 (1978) 772; 74 (1979) 94-98; 75 (1980) 178; 80 (1985) 563-564, 897-899; 81 (1986) 261-262, 277. — Ook de notities met betrekking tot het jansenisme in *RTL*, o.a. 9 (1978) 253-256; 17 (1986) 251-253.

45. *Actes du colloque sur le jansénisme organisé par l'Academia Belgica, Rome 2 et 3 novembre 1973* (BRHE 64), Leuven, 1977, 252 pag. Zie ook het lijvig werk van É. JACQUES, *Les années d'exil d'Antoine Arnauld (1679-1694)* (BRHE 63), Leuven, 1976, XIII-812 pag. — Ervoren verschenen J. CARREYRE, *Le jansénisme durant la Régence* (BRHE 2-4), 3 vol., Leuven-Parijs, 1929-1933, XIV-208, 338, 416 pag., en J. ORCIBAL, *La correspondance de Jansénius* (BRHE 25), Leuven-Parijs, XXV-647 pag.; ID., *Jean Duvergier de Hauranne. Abbé de Saint-Cyran et son temps (1581-1638)* (BRHE 26), 2 vol., Leuven-Parijs, 1947-1948, XV-688 en 283 pag.

46. Cfr. R. AUBERT, in *RTL* 9 (1978) 253-256; É. JACQUES, in *RHE* 74 (1979) 484; *ETL* 55 (1979) 203 en 56 (1980) 213.

47. Cfr. E.J.M. VAN EIJL (ed.), *Facultas S. Theologiae Lovaniensis 1432-1797. Bijdragen tot haar geschiedenis. Contributions to its History. Contributions à son histoire* (BETL 45), Leuven, 1977, 569 p. (over de stichting, de statuten, de organisatie en de opleiding, cfr. 1-153). Zie de recensie van R. AUBERT, in *RHE* 74 (1979) 94-98.

48. M. SABBE (ed.), *De bibliotheek van de Faculteit der Godgeleerdheid. Plechtige opening 16 oktober 1974* (Annua Nuntia Lovaniensia, 19), Leuven, 1975, 109 p. Cfr. R. AUBERT, in *RHE* 71 (1976) 242.

49. Hierin bevindt zich een kleine bundel "Jansenistica" (gedrukt); cfr. M. SABBE (ed.), *o.c.*, 108.

50. Cfr. *Jansenistica Lovaniensia. Mededelingen van het Centrum van de studie van het Jansenisme*, nr. 1, 1985, 2-3. Cfr. R. AUBERT, in *RHE* 81 (1986) 277.

51. BETL 79, Leuven, 1987. - Verslag van R. AUBERT, in *RTL* 17 (1986) 251-253.

52. Cfr. M. LAMBERIGTS, *Het computerbestand der Jansenistica in de bibliotheek der godgeleerdheid*, in *Jansenistica Lovaniensia. Mededelingen*, nr. 1, 1985, 6-9.

53. *ETL* 61 (1986) 221-222.

54. Cfr. *Jansenistica Lovaniensia. Mededelingen*, nr. 2, 1986, 12.

JANSENISTICA TE MECHELEN

I. REGISTERS

1. **Reg.** 1 (Alphonsus Huylenbroucq, s.j.), "Imago primi saeculi jansenistarum sive bibliotheca praecipuorum librorum quos janseniana et quesnelliana factio in lucem edidit centum primis annis ab exorta haeresi, hoc est, ab anno 1640 usque ad annum 1740, cum notis et animadversionibus desumptis ex variis autoribus ac multis originalibus manuscriptis, numquam hactenus in lucem datis, in quibus indicatur occasio scriptionis, nomen autoris, quis et qualis ille fuerit, quid scriptio contineat, quale contra illam, judicium tulerint ecclesiastici et saeculares judices; monumenta sive constitutiones pontificum, edicta principum et conciliorum, quibus dogmata, libri et scripta jansenistarum ac quesnellistarum damnata et prohibita fuerunt", 4 vol.; I, 500 + 96 blz. met alfabetische index; II, 588 + 55 blz. met alfabetische index; III, 560 + 88 blz. met alfabetische index; IV, 360 blz.

   Reg. 2 *Monumenta originalia et authentica de jansenismo* (hoofdzakelijk uit de tijd van Innocentius XII, 1691-1700), 1677-1678, 1682, 1692-1710, 1720, 1733, 1777, 99 doc., nr. 29 ontbreekt.

2. Verbod van Maximiliaan-Emmanuel van Beieren, gouverneur-generaal van de Nederlanden, namens de koning aan de Raad van Brabant van alle jansenistische geschriften, 7 november 1695, nr. 2; begeleidend schrijven van Maximiliaan-Emmanuel bij de opzending van het verbod naar aartsbisschop Humbertus Guillielmus de Precipiano, 7 november 1695, nr. 1.

3. Item aan de Raad van Vlaanderen, 7 november 1695, nr. 3.

4. Item aan de magistraat van Leuven om ambten toe te vertrouwen aan aanhangers van het jansenisme, 7 november 1695 (2 ex.), nrs. 4 en 5.

5. Aansporing van Filips V aan aartsbisschop Humbertus Guillielmus de Precipiano om naar aanleiding van de aanhouding van Pasquier Quesnel in zijn ijver tegen het jansenisme te volharden, 3 augustus 1703, nr. 6.

6. Italiaanse versie van de vier brieven d.d. 7 november 1695. Cfr. *supra*, nrs. 1-4 (gedrukt), nr. 7.

7. Franse versie van de vier brieven d.d. 7 november 1695. Cfr. *supra*, nrs. 1-4, nr. 8.

8. Antwoord van de bisschoppen van de Zuidelijke Nederlanden aan Innocentius XII op zijn breve van 24 november 1696, z.d., nr. 9.

9. Anonieme notities in de breve van 24 november 1696, z.d., nr. 10.

10. Twee breven van Innocentius XII van 2 februari en 27 september 1692 aan de aartsbisschop en een breve van de Congregatie van het Concilie van 11 januari 1699 aan de aartsbisschop naar aanleiding van de *status* van het bisdom (gedrukt), nr. 11/1.

11. Schrijven van aartsbisschop H.G. de Precipiano aan Innocentius XII de ware toestand in de Zuidelijke Nederlanden te vernemen uit de mond van de jezuïet Jacobus de la Fontaine, zijn procurator te Rome, 10 december 1700, nr. 11/2.

12. Brief van Philippe-Erard van der Noot, bisschop van Gent, aan de aartsbisschop over de naar Rome te zenden dankbrief voor de breve, 16 januari 1697, nr. 12.

13. Schrijven van aartsbisschop H.G. de Precipiano aan paus Innocentius XII over de breve van 6 februari 1694, 4 januari 1697, nr. 13.

14. Originele breve op perkament van Innocentius XII aan de bisschoppen van Mechelen, Antwerpen, Brugge, Gent en Roermond omtrent het anti-jansenistisch formulier, 6 februari 1694, nr. 14; (gedrukt), nr. 20.

15. Vier brieven van Jacques François Huysmans, secretaris van de Geheime Raad, i.v.m. het placet op de *brevia* van 1694, nr. 15.

16. Decreet van 28 februari 1694 van de Congregatie van het H. Officie i.v.m. het eedformulier, nr. 16.

17. Schrijven van internuntius Philippus Spada aan aartsbisschop H.G. de Precipiano dat de brief van de Belgische bisschoppen te Rome is aangekomen, 13 september 1696, nr. 17/1.

18. Schrijven van Julius Piazza, internuntius, aan aartsbisschop H.G. de Precipiano omtrent het eedformulier, 30/31 juli 1692, nrs. 17/2 en 23.

19. Schrijven van de bisschoppen van de Zuidelijke Nederlanden aan de paus i.v.m. het jansenisme, z.d., nr. 18.

20. Brief van aartsbisschop H.G. de Precipiano aan Martinus Steyaert en Martinus Harney omtrent het eedformulier, 1 februari 1692, nr. 19.

21. Breve van Innocentius XII aan de bisschoppen van de kerkprovincie Mechelen i.v.m. het eedformulier en de toediening van de sacramenten, 24 november 1696 (twee gedrukte ex. en één geschreven), nrs. 21, 52 en 53.

22. Dankbrief van Innocentius XII aan H.G. de Precipiano voor de herderlijke brief van 9 augustus 1692, en over de beslissing aangaande het eedformulier, 27 september 1692 (origineel perkament), nr. 22.

23. Goedkeuring door internuntius Julius Piazza van het decreet van de aartsbisschop met lijst van verboden boeken van 15 januari 1695, 7 juli 1695, nr. 24.

24. Schrijven van aartsbisschop H.G. de Precipiano aan Innocentius XII omtrent zijn inspanningen het jansenisme uit te roeien, z.d., nr. 25.

25. Proces en kerkelijke uitspraak ten voordele van Franciscus Van Afferden, proost van de Onze-Lieve-Vrouwekerk te Brugge, 1682, nrs. 26, 27, 28 (gedrukt).

26. Verweer van aartsbisschop H.G. de Precipiano tegen verdenkingen die namens Rome tegen hem te Madrid zouden uitgebracht zijn, 20 september 1695 (16 pag.), nr. 30.

27. Schrijven van aartsbisschop H.G. de Precipiano aan Innocentius XII over het jansenisme in de Zuidelijke Nederlanden, z.d., nr. 31.

28. Item, z.d., nr. 32.

29. Inlichting door Hieronymus Raveschoot, abt van Postel, aan kardinaal Thomas Philippus d'Alsace, aartsbisschop van Mechelen, over de moeilijkheden met de apostolische vicaris van 's-Hertogenbosch in verband met het pastoraat van Eersel dat vóór de Raad van Brabant gebracht is, 28 mei 1720, nr. 33.

33. Aanprijzing van de vijfde uitgave van *Recueil historique des bulles et constitutions, brefs, décrets et autres actes concernant les erreurs de ces deux derniers siècles*... door Michel Le Tellier, jezuïet, getekend door zeven antijansenistische professoren van Leuven, 4 januari 1704, nr. 34. Cfr. L. WILLAERT, *Bibliotheca janseniana Belgica*, Namen-Parijs, 1949-1951, nr. 7186.

31. Antwoord van de theologische faculteit van Leuven op een schrijven van "eerwaarde heeren" van andere faculteiten, 7 maart 1708, nr. 35.

32. Schrijven door de Raad van State aan de theologische faculteit van Leuven i.v.m. het eedformulier, 7 november 1710, nrs. 36 en 58.

33. Verklaring van de theologische faculteit omtrent het eedformulier, z.d. (na 1710) (2 ex.), nrs. 37 en 38.

34. De rector van de universiteit van Leuven gelast Petrus Melis, president van het college van Sint-Pulcheria, bij de hogere overheden te ageren tegen de nieuwe eed, 24 november 1710, nr. 39; verklaring van Herman Damen aan *Reverendissime Domine* omtrent het voorgaande document, 29 november 1710, nr. 40.

35. Inlichting van vier professoren aan Innocentius XII i.v.m. het jansenisme te Leuven, 4 december 1710, nr. 41.

36. Inlichtingen gegeven door de rector van de universiteit van Leuven aan de koning m.b.t. het eedformulier; brief die aartsbisschop H.G. de Precipiano tegen de universiteit schreef aan de Raad van Brabant; protest van Petrus Melis tegen de verzending ervan, z.d., nr. 42.

37. Bericht vanwege president en provisoren van het pauscollege dat drie studenten in de theologie van dat college, beursstudenten van de Hollandse Missie, geen graad in de theologie willen omdat zij het eedformulier moeten afleggen, 16 april 1707, nr. 43.

38. Beraadslaging van de theologische faculteit van Leuven betreffende de eedoplegging door Karel II op 22 maart 1700, 30 maart 1700, nr. 44.

39. Richtlijn van aartsbisschop H.G. de Precipiano i.v.m. de eedaflegging, z.d. (± 1692), nrs. 45 en 67.

40. Overhandiging door Maximilien-Emmanuel van Beieren, gouverneur van de Nederlanden, van een brief van Karel II aan de aartsbisschop, 17 januari 1698, nr. 46.

41. Originele breve van Innocentius XI aan aartsbisschop Alphonsus de Berghes i.v.m. de twisten in de universiteit van Leuven, 3 juni 1677, nr. 47.

42. Lof van keizer Leopold aan aartsbisschop H.G. de Precipiano om zijn ijver m.b.t. de uitroeiïng van het jansenisme, 23 mei 1693, nr. 48.

43. Schrijven van François Menegati, jezuïet en biechtvader van keizer Leopold, in naam van de keizer aan de aartsbisschop voor de bevordering van de rust in de Zuidelijke Nederlanden, 7 oktober 1693, nr. 49.

44. Item van 22 april 1693, nr. 50.

45. Anonieme weerlegging van de moeilijkheden die de anti-jansenisten maken tegen de eedaflegging, z.d., nr. 64.

46. Ontwerp van antwoord van de aartsbisschop aan de internuntius op diens schrijven d.d. 23 mei, nr. 65.

47. Antwoord van aartsbisschop H.G. de Precipiano op drie door de internuntius gestelde vragen, z.d., nr. 66.

48. Lijst van te Rome ingediende geschriften naar aanleiding van het eedformulier met de daartoe gedane onkosten, 1694, nr. 68.

49. Schrijven van de bisschoppen van de Zuidelijke Nederlanden aan Innocentius XII over de jansenistische leer, z.d., nr. 69.

50. Brief van de bisschoppen van de Zuidelijke Nederlanden aan de paus waarin hem was meegedeeld dat aan Franciscus Janssens-Elinga, provinciaal van de predikheren in de Zuidelijke Nederlanden, de opdracht gegeven werd de toestand uit te leggen, z.d., nr. 70.

51. Eedaflegging door Sebastianus a S. Paulo en Jacobus a S. Antonio, resp. provinciaal en assistent van de Vlaams-Zuidnederlandse provincie van de karmelietenorde, te Brussel op 19 april 1692, nr. 71.

52. Breve van Innocentius XII aan de bisschoppen van de Zuidelijke Nederlanden over het eedformulier van Alexander VII en de bediening van de sacramenten, 24 november 1696; twee decreten van de bisschoppen van de Zuidelijke Nederlanden daaromtrent, 22 en 23 april 1697 (samen 14 blz., gedrukt), nr. 72.

53. Breve van Clemens XI aan aartsbisschop H.G. de Precipiano met mededeling van de bul *Vineam Domini*, 26 september 1705 (2 ex., een origineel en een kopie), nrs. 73-74.

54. Minuut van aartsbisschop H.G. de Precipiano aan Clemens XI over de aanvaarding van het eedformulier in de Zuidelijke Nederlanden, 3 december 1701, nr. 75.

55. Antwoord van Thyrsus Gonzalez, generaal van de jezuïeten, op een brief van de internuntius met een kopie van een breve van Innocentius XII van 16 december 1695, 7 januari 1696, nr. 76.

56. Schrijven van François Valentin uit Rome aan de aartsbisschop met een verslag over de vergadering van het H. Officie van 25 februari 1696, 3 maart 1696, nr. 77.

57. Verbod van Clemens XII onder bedreiging met kerkelijke straffen mondeling of schriftelijk, zo op preekstoel als in de scholen te handelen over de jansenistische stellingen, 2 oktober 1733 (gedrukt), nr. 78.

58. Vraag aan Franciscus Hosselaer, secretaris van de provinciaal der augustijnen, de twee breven van Innocentius XII, resp. van 6 februari 1694 en 24 november 1696 te zenden aan De Vroede, sacrista van de Orde, te Mechelen verblijvend, 21 februari 1777, nr. 79.

59. Klacht van H.G. de Precipiano aan Innocentius XII over de vele andere niet-veroordeelde jansenistische dwalingen, in de Zuidelijke Nederlanden verspreid, en vraag om tussenkomst, ca. 1694, nr. 80.

60. Bekendmaking van Albert de Hornes Hautekerke, bisschop van Gent, aan de aartsbisschop dat hij ermee akkoord gaat het eedformulier door een algemeen decreet te publiceren, mits de andere bisschoppen ermee instemmen, 26 januari 1692, nr. 81/1.

61. Item van Jean Viny, kapittelvicaris van Ieper, 2 maart 1692, nr. 81/2.

62. Schrijven van Guillaume Bassery, bisschop van Brugge, aan de aartsbisschop over het eedformulier, 9 december 1693 (2 ex.), nrs. 82 en 95.

63. Twee minuten van de aartsbisschop aan Innocentius XII over het jansenisme in de Zuidelijke Nederlanden, z.d., nrs. 83 en 84.

64. Antwoord van de aartsbisschop op de door het H. Officie geopperde moeilijkheden, z.d., nr. 85.

65. Originele breve van Innocentius XII aan enkele bisschoppen van de Mechelse kerkprovincie, 24 november 1696, nr. 86.

66. Decreet van H.G. de Precipiano voor de uitvoering van de breve van 6 februari 1694, 5 juli 1694 (gedrukt), nr. 87.

67. Bevel van waarnemend gouverneur Paul Rinanegro namens Karel II en Filips V aan de Leuvense universiteit de pauselijke breve van 24 november 1696 te onderhouden, resp. 22 maart 1700 en 7 september 1701, nrs. 88, 89 en 91.

68. Besluit van de theologische faculteit van Leuven op bevel van Karel II van 22 maart 1700, 30 maart 1700, nr. 90.

69. Verklaring van de rector van de Leuvense universiteit in naam van allen dat de verordeningen van de pauselijke breven strikt onderhouden worden, 17 april 1700, nr. 92.

70. Vraag van de aartsbisschop aan internuntius Julius Piazza om uitleg over de twijfels die oprezen t.g.v. zijn brief van 30 december 1694, 5 januari 1695, nr. 93.

71. Brief van de aartsbisschop aan internuntius Julius Piazza m.b.t. het jansenisme, 7 december 1693, nr. 94.

72. Brief van Guillaume Bassery, bisschop van Brugge, aan de aartsbisschop m.b.t. het eedformulier, 9 december 1693, nr. 95.

73. **Reg. 3** *Les dogmes, la discipline et la morale de l'Église recueillis des auteurs sacrés et ecclésiastiques par les prêtres de la congrégation de l'Oratoire de Jésus de la maison de Paris*, 1675, 2 vol. in één band, resp. 455 en 333 bladz.

74. **Reg. 4** Gabriël Gerberon o.s.b., *Annales jansenismi seu brevis narratio eorum quae ex occasione libri Cornelii Jansenii contigerunt ab anno 1640 ad annum 1669*, 572 pag. Cfr. het anoniem werk van G. Gerberon, *Histoire générale du jansénisme*, 3 delen, Amsterdam, 1700.

75. **Reg. 5** 57 brieven (1710-1721) van Philippus Erardus Van der Noot, bisschop van Gent, en 21 brieven (1716-1720) van kanunnik Maximilianus Antonius Van der Noot aan Alphonsus Huylenbroucq, s.j.

76. **Reg. 6** 148 eigenhandig geschreven brieven (*litterae authenticae*) uit de jaren 1640-1641 van bekende jezuïeten als Guillielmus Wallius (De Waele), Philippus Alegambe, Joannes Bollandus, Joannes Tollenaere, Adrianus Crom, Guillielmus Stanihurst, Dionysius Petavius (Petan), Godefridus Henschenius, Joannes de Lugo, Melchior Inchofer, Franciscus De Cleyn, Franciscus Van der Veken, chronologisch geordend, opgesteld tegen het boek *Augustinus* van Cornelius Jansenius (meestal geadresseerd aan Adrianus Crom). Zij werden alle uitgegeven in *Sources* I, onder *Litt. auth.*

Reg. 7 *De baianismo et jansenismo manuscripta originalia et authentica*, 1570-1652, 60 doc.

77. Uiteenzetting over het optreden van Maximilianus Morillon, vicarisgeneraal van kardinaal Antonius Perrenot de Granvelle, om de bul *Ex omnibus afflictionibus* van Pius V (1567) te doen aanvaarden en te publiceren, 16 november 1570, 2 ex., nrs. 1-2.

78. Brief van verschillende bisschoppen aan een professor te Leuven (Baius?) i.v.m. de veroordeling van Michaël Baius, 15 april..., nr. 3.

79. Breve van Sixtus V om de theologische geschillen van Leuven te onderwerpen aan het oordeel van Rome, 15 april 1588, nr. 4.

80. Breve van Innocentius X aan aartshertog Leopold-Willem over de misstappen, begaan bij het publiceren van de bul, 11 november 1651, nr. 5. Cfr. *Sources* III, nr. 1096.

81. Verklaring van de decaan van de faculteit van theologie te Douai over de oplegging van de bul door Maximilianus Morillon, vicaris-generaal, 28 oktober 1571, nr. 6.

81a. Raadgeving van een onbekende aan de theologische faculteit te Leuven i.v.m. de moeilijkheden van Michaël Baius, z.d., nr. 7.

82. De proposities van Michaël Baius, veroordeeld door Pius V (1567) en Gregorius XII (1579/80), nr. 8.

83. Uittreksels uit de akten van de universiteit van Leuven van 1572 tot 1606 (fol. 42 et 43), nr. 9.

84. Betwisting over de predestinatieleer tussen de theologische faculteit van Leuven en het college van de jezuïeten, z.d., nr. 10.

85. Uittreksels uit de akten van de faculteit van theologie te Leuven onder de decanen Joannes Hentenius, Balthazar Textor en Henricus Gravius, van 1555 tot 1580, verzonden naar vicaris-generaal Maximilianus Morillon, nr. 11.

86. Brieven van Michaël Baius aan Maximilianus Morillon i.v.m. zijn veroordeling, 1567-1570, nrs. 12, 14, 18-20.

87. Verklaring van kardinaal Antonius Perrenot de Granvelle dat de bul te Leuven door de faculteit van theologie aanvaard is, 15 september 1575, nr. 13.

88. Onderwerping aan de bul door Balthazar Textor, dominicaan en regent van de dominicanenschool te Leuven, 1 maart 1573, nr. 15.

89. Brief van Augustinus Hunens (Hunaeus), professor te Leuven, aan vicaris-generaal M. Morillon, 4 januari 1568, nr. 17.

90. Brief van Joannes Vandeville, toekomstig bisschop van Doornik, aan M. Morillon, 29 december 1586, nr. 21.

91. Uittreksels uit de akten van de faculteit van theologie te Leuven van 1570 tot 1572, 1580, 1587 tot 1589, naar aanleiding van de veroordeling van M. Baius, nr. 21.

92. Drie brieven van Ottavio Mirto Frangipani, nuntius te Keulen, aan aartsbisschop Joannes Hauchinus over het geschil tussen de faculteit van theologie en de jezuïeten, 15 maart, 9 en 17 mei 1588, nrs. 23-25.

93. Bul van Gregorius XIII, die de bul van Pius V bekrachtigt, 1 februari 1579 (1580), nr. 26. Cfr. E. VAN EIJL, *Les censures des universités d'Alcala et de Salamanque et la censure du Pape Pie V contre Michel Baius (1565-1567)*, in *Revue d'histoire ecclésiastique*, 48 (1953) 719-776.

94. Schrijven van aartsbisschop Jacobus Boonen aan aartshertog Leopold-Willem over het uitstellen tot nader orde van de publikatie van de bul *In Eminenti*, 17 september 1647, nr. 27. Cfr. *Sources* II, nr. 539.

95. *Rationes* van Jacobus Boonen waarom hij in 1646 de bul niet publiceerde (103 paragrafen), 19 januari 1647 (Franse tekst), nr. 28/1.

96. Weigering van Henricus Calenus een nieuwe anti-jansenistische eed af te leggen en afstand van de bisschopszetel van Roermond, 28 maart 1648, nr. 28/2. Cfr. *Sources* II, nr. 606.

97. Verzoek van de Leuvense faculteit van theologie aan aartshertog Leopold-Willem de koning te doen optreden te Rome ten voordele van Jansenius, z.d. (17 januari 1648), nr. 29/1. Cfr. *Sources* II, nr. 587.

98. Verzoek van vijf prelaten van de Orde van Prémontré aan Leopold-Willem de publikatie van de bul *In Eminenti* uit te stellen, z.d. (vóór 24 november 1647), nr. 29/2. Cfr. *Sources* II, nr. 563.

99. Item aan de Geheime Raad, z.d. (omstreeks 15 januari 1648), nr. 29/3. Cfr. *Sources* II, nr. 586.

100. Verbod van Garcia d'Avelaneda, onderkoning van Napels, het Romeins decreet i.v.m. de afschaffing van kloosters te publiceren, 21 april 1653, nr. 30.

101. Verklaring van Eduard de Berty, secretaris van de Geheime Raad, dat bisschop Antonius Triest eertijds een klacht indiende bij de Geheime Raad omdat zijn geschrift *Raisons* buiten zijn weten werd gepubliceerd, 11 september 1652, nr. 31.

102. Veroordeling door de Spaanse Inquisitie van twintig proposities die de eer van Sint-Augustinus aantasten, 1640 (gedrukt), nr. 32.

103. Pauselijke veroordeling van de boeken van Joannes Baptista Poza, Spaans jezuïet, 9 september 1632, nr. 34; verbod van aartshertogin Isabella dit decreet te publiceren, 7 januari 1633, nr. 33. Cfr. L. CEYSSENS, *Le cas Poza au début du jansénisme*, in *Bulletin de l'Institut historique belge de Rome*, 35 (1963) 191-224 (= *Jansenistica minora*, VIII, 1, fasc. 63).

104. Brief waarin Pius V aan Michaël Baius een eeuwig stilzwijgen oplegt i.v.m. zijn veroordeelde proposities, 13 mei 1569, nr. 35.

105. "Copia bullae ... Pii V, 25 september 1567 et Gregorii XIII, 1 februari 1579 (1580), articulorum Baii" (gedrukt), nr. 36.

106. Decreet van de Congregatie van het H. Officie tegen het boek *Augustinus* van C. Jansenius en tegen al de geschriften voor en tegen hem, 1 augustus 1641 (gedrukt), nr. 37. Cfr. *Sources* I, nr. 169.

107. Toezending door François de Melo, gouverneur-generaal, van een brief van kardinaal Franciscus Barberini van 5 december 1643 aan aartsbisschop J. Boonen i.v.m. het boek *Augustinus* van Jansenius, 30 december 1643, nr. 38. Cfr. *Sources* I, nr. 616.

108. Lijst van 12 theologische theses in juli 1644 in het college te Ieper verdedigd door Georgius Le Rouge, geboren te Rijsel (gedrukt); in rugnoot met melding van het verbod door Judocus Bouckaert, bisschop van Ieper, 28 juli 1644, nr. 39.

109. Officiële te Rome gedrukte kopie (1643) van de bul *In Eminenti* van Urbanus VIII van 6 maart 1642, door internuntius Antonius Bichi medegedeeld aan de aartsbisschop (gedrukt), nr. 40.

110. Decreet van aartsbisschop Jacobus Boonen met de publikatie van de bul, 29 maart 1651 (gedrukt), nr. 41. Cfr. *Sources* III, nr. 999.

111. Instructie van aartshertog Leopold-Willem aan de Geheime Raad i.v.m. de uitvoering van de bevelen van Filips IV, 16 november 1649, nr. 42. Cfr. *Sources* II, nr. 817.

112. Enkele punten i.v.m. een vermaningsbrief van Jacobus Boonen aan de pastoors, nr. 43.

113. Omzendbrief van aartshertog Leopold-Willem aan de bisschoppen en universiteiten i.v.m. de publikatie van de bul, 28 februari 1651, nr. 44. Cfr. *Sources* III, nr. 982.

114. Cassatie door Antonius Bichi, internuntius, van de officiële publikatie van de bul wegens de manier waarop die gebeurde, 20 april 1651 (gedrukt), nr. 45. Cfr. *Sources* III, nr. 1011.

115. Omzendbrief van Leopold-Willem, gouverneur-generaal, aan de Raden m.b.t. de publikatie van de bul, 28 februari 1651, nr. 46. Cfr. *Sources* III, nr. 981.

116. Schrijven van de Staten van Brabant aan Leopold-Willem, gouverneur-generaal, over de manier waarop de bul moet gepubliceerd worden (ca. 31 maart 1651), nr. 47/1. Cfr. *Sources* III, nr. 1000.

117. Decreet van het H. Officie met de veroordeling van de *Catéchisme de la grâce* van Mathieu Feydeau, 6 oktober 1650 (gedrukt), nr. 47/2. Cfr. L. WILLAERT, nr. 2555; *Sources* III, nr. 912.

118. Omzendbrief van de Raad van Brabant in naam van de koning aan de bisschoppen, universiteiten en religieuze orden tegen de decreten van de internuntius i.v.m. de publikatie van de bul, 6 september 1651, nr. 48. Cfr. *Sources* III, nr. 1072.

119. Bevel van Philips IV aan Leopold-Willem, gouverneur-generaal, de bul *In Eminenti* te publiceren met sommige wijzigingen, Madrid 14 juli 1650, nr. 49. Cfr. *Sources* III, nr. 891.

120. Decreet van het H. Officie, waarin geschriften van Jacobus Boonen, van Antonius Triest en de vicarissen-generaal sed. vac. van Ieper verboden worden, 11 mei 1651, nr. 50. Cfr. *Sources* III, nr. 1024.

121. Brief van het H. Officie aan de bisschoppen van Mechelen en Gent om zelf naar Rome te komen, 18 november 1651, nr. 51. Cfr. *Sources* III, nr. 1107.

122. Verbod van de Raad van Brabant aan Jacobus Boonen persoonlijk naar Rome te gaan, 29 augustus 1652, nr. 52. Cfr. *Sources* III, nr. 1262.

123. Verbod van Henri Wytfliet, procureur-generaal van de Raad van Brabant, aan Jacobus Boonen te Rome verhoord te worden (ca. 29 augustus 1652), nr. 53. Cfr. *Sources* III, nr. 1261.

124. Verbod van de Geheime Raad aan Antonius Triest, bisschop van Gent, te Rome verhoord te worden in zijn geschil met enkele weerspannige birgitinessen van Dendermonde, 1640, 1641, 1647, nr. 54.

125. Verbod van de Geheime Raad op verzoek van de fiscaal aan de magistraat van Dendermonde de uitspraak van Rome tegen Antonius Triest uit te voeren, 21 juni 1647, nr. 55. Cfr. L. CEYSSENS, *Triest et les rigueurs romaines*, in *Bulletin de l'Institut historique belge de Rome*, 31 (1958) 207-280 (= *Jansenistica minora*, V, fasc. 45).

126. Verklaring van aartsbisschop Jacobus Boonen dat zijn *Rationes* zonder zijn toestemming waren gedrukt en verspreid, 14 september 1652, nr. 56. Cfr. *Sources* III, nr. 1280.

Reg. 8 *De origine et progressu jansenismi in Belgio sub Innocentio XII*, 1692-1697, 58 doc., index.

127. "Memoriale exhibens originem, progressum presentemque statum variarum dissentionum quas habent theologi Lovanienses cum patribus societatis Jesu et nonnullis aliis sive in materia de gratia sive in materia de doctrina morali et disciplina", z.d. (1694) (9 fol.), nr. 1. Cfr. L. WILLAERT, nr. 5826.

128. "Deductio pro parte doctoris Steyaert super profectione Romana ad Regem in consilio suo Status", z.d. (4 fol.), nr. 2.

129. Antwoord van Joannes Libertus Hennebel, professor te Leuven, aan de koning tegen Martin Steyaert, 14 september 1692; antwoord van de koning, 2 november 1692, nr. 3.

130. Memorialia van J.L. Hennebel aan Innocentius XII en aan de Congregatie van het H. Officie, 1692-1693, nrs. 4, 5, 8/1, 15, 34.

131 Verscheidene bedenkingen voor en tegen het eedformulier betreffende de vijf stellingen van Cornelius Jansenius, z.d., (8 fol.), nr. 6.

132. Verslag over de reacties te Leuven op de constituties van Innocentius X en Alexander VII, z.d., nr. 7.

133. Verscheidene antwoorden van J.L. Hennebel op de geschriften van Bernardus Désirant, augustijn, 1693, nrs. 8/2 (18 fol.), 9, 10, 25/1.

134. Bedenkingen van B. Désirant over het jansenisme in zijn geschrift "Pro genuina gratia per se efficaci quam jansenistae nesciunt a calvinismo distinguere", z.d. (4 fol.), nr. 11; opwerpingen van Zuid-Nederlandse theologen, z.d., nr. 12.

135. *Persistentia* van B. Désirant tegen de jansenisten, z.d., nr. 13; antwoord van J.L. Hennebel, 13 april 1693 (5 fol.), nr. 14.

136. Memoriaal van J.L. Hennebel aan Innocentius XII tegen het boek *Défense des nouveaux chrétiens* van Michaël Le Tellier, jezuïet, 20 april 1693, nr. 15. Cfr. L. WILLAERT, nr. 4829.

137. Verzoekschrift van Carolus Joseph Morozzo, bisschop van Bobbio, en Thomas Granelli, lid van het H. Officie, aan Innocentius XII tegen het boek van Michaël Le Tellier, z.d., nr. 16.

138. Schrijven van B. Désirant opgedragen aan het H. Officie tegen J.L. Hennebel: "Confessio doctoris Hennebel quod Jesuitae in Belgio doceant thomistarum gratiam per se efficacem esse ab omni censura", 23 april 1693, nr. 17.

139. Brief van de Leuvense universiteit aan Innocentius XII, waarin zij J.L. Hennebel als haar gedeputeerde aanduidt, 6 april 1693, nr. 18; bedenkingen van B. Désirant op de brief van de universiteit, z.d., nr. 19.

140. Uittreksel uit het vierde deel van de *Selectae disputationes ex universa theologia scholastica* van Thyrsus Gonzalez, jezuïet, voorgelegd door B. Désirant aan het H. Officie; antwoorden van J.L. Hennebel, mei 1693, nrs. 20-22. Cfr. L. WILLAERT, nrs. 4108 en 4769.

141. Discussie over het formulier van aartsbisschop H.G. de Precipiano, opgedragen aan het H. Officie, z.d. (8 fol.), nr. 23.

142. Geschrift met het vroegere *votum* van kardinaal Laurens de Laurea over het formulier van de aartsbisschop, z.d., nr. 24.

143. Schrijven van aartsbisschop H.G. de Precipiano aan Innocentius XII tegen de smeekbrief van 23 priesters, 18 juli 1692 (gedrukt), nr. 25/2. Cfr. L. WILLAERT, nr. 5533. Bedenkingen daaromtrent, 2 juni 1693, nr. 26; nieuw geschrift van J.L. Hennebel aan de paus omtrent het formulier, 4 juni 1693, nr. 27.

144. Geschrift *Parallelus Thomismi veri et falsi*, nr. 28; antwoord, 27 juli 1693, (4 fol.), nr. 29.

145. Twee verklaringen van Martin Harney en anderen aan het H. Officie tegen J.B. Hennebel, 29 mei en 19 juni 1693, nr. 30; antwoord van J.L. Hennebel, z.d., nr. 31.

146. Brief van aartsbisschop H.G. de Precipiano aan Martin Steyaert i.v.m. het *Diarium Romanum* van B. Désirant, z.d., nr. 32; brief van B. Désirant aan de aartsbisschop, 6 juni 1693, nr. 33.

147. Italiaans memoriaal aan Innocentius XII i.v.m. het formulier, 5 augustus 1693, nr. 34.

148. Schrijven van enkele Leuvense theologen aan Innocentius XII i.v.m. het formulier, z.d., nr. 35.

149. Schrijven van kardinaal Hieronymus Casanate waarin hij beweert dat er geen sprake is van een bekrachtiging van de constituties van Innocentius X en Alexander VII (4 fol.), nr. 36.

150. Bedenkingen van een onbekende i.v.m. het formulier (12 fol.), nr. 37.

151. Over de noodzakelijkheid van een nieuwe constitutie; bedenkingen daartegen (14 fol.), nrs. 38 en 39.

152. Schrijven van J.L. Hennebel aan het H. Officie over het formulier, 26 oktober 1693, nr. 40.

153. Brief van B. Désirant aan M. Steyaert, Nicolas Du Bois en Thomas Stapleton i.v.m. het formulier, 14 november 1693, nr. 41; opmerkingen, 7 januari 1694, nr. 43.

153a. Menigsverschillen van B. Désirant en J.L. Hennebel te Rome, z.d., nr. 42.

154. Decreet van 28 januari 1694 dat de constituties van Innocentius X en Alexander VII bekrachtigt (gedrukt); pauselijke breven gezonden naar het episcopaat van de Zuidelijke Nederlanden en de theologische faculteit van Leuven d.d. 6 februari 1694 (gedrukt en geschreven), nr. 44.

155. Over de klachten van de jezuïeten m.b.t. het decreet d.d. 28 januari 1694 (10 fol.), nr. 45; verdediging door J.L. Hennebel van het pauselijk decreet tegen die klachten, 20 februari 1694, nr. 47.

156. Dankbrief van de theologen van de Zuidelijke Nederlanden aan Innocentius XII voor zijn breve van 6 februari 1694, 25 maart 1694, nr. 46.

157. Schrijven van de bisschoppen van de Zuidelijke Nederlanden d.d. 19 juli 1696 aan Innocentius XII over de blijvende aanmatiging van de jansenisten (gedrukt en geschreven); reacties van theologen der Zuidelijke Nederlanden, z.d.; antwoord van Innocentius XII, 24 november 1696 (gedrukt), nrs. 48-50/1. Cfr. L. WILLAERT, nr. 5971.

158. Decreet van de Raad van Brabant i.v.m. het geding H.G. de Precipiano-Guillielmus Vanden Nesse met brief van de gouverneur aan de Raad en brief van de Raad aan de gouverneur, 1696-1697, nr. 50/2-4.

159. Memoriaal van J.L. Hennebel over de lotgevallen van Gummarus Huyghens van 1684 tot 1695, nr. 51. Cfr. L. CEYSSENS, *Gommarus Huygens in de verwikkelingen van de strijd tussen Kerk en Staat (1678-1687)*, in *Jansenistica*, II, Mechelen, 1953, p. 193-229.

160. "Recueil de pièces qui justifient la vérité de ce qui s'est passé dans la paix qui a été donnée à l'Église de France par le pape Clément IX en l'année 1668", 1665-1675 (gedrukt, 36 blz.), nr. 52. Cfr. L. WILLAERT, nr. 3787.

161. **Reg. 9** 41 brieven van Cornelius Hoynck van Papendrecht, secretaris van het aartsbisdom, aan Alphonsus Huylenbroucq, jezuïet; vier brieven van anderen, waaronder één van Thomas Philippus d'Alsace, benoemd aartsbisschop van Mechelen, en één van Benedictus De Ruddere, secretaris van het aartsbisdom (1715-1719).

162. **Reg. 10** Bestraffing (excommunicatie, *suspensio a divinis*, beroving van prebende) van Jozef Misson, pastoor van Ellezelles, door de officiaal van Kamerijk (ontbreekt)[1].

163. **Reg. 11** 13 brieven hoofdzakelijk van Joannes Braze, provinciaal der jezuïeten, vooral aan Alphonsus Huylenbroucq, jezuïet, 1705-1714; decreet van Philippus Erardus Van der Noot, bisschop van Gent, aangaande het onderwijs op het seminarie, 1714.

164. **Reg. 12** Losse varia, vooral van Gabriël Gerberon, benedictijn.

165. **Reg. 13** *Notata in sancto Augustino* door Alphonsus Huylenbroucq, jezuïet, begin 18de eeuw, 272 fol.

166. **Reg. 14** Gedrukte breve van Innocentius XII aan de bisschoppen van de Zuidelijke Nederlanden aangaande het formulier van Alexander VII en de toediening van de sacramenten, 24 november 1696; decreet van de bisschoppen van de Zuidelijke Nederlanden d.d. 23 april 1694 betreffende de uitvoering van de breve, 22 en 23 april 1697; handtekeningen van priesters die het formulier ondertekenden en beloofden de sacramenten toe te dienen volgens de voorschriften van die decreten, en wie dus toegelaten werd zielzorg met jurisdictie uit te oefenen, 29 mei 1697 - 28 oktober 1701.

Reg. 15 (B) *Expositiones de ortu et progressu jansenismi*, 1645-1699, 44 doc., index.

167. "De controversia janseniana historia, sive de sententiis quibusdam theologis olim in Michaele Baio doctore Lovaniensi censura apostolica Pii V et Gregorii XIII ac jam rursus Urbani VIII et Innocentii X in Augustino libro posthumo Cornelii Jansenii Iprensis Episcopi

1. Jozef Misson werd in 1725 pastoor van Ellezelles en door een sententie van 13 april 1733 door de officialiteit van Kamerijk afgezet, cfr. J.J. VOS, *Les paroisses et les curés du diocèse actuel de Tournai*, t. 3: *Doyennés de Beloeil, Celles et Ellezelles*, Brugge, 1900, p. 134.

reprobatis ac damnatis", 1645 (101 blz.), nr. 1. Cfr. L. WILLAERT, nr. 2340.

168. "Narratio actorum Parisiis in suscriptione formularii", z.d., nr. 2/1.

169. Anoniem betoog tegen de jansenisten, schijnbaar gericht aan Leopold-Willem, gouverneur-generaal, z.d., 10 blz., nr. 2/2.

170. "De controversia janseniana. De remediis adhibendis ad Jansenismi extirpationem", z.d., 5 blz., nr. 2/3.

171. Vragen die kunnen gesteld worden aan iemand die ervan verdacht wordt goedkeuring te hebben verleend aan de *opera Baii*, aan de *Panygeris Janseniana* en andere verboden werken, z.d., nr. 3. Cfr. L. WILLAERT, nr. 6274.

172. "Causae jansenianae brevis historia pro defensione Jansenistarum", 1657, 21 blz., nr. 4.

173. "Brevis expositio calamitosi status Ecclesiae in Belgio adversus decreta Sedis Apostolicae invalescente fractione Baiana et janseniana" (van Aegidius Estrix, 1679) 46 blz., nr. 5. Cfr. L. WILLAERT, nr. 4010.

174. Redenen van een visitatie in de Leuvense Universiteit, door de beide machten te houden, 1654; aangaande het gezag van de H. Stoel over de universiteit door Jean Schega, jezuïet en biechtvader van aartshertog Leopold-Willem, 8 oktober 1654, nr. 6.

175. Brief van kardinaal-nepoot Paoluzzo Altieri uit Rome aan Charles-François Airoldi, internuntius te Brussel, aangaande een nieuwe bul over de privilegies van de universiteit, 15 oktober 1672 (Latijnse en Italiaanse tekst), nr. 7. Cfr. *Sources* VI, nr. 540.

176. "Deductio succincta de statu praesenti Jansenismi in Belgio de causis ex quibus crevit et de remediis quae conveniens esset adhiberi", 1685, 18 blz., nr. 8.

177. Soortgelijke uiteenzetting gericht aan aartshertog Leopold-Willem, 1655, 28 blz., nr. 9.

178. Historisch relaas van kardinaal Felice Rospiglioso over de constituties van Urbanus VIII, Innocentius X en Alexander VII, 1679. In het Italiaans: "Relatione des succeduto nella causa di Giansenio", 2 ex., resp. 64 en 40 blz.; in het Latijn: "Commentarius actorum in causa Jansenii", 42 blz., nr. 10/1-3.

179. "Informatio de ortu et progressu haeresis Jansenianae usque ad mensem augusti 1652", 22 blz., nr. 11.

180. "Status praesens Jansenismi in Academia Lovaniensi anno 1693", 5 blz., nr. 12.

181. Anonieme brief uit het convent van Assisi aan kardinaal Joannes Franciscus Albani, de latere paus Clemens XI, over het jansenisme in de Zuidelijke Nederlanden, 18 december 1694 (Latijnse vertaling uit Italiaanse tekst), 2 ex., nr. 13.

182. "Theologia Baio-Janseniana seu elenchus propositionum quibus potissimum in Belgio offensiones, scandala, contentiones, perturbationesque ... excitatae sunt et excitantur quotidie...", door Patricius Duffy, Iers franciscaan, Keulen, 1680, 34 fol. (gedrukt), nr. 14. Cfr. L. WILLAERT, nr. 4099.

183. "Brevis enarratio de statu Jansenismi in Belgio ad annum 1681", 26 blz., 2 ex. (gedrukt), nr. 15.

184. "Epistola e Belgio ad quemdam Abbatem Romae agentem ... directa, 1692 (gedrukt, onvolledig) nr. 16. Cfr. L. WILLAERT, nr. 5556.

185. "Joannis Brusselii theologi Belgae ad unum ... S.R. Imperii principibus epistola, in qua Ecclesiae Belgicae catholicae status fidelibus ... exponitur", 23 december 1690, nr. 17. Cfr. L. WILLAERT, nr. 5134.

186. *Copia de carta...*, anonieme druk, 3 september 1697, nr. 18.

187. Klacht namens het "Zuidnederlandse" volk bij Innocentius XII tegen sommige pastoors en hun opstokers, 1698, 48 blz. (gedrukt), nr. 19.

189. Verdediging van de kerkelijke immuniteit, voornamelijk van die van de aartsbisschop van Mechelen, 17 blz. (gedrukt), nr. 20.

190. Franse en Spaanse gedrukte documenten betreffende de actie van aartsbisschop H.G. de Precipiano tegen de jansenisten van Leuven, Brussel enz., 1695-1698, nrs. 21-22.

191 Geschrift *de quibusdam Doctoribus Lovaniensibus*, ondertekend door de anti-jansenisten Martinus Harney, Bernardus Désirant, Hermannus Damen, Franciscus Martin, z.d., maar op 30 augustus 1701 door de eerst en door de laatst genoemde opnieuw ondertekend; brief van S.A. Tanara, nuntius te Keulen, voorheen internuntius te Brussel, met bevestiging van die gegevens aan M. Harney of B. Désirant, 14 februari 1690, nr. 23.

192. Uittreksels uit de akten van de faculteit van theologie te Leuven, 1699, nr. 24.

193. Anoniem stuk tegen Joannes Libertus Hennebel, professor te Leuven en agent te Rome, z.d., nr. 25.

Reg. 16 (C1) *Acta baiana, et causa janseniana in Belgio sub Urbano*
VIII, met index, 1574-1592, 1615, 1623-1644, 1646, 88 doc.; waaraan
194. ontbrekende nummers: 9 (afbeeldingen van C. Jansenius en Joannes
195. Duvergier de Hauranne); 23 (aanvaarding van de bul *In Eminenti*
door verscheidene professoren van de Leuvense universiteit, 13 juli
196. 1643, cfr. *Sources* I, nr. 489); 31 (brief van het H. Officie aan
kardinaal Hieronymus Grimaldi met antwoord op de opwerpingen
tegen de bul *In Eminenti*, 5 september 1643, cfr. L. CEYSSENS,
L'origine romaine de la bulle In Eminenti, in *Jansenistica. Études*
197. *relatives à l'histoire du jansénisme*, III, Mechelen, 1957, p. 102); 34
(schrijven van François de Melo, gouverneur-generaal, aan de
198. aartsbisschop, 5 december 1643); 39 (redevoering van Joannes
Schinckels, professor te Leuven, 22 september 1643, cfr. *Sources* I,
199. nr. 538; 41 (zes breven van Urbanus VIII, 24 oktober 1643, cfr.
199a. *Sources* I, nrs. 579-584; allerhande documenten, 1643); 42 (mandaat
van Valerius Andreas, rector van Leuven, niet te handelen over de
leer van het boek van C. Jansenius, 14 mei 1644, cfr. *Sources* II, nr.
200. 95); 43 (Romeins decreet dat de authenticiteit van de bul bevestigt,
overhandigd aan de Leuvense doctoren Joannes Sinnigh en Cornelius
201. de Paepe, 16 juni 1644, cfr. *Sources* II, nr. 131); 44 (De Geheime
Raad aan Engelbertus Desbois, bisschop van Namen, over het
drukken van documenten zonder koninklijk placet, 31 oktober 1644).

202. Gregorius XIII verleent aan Ludovicus Florentius de Berlaymont, bisschop van Kamerijk, de volmacht om aan priesters de jurisdictie te verlenen waardoor ze alle ketters kunnen absolveren, 30 april 1574 (gedrukt), nr. 1.

203. Bevel van Jacobus Boonen alle vertalingen van decreten van het Concilie van Trente in te leveren onder bedreiging met kerkelijke straffen, 26 maart 1630, met getuigenis van J. Van Berghe, aartspriester van Tienen, het aan al zijn parochie- en kloosterkerken te hebben medegedeeld, 16 april 1630, nr. 2.

204. Bevel aan aartsbisschop J. Boonen vanwege internuntius Fabio Langonissa, van twee decreten van de Congregatie van het Concilie te publiceren en uit te voeren, nl. één waarbij alle vertalingen van de decreten van het Concilie verboden worden, en één waarbij het verboden wordt met bedekt hoofd te prediken in tegenwoordigheid van het H. Sacrament, 29 april 1630, nr. 3.

205. Oordeel van Joannes de Chokier, kanunnik van de kathedraal van Luik en vicaris-generaal, over het boek *Abrégé de la voye de salut*, verschenen zonder schrijver of drukker, 3 augustus 1633 (gedrukt), nr. 4.

206. Verhandeling over leven en leer van Michaël Baius (1513-1589), z.d. nrs. 1 en 2.

207. Brief van Benito Arias Montano aan Filips II over het biechtvadersambt bij de gouverneur-generaal, 8 februari 1571, nr. 3.

208. Decreet van Ottavio-Mirto Frangipani, nuntius te Keulen, betreffende de controverse tussen de universiteit van Leuven en de Sociëteit van Jesus, 10 juli 1588 (gedrukt), nr. 4.

209. Eedformulier omtrent de bul van Pius IV, voorgeschreven door de Leuvense universiteit, 28 november 1579 (gedrukt), nr. 5.

210. Gedrukte bullen van Pius V en Gregorius XIII tegen Michaël Baius, 29 januari 1579, 9 blz., nr. 6.

211. Breve van Clemens VIII aan Octavius Frangipani, nuntius, dat de toelating verleend wordt aan de katholieken hun zondagsplicht te vervullen in de kerken van de mendicanten en van de jezuïeten, 22 december 1592 (gedrukt), nr. 7.

212. Getuigenis van de Congregatie van het Concilie over de volmachten van de nuntius i.v.m. de nationale privilegies, 23 juni 1615, nr. 8.

213. Levensbeschrijving van Cornelius Jansenius door Jacobus de la Torre, apostolisch vicaris in Holland, nr. 10.

214. Verhaal d.d. 27 december 1670 te Ieper door Petronilla Bertens, zwartzuster, over het afsterven van Cornelius Jansenius op 6 mei 1638; op 27 juli 1711 eigenhandig overgeschrven door Antonius Bettonville, rector van het jezuïetencollege te Ieper, nr. 11. Cfr. (C. CALLEWAERT - Q. NOLS), *Jansenius, évêque d'Ypres. Ses derniers moments. Sa soumission au Saint-Siège d'après des documents inédits*, Leuven, 1893, p. 160-161; *Sources* VI, nr. 461.

215. Brief van nuntius Guido di Bagno aan Antonius Triest, bisschop van Gent, met het verbod van de paus iets te drukken over *de auxiliis*, december 1623, nr. 12.

216. Bul van Urbanus VIII waarin de geestelijkheid aangespoord wordt tot de verspreiding van het geloof in de Zeventien Provincies, 6 oktober 1626 (gedrukt, 14 blz.), nr. 13.

217. Romeinse boekencensuur, 1629, 1633, 1634, 1641 (gedrukt), nrs. 14 tot 18.

218. Documenten met betrekking tot de veroordeling van Michaël Baius, 1568-1580, nr. 19/1-3.

219. Getuigenis van Philippus Alegambe, jezuïet omtrent de bul van Pius V (1 oktober 1567) en het *comma pianum*, 8 oktober 1644, nr. 19/4. Cfr. *Sources* I, p. 541-542, noot 1.

220. Mening van Paulus Colonius, protestants minister, aan Otto Jansenius, broer van Cornelius, over het boek *Augustinus*, 13 februari 1641, nr. 19/5. Cfr. *Sources* I, nr. 40 (Latijn).

221. Bevel van Franciscus Barberini, kardinaal-nepoot, aan aartsbisschop Jacobus Boonen de disputen te doen ophouden, 25 mei 1641, nr. 19/6. Cfr. *Sources* I, nr. 94.

222. Verzoek van Franciscus Barberini aan kardinaal-Infante Ferdinand, gouverneur-generaal van de Spaanse Nederlanden, aartsbisschop J. Boonen te steunen in zijn pogingen om de disputen te doen ophouden, 25 mei 1641, nr. 19/7. Cfr. *Sources* I, nr. 95.

223. Nieuw bevel van Franciscus Barberini aan Jacobus Boonen het werk *Augustinus* en de geschriften daaromtrent te verbieden, 22 juni 1641, nr. 19/8. Cfr. *Sources* I, nr. 116.

224. "Vredesvoorstellen" van Libertus Froidmont, professor te Leuven, aan de professoren in de theologie van het jezuïetencollege te Leuven, 23 juni 1641, nr. 19/9. Cfr. *Sources* I, nr. 118.

225. "Vredesvoorwaarden" vanwege de theologieprofessoren van het jezuïetencollege te Leuven aan Libertus Froidmont, 23 juni 1641, nr. 19/10. Cfr. *Sources* I, nr. 119.

226. Schrijven van Joannes de Lugo, jezuïet, aan Adrianus Cromm, jezuïet te Leuven, over de houding van kardinaal François Barberini ten aanzien van het werk *Augustinus* en de thesissen; 1 augustus 1641, nr. 19/11. Cfr. *Sources* I, nr. 171.

227. Mededeling door de Raad van Brabant aan internuntius Richard Stravius van het rekwest dat zijn procurator-generaal tegen hem uitbracht, 30 september 1631, nr. 20. Cfr. *Sources* I, nr. 210.

228. Schrijven van internuntius Richard Stravius aan de Raad van Brabant: het koninklijk placet was niet vereist voor de publikatie van het decreet van 1 augustus 1641 (het verbood het werk *Augustinus* en de publikaties hieromtrent, zie *Sources* I, nr. 169), nr. 20. Cfr. *Sources* I, nr. 210.

229. *Carta consolatoria* van Petrus de Bivero, jezuïet, naar aanleiding van de dood van de kardinaal-Infante, Brussel, 1642 (gedrukt, 8 blz.), nr. 21.

230. Koninklijke censuur van de jansenistische boeken, *Somnium Hipponense* en *Conventus Africanus*, 26 februari 1642 (gedrukt), nr. 22. Cfr. L. WILLAERT, nrs. 2161 en 2126.

231. Weerlegging van het memoriaal van Joannes Jansenius, kanunnik van Sint-Walburgis te Veurne, d.d. 15 februari 1642 (zie *Sources* I, nr. 302 bis), door de jezuïeten van Leuven, gericht aan Urbanus VIII, z.d. (14 maart 1642), nr 24/12. Cfr. *Sources* I, nr. 329.

232. Lof van Urbanus VIII aan de professoren van Douai voor hun houding t.o.v. het decreet van 1 augustus 1641 (zie *Sources* I, nr. 169), 11 januari 1642, nr. 24/13. Cfr. *Sources* I, nr. 278.

233. Verwijten van Urbanus VIII aan de professoren van Leuven voor hun houding, 11 januari 1642, nr. 24/14. Cfr. *Sources* I, nr. 279.

234. Internuntius Richard Stravius overhandigt de pauselijke documenten aan de Leuvense universiteit, 17 maart 1642, nr. 24/15, cfr. *Sources* I, nr. 333; antwoord van Petrus Stockmans, jurist, namens de universiteit aan de paus, 3 april 1642, nrs. 24/16 en nr. 37. Cfr. *Sources* I, nr. 361.

235. Relaas van de drie seniores van de Leuvense theologische faculteit (Joannes Schinckelius, Christianus Van Beusecom, Guillielmus ab Angelis) aan Urbanus VIII (15 december) 1641, nrs. 24/17 en 26, cfr. *Sources* I, nr. 259; opzending van dat relaas door G. ab Angelis, professor, naar Franciscus Sylvius, deken van de theologische faculteit van Douai, (21) december 1641, nr. 24/20. Cfr. *Sources* I, nr. 262.

236. Weigering van François Sylvius om aan G. ab Angelis zijn medewerking te verlenen, 4 februari 1642, nr. 24/21. Cfr. *Sources* I, nr. 298.

237. Oordeel van de theologische faculteit van Douai over twee jansenistische stellingen, 2 februari 1642, nr. 24/22. Cfr. *Sources* I, nr. 296.

238. Drie brieven van Joannes a Lapide (Van de Steen), president van het Sint-Norbertuscollege te Leuven, aan Adrianus Crom, jezuïet, over jansenistische geschriften; twee antwoorden van A. Crom, 11-16 november 1641, nr. 25. Cfr. *Sources* I, nrs. 242-243, 245-247.

239. Vraag naar het oordeel van katholieke doctores over acht punten van de leer van Cornelius Jansenius, z.d., nr. 27/1.

240. Bul *In Eminenti* van Urbanus VIII, 6 maart 1641 (1643) (2 ex., gedrukt), nrs. 27/2 en 28.

241. Verzet van drie leden van de Leuvense universiteit tegen de benoeming van Joannes Sinnich, 28 juli 1642, nr. 29/24. Cfr. *Sources* I, nr. 240.

242. Schrijven van Fabio Chigi, nuntius te Keulen, aan kardinaal François Barberini over zijn vruchteloze pogingen m.b.t. de jansenisten, z.d. (27 juli 1642), nr. 29/25. Cfr. A. LEGRAND - L. CEYSSENS, *La correspondance antijanséniste de Fabio Chigi* (Bibliothèque de l'Institut historique belge de Rome, fasc. VIII), Brussel-Rome, 1957, nr. 56, p. 52-53.

243. Vraag van internuntius Antonius Bichi aan Joannes Maes, abt van 't Park, de bul te publiceren, 8 juli 1643, nr. 29/26. Cfr. *Sources* I, nr. 483.

244. Vraag van internuntius Antonius Bichi aan Henri Van de Nouwelandt, advokaat-fiscaal te Leuven, het proces tegen de professoren Joannes Schinckelius en Guillielmus ab Angelis stop te zetten, 23 juli 1643, nr. 29/27. Cfr. *Sources* I, nr. 497.

245. Volmacht van de Leuvense universiteit aan twee professoren voor onderhandelingen met internuntius A. Bichi, 28 juli 1643, nr. 29/28. Cfr. *Sources* I, nr. 507.

246. Klacht van Henri Van de Nouwelandt, advokaat-fiscaal, en Henri Wytfliet, procureur-generaal van Brabant, bij de Raad van Brabant over de inmenging van internuntius A. Bichi in het proces J. Schinckels en G. ab Angelis, z.d. (1 augustus 1643), nr. 29/29. Cfr. *Sources* I, nr. 511.

247. "Informatio dato R^{mo} Pronuncio a DD. Schinckelio et ab Angelis adversus supplicem hunc libellum oblatum ab adversariis (Nouwelandt)", (1 augustus 1643), nr. 29/30. Cfr. *Sources* I, nr. 513.

248. Vonnis door Jacques de Hauvreck, promotor-fiscaal, tegen J. Schinckelius en G. ab Angelis, professoren, 13 augustus 1643, nr. 29/31. Cfr. *Sources* I, nr. 516.

249. Dagvaarding van Jacques de Hauvreck door de vijf gedelegeerde rechters, 14 augustus 1643, nr. 29/32. Cfr. *Sources* I, nr. 517.

250. Uitspraak van de vijf rechters tegen de promotor van de Leuvense universiteit, 14 augustus 1643, nr. 29/33. Cfr. *Sources* I, nr. 518.

251. Vraag van aartsbisschop J. Boonen aan internuntius A. Bichi of de bul *In Eminenti*, te Rome wel gepubliceerd werd, 15 augustus 1643, nr. 29/34. Cfr. *Sources* I, nr. 520.

252. Brief van Lucas Wadding, Iers franciscaan te Rome, aan Patricius Brenan, Iers franciscaan te Leuven i.v.m. de publikatie van de bul *In Eminenti*, z.d. (tussen 26 juni en 23 september 1644), nr. 29/35. Cfr. L. CEYSSENS, *Florence Conry, Hugh de Burgo, Luke Wadding and jansenism*, in *Father Luke Wadding*, Dublin, 1957, p. 368.

253. Aanmerkingen op de bul *In Eminenti*, z.d., nr. 29/37-41. Betreffende nrs. 37 en 38. Cfr. A. ARNAULD, *Premières et secondes observations sur la bulle In Eminenti* (1643). *Oeuvres*, t. XVI, nrs. I-II.

254. Stellingen van Libert Froidmont, professor te Leuven, 13 oktober 1643, nr. 29/42. Cfr. *Sources* I, nr. 566.

255. Schrijven van Franciscus Barberini, kardinaal-nepoot, aan kardinaal Hieronymus Grimaldi, nuntius te Parijs, over de authenticiteit van de bul, 5 september 1643, nr. 30. Cfr. *Sources* I, nr. 524.

256. Twee breven van Urbanus VIII aangaande de uitvoering van de bul *In Eminenti*, 24 oktober 1643, nrs. 32, 33. Cfr. *Sources* I, nrs. 579 en 583.

257. Verklaring door religieuzen van de ontvangst van de bul, december 1643, nr. 35.

258. Lijst van aanhangers van Jansenius' leer, 1646, nr. 36.

259. Schrijven van Guillielmus ab Angelis, professor, aan de Raad van Brabant over zijn houding t.o.v. de bul, z.d. (begin juli 1643), nr. 38. Cfr. *Sources* I, nr. 271. Zie L. CEYSSENS, *Guillaume ab Angelis, antijanséniste de Louvain (1583-1649)*, in *Bulletin de l'Institut historique belge de Rome*, 34 (1964) 69-106 (= *Jansenistica minora*, IX, fasc. 7).

260. Oplossing van twee problemen aangaande het boek *Augustinus* van C. Jansenius, 1644, nr. 40.

261. Opinies omtrent het schandaal dat door het boek *Augustinus* van C. Jansenius zou zijn verwekt, 1644, nr. 41. Cfr. L. CEYSSENS, *L'enquête officielle faite en 1644 dans les diocèses des Pays-Bas sur le scandale causé par l'"Augustinus" de Corneille Jansenius. La part qu'y prirent les franciscains*, in *Archivum Franciscanum Historicum*, 43 (1950) 68-160 (= *Jansenistica minora*, I, fasc. 1).

262. "Réponse aux auteurs du mémorial présenté à ... Duc de Villa Hermosa ... contre les quatre traités de S. Augustin, traduits en

français par Mr Arnauld", z.d. (gedrukt), nr. 45. Cfr. L. WILLAERT, nr. 3789.

Reg. 17 (C2) *Acta janseniana sub Urbano VIII*, 1630-1644, 18 doc.,
263. index; ontbreken: nr. 3 (relaas over de dood van Cornelius Jansenius
264. door een zwartzuster in 1670, cfr. *supra*, reg. 16, nr. 11) en nr. 4 (brief van Paulus Colonius aan Otto Jansenius over het boek *Augustinus* van C. Jansenius, 13 februari 1641. Cfr. *Sources* I, nr. 40, p. 33-35).

265. Constitutie *Pastoralis* van Urbanus VIII d.d. 13 januari 1630, over de afschaffing van de jezuïetessen (gedrukt, 10 blz.), nr. 1.

266. Latijns schimpdicht op bisschop C. Jansenius opgedragen aan de stad Ieper, 1637 (gedrukt), nr. 2.

267. Verdediging van 76 veroordeelde leerstellingen van Michaël Baius, gericht tot Pius V, z.d., 19 fol., nr. 5.

268. Instructie van Urbanus VIII aan kardinaal Marzio Ginetti, plenipotentiarius op de vredesconferentie te Keulen, z.d., 68 fol., Italiaans, nr. 6.

269. Uitspraak van Franciscus Zypaeus, aartsdiaken en officiaal van het bisdom Antwerpen, in de zaak van Antonius Triest, bisschop van Gent, enerzijds, en in die van de birgittinessen van Dendermonde, anderzijds, 20 juli 1637 (gedrukt), nr. 7, cfr. nrs. 124, 125 en 545.

270. Breve van Urbanus VIII betreffende de privilegies die alleen mondeling werden toegestaan, 20 december 1631 (gedrukt, 8 blz.), nr. 8.

271. Uittreksel met theologische theses uit het boek der thesissen van de bibliotheek der minderbroeders te Leuven, aldaar verdedigd op 29 augustus 1641 in het klooster der augustijnen door Franciscus De Vos, augustijn, onder voorzitterschap van Christianus Lupus, nr. 9/1; schrijven van Richard Stravius uit Brussel aan aartsbisschop Jacobus Boonen te Aken over de theses van de augustijnen te Leuven, 8 september 1641, nr. 9/2. Cfr. *Sources* I, nr. 192.

272. Breven van Urbanus VIII gericht aan de universiteit van Leuven met verwijten en aan die van Douai met lofprijzing, 11 januari 1642; antwoorden van de universiteiten aan internuntius Richard Stravius, 24 en 27 maart 1642, nr. 10. Cfr. *Sources* I, nrs. 278 en 279, 343 en 350.

273. Schrijven van kardinaal Franciscus Barberini aan internuntius Antonius Bichi over de berichten uit Rome, gemeld door de Leuvense gedeputeerden, 5 december 1643, nr. 11 (in het Latijn, cfr. reg. 18 (C3), nr. 25).

274. Mededeling door François de Melo, gouverneur-generaal, aan aartsbisschop Jacobus Boonen, dat hij hem de brief van kardinaal Barberini stuurt, 30 december 1643, nr. 11. Cfr. *Sources* I, nrs. 597 en 616.

275. Lijst van voorstanders van Cornelius Jansenius' boek, 1643, nr. 12.

276. Rescript van Urbanus VIII van 26 februari 1643 betreffende de dispensatie in geloften van regulieren (gedrukt), nr. 13.

277. *Bulla Cruciata* van Urbanus VIII (Spaans), 1644 (gedrukt), nr. 14.

278. "Oratio apologetica adversus laudationem funebrem (in C. Jansenium) dictam Lovanii a D.F. Joanne a Lapide", 4 mei 1641 (20 fol.), nr. 15. Cfr. L. WILLAERT, nr. 2195; L. CEYSSENS, *Un discours en réparation de l'honneur lésé de Jansenius*, in *Écriture de la religion. Écriture du roman*, Groningen-Rijssel, 1979, p. 49-62.

279. Koninklijk verbod van de geschriften *Somnium Hipponense* en *Conventus Africanus*, 26 februari 1642, (gedrukt), nr. 16. Cfr. L. WILLAERT, nrs. 2161 en 2126.

280. Constitutie van Urbanus VIII betreffende het breviergebed, 27 april 1643 (gedrukt), nr. 17.

Reg. 18 (C3) *Epistulae, notationes, decreta, epigrammata, carmina de vita et moribus C. Jansenii*, 1625, 1640-1644, 35 doc., index;
281. ontbrekende nrs.: 7 (namen van de eerste aanhangers van C.
282. Jansenius, 1642); 13, 14, 15, 17 (over geschriften ten voordele van C.
Jansenius, 1642-1643).

283. Plan van het conclaaf in 1623 (gedrukt).

284. "Jornada de don Fernande de Ribera Enriquez ... a S. Padre Urbano VIII por la magestad catholica de don Philipe IV", Roma, 1625 (gedrukt), nr. 1.

285. Lofdicht gericht aan de sociëteit van Jezus naar aanleiding van haar overwinning op Cornelius Jansenius, 1640, nr. 2.

286. Verscheidene epigrammen over leven, werk en begrafenis van Cornelius Jansenius, 1640-1641 (gedrukt), nrs. 3-5.

287. Schrijven van Adrianus Crom, jezuïet, aan Philippus Nutius, jezuïet te Brussel, over de zending van twee documenten, 14 mei 1642, nr. 6. Cfr. *Sources* I, nr. 385.

288. Aantekeningen op het geschrift *Conventus Africanus*, 1641, nr. 8. Cfr. L. WILLAERT, nr. 2126.

289. Weerlegging door Adrianus Crom, jezuïet, van de kritiek van de jansenisten op de bul van Urbanus VIII, 1642, nr. 9.

290. Lijst van degenen die de bul van Urbanus VIII aanvaarden, 1642, nr. 10.

291. Opmerkingen bij de bul *In Eminenti*, 1642, nr. 11.

292. Mededeling door Leuvense antijansenisten aan Urbanus VIII van de vota van de verschillende faculteiten, uitgebracht op de universiteitsvergadering van 15 december 1643, 5 fol., nr. 12, zie *Sources* I, nr. 608. Cfr. BRB, nr. 22192, t. I, fol. 227.

293. Koninklijk verbod van de geschriften *Somnium Hipponense* en *Conventus Africanus*, 26 februari 1642 (gedrukt), nr. 16. Cfr. L. WILLAERT, nrs. 2161 en 2126.

294. Vijf brieven van Guilielmus Du Loroy, jezuïet, aan Antonius Boot, jezuïet te Brussel, over de bul *In Eminenti*, 30 mei - 12 december 1643, nrs. 18, 19, 21, 22, 26. Cfr. *Sources* I, nrs. 473, 474, 503, 514, 602.

295. Mededeling door Adrianus Crom, jezuïet, aan Philippus Nutius, jezuïet te Brugge, van de inhoud van de bul *In Eminenti*, 27 juni 1643, nr. 20. Cfr. *Sources* I, nr. 475.

296. Anonieme brief uit Leuven met nieuwtjes over jansenisme en antijansenisme, o.m. over de censuur tegen Michel Rabardeau, jezuïet, 7 oktober 1643, nr. 23. Cfr. *Sources* I, nr. 555.

297. Ignatius Gouvaerts, jezuïet, aan Philippus Nutius, jezuïet te Brussel, over leer en veroordeling van Petrus de Rivo (Van der Beken, + 1500), 30 november 1643, nr. 24. Cfr. *Sources* I, nr. 596.

298. Schrijven van kardinaal Franciscus Barberini aan internuntius Antonius Bichi over de berichten uit Rome, gemeld door de Leuvense gedeputeerden, 5 december 1643 (Latijn), nr. 25 (= reg. 17, nr. 11 (Spaans). Cfr. *Sources* I, nr. 597).

299. Brief van Guillielmus Du Loroy, jezuïet, aan Antonius Boot, jezuïet te Brussel, over de Leuvense deputatie te Rome, 12 december 1643, nr. 26. Cfr. *Sources* I, nr. 602.

300. Lofdicht op de levenswandel van Cornelius Jansenius, 1644 (gedrukt, 13 blz.), nr. 27.

301. "Puncta legationis Joannis Sinnigh et Cornelii De Paep super bulla prohibitoria Jansenii et negotio privilegiorum nominationum universatis Lovaniensis", 1643 (19 fol.), nr. 28. Cfr. L. CEYSSENS, *Verslag over de eerste Jansenistische deputatie van Leuven te Rome (1643-1645)*, in *Bulletin de l'Institut historique belge de Rome*, 22 (1942-1943) 31-111.

302. Exemplaar van de bul *In Eminenti*, Rome, 1644, geauthentiseerd te Rome door Joannes Thomasius, notaris van het H. Officie, op 21 juli 1644 (gedrukt, 10 fol.), nr. 29.

303. Decreet van het H. Officie waarin de authenticiteit van de bul *In Eminenti* bevestigd wordt, 16 juni 1644 (gedrukt), nr. 30. Cfr. *Sources* II, nr. 131.

304. Nr. 31. Cfr. *supra*, reg. 16 (C1), nr. 19/4.

305. Uitleg van Joannes De Lugo, jezuïet, over enkele punten van de bul, z.d., nr. 32.

306. Anonieme brief i.v.m. de bul *In Eminenti*, z.d., nr. 33.

307. Over feiten i.v.m. het jansenisme, z.d., nr. 34.

308. Decreet van aartsbisschop Jacobus Boonen over de gepaste kledij van mannen en vrouwen in de kerk, 13 augustus 1644 (gedrukt), nr. 35.

Reg. 19 (C4) *Epistolae, decreta, mandata, observationes sub*
309. *Innocentio X*, 1644-1655, 66 doc., index; ontbrekende nrs.: 7 (*programma publicationis bullae In Eminenti*, Antwerpen, 10 mei 1646), cfr. *Sources* II, nr. 421, i.v.m. de door Willem Lantsheere, jezuïet, op 3 april 1646 gehouden preek in het professiehuis, cfr.
310. *Sources* II, nr. 396; 9 (veroordeling van het boek (van Martin de Barcos) "L'autorité de Saint Paul et de Saint Pierre et de la grandeur de l'Église", 24 januari 1647; 19 (decreet met verbod van boeken, 18 juli 1651).

311. Ets van het conclaaf in augustus 1644, nr. 1.

312. Beschrijving van de plechtigheden van de intronisatie van Innocentius X op 23 november 1644 (gedrukt), nr. 2.

313. Emblemata over de leer van C. Jansenius door de eremieten van Sint-Augustinus te Leuven aangeplakt, 20 juni 1645, nr. 3. Cfr. *Sources* II, nr. 265.

314. Koninklijke brieven van Philips IV aan de gouverneurs te Brussel over het publiceren van de constitutie *In Eminenti* van Urbanus VIII, 30 januari 1646, nr. 4, cfr. *Sources* II, nr. 356; idem, 14 mei 1647, nrs. 8 en 12. Cfr. *Sources* II, nr. 519.

315. Veroordeling door Gasparrus Nemius, bisschop van Antwerpen, van het boekje "Rhytmica consideratio altitudinis consilii divini super salutem generis humani" door Petrus Cobbaert, norbertijn van Ninove en pastoor van Liederkerke, 25 februari 1647 (gedrukt), nr. 10. Cfr. L. WILLAERT, nr. 2422; *Sources* II, nr. 497.

316. Lijst van verboden boeken door de Congregatie van de Index, 18 december 1646 (gedrukt), nr. 11.

317. "Breve Innocentii X in causa Angelopolitana jurisdictionis in Indiis Occidentalibus Novae Hispaniae", Rome, 16 mei 1648 (gedrukt, 9 blz.), nr. 13.

318. Schrijven van twee professoren van de theologische faculteit van Douai tegen het boek *Augustinus* van C. Jansenius, gericht aan de Romeinse Inquisitie, 31 mei 1649, nr. 14. Cfr. *Sources* II, nr. 741.

319. Korte informatie over de jansenistische kwestie, 1649, nr. 15.

320. Aanmerkingen van anti-jansenisten op de *rationes* (waarom hij in 1646 de bul niet publiceerde) van aartsbisschop J. Boonen (8 fol.), kort na 11 juni 1649, nr. 16, cfr. *Sources* II, nr. 744; reactie van Innocentius X, 18 november 1651, nr. 22. Cfr. *Sources* III, nr. 1107.

321. Aanmerkingen op het boek "Defensio Belgarum contra evocationes ad peregrina judicia" (van Petrus Stockmans), 1649, nr. 17. Cfr. L. WILLAERT, nr. 3236.

322. Veroordeling door de Romeinse Inquisitie van het boekje "Catéchisme ou abrégé de doctrine touchant la grâce divine" (door L'Hermite), 6 oktober 1650 (gedrukt), nr. 18. Cfr. *Sources* III, nr. 912; L. WILLAERT, nr. 2556.

323. Omzendbrief van aartshertog Leopold-Willem aan de Raden betreffende de uitvaardiging van de bul *In Eminenti* n.a.v. het plakkaat, 28 december 1651, nr. 20. Cfr. *Sources* III, nr. 1122.

324. Mandement van aartsbisschop J. Boonen ter uitvaardiging van de bul *In Eminenti*, 29 maart 1651, nr. 20. Cfr. *Sources* III, nr. 999.

325. Cassatie door aartshertog Leopold-Willem van de aanplakbrief van internuntius Antonius Bichi, 23 juni 1651, nr. 23. Cfr. *Sources* III, nr. 1043.

326. Vijf brieven van de Geheime Raad aangaande het jansenisme aan het hoogste kerkelijk en burgerlijk gezag, 24-26 maart 1652, nrs. 24-28. Cfr. *Sources* III, nrs. 1184-1188.

327. Uittreksel uit een brief van Jean Rho, Italiaans jezuïet, 26 juni 1652, nr. 29. Cfr. *Sources* III, nr. 1239.

328. Twee brieven van onbekenden met nieuwtjes uit Rome, 1 maart en 4 april 1653, nr. 30. Cfr. *Sources* III, nrs. 1348 en 1355.

329. Verbreking door de Raad van Brabant van de Romeinse strafmaatregelen tegen de aartsbisschop en de bisschop van Gent, 12 mei 1653 (gedrukt), nr. 31. Cfr. *Sources* III, nr. 1368.

330. Bul *Cum occasione* van Innocentius X d.d. 30 mei 1653 met de veroordeling van vijf proposities uit het boek *Augustinus* en de publikatie ervan door J.F.D. de Gondy, aartsbisschop van Parijs (Franse tekst), 15 juli 1653 (gedrukt), nrs. 32, 33; opmerkingen van jansenistische theologen van Leuven op de anti-jansenistische artikelen betreffende het leergezag van Sint-Augustinus, aan Innocentius X aangeboden, z.d. (5 fol.), nr. 34.

331. Anonieme opwerpingen tegen de authoriteit van Sint-Augustinus, z.d., nr. 36.

332. Beschouwingen omtrent twee leerstukken van Sint-Augustinus, z.d., nr. 36.

333. Formule van de af te leggen eed door diegenen die een kerkelijk beneficie ontvangen, z.d., nr. 37.

334. Publikatie van de bul *Cum occasione* te Antwerpen, 29 juli 1653 (gedrukt), nr. 39. Cfr. *Sources* III, nr. 1448.

335. Uittreksel uit een brief van François Hallier (Rome, 16 juni 1653) i.v.m. de bul *Cum occasione*, nr. 40.

336. "Reverendo Domino Joanni Recht ... anagrammata", 15 juli (1653) (gedrukt), nr. 41.

337. Verklaring van de theologische faculteit van Leuven i.v.m. de valse geruchten over haar verspreid, 29 september 1653 (gedrukt), nr. 42. Cfr. *Sources* III, nr. 1556.

338. Rechtvaardiging door Libertus Froidmont, decaan van de theologische faculteit, aangaande een thesis in zijn naam te Leuven verdedigd, 6 oktober 1653 (gedrukt), nr. 43. Cfr. *Sources* III, nr. 1569.

339. Sententie van de Raad van Poitiers tegen een brief van Ludovicus Henricus de Gondrin, aartsbisschop van Sens, door jansenisten verspreid, 2 december 1653 (gedrukt), nr. 48.

340. Bevelschriften van de koning, van de verscheidene raden, van de rector van de Leuvense universiteit aangaande de bul *Cum occasione*, 1653-1654, nrs. 38, 44-47, 49, 50. Cfr. *Sources* II, nrs. 1624, 1643, 1647; IV, nrs. 1, 46.

341. Aantekeningen omtrent Christianus Lupus, augustijn, z.d., nr. 51.

342. Aanmerkingen op de maatregelen tegen het boek *Jus Belgarum* van Petrus Stockmans, z.d., nr. 52.

343. Verzoek van internuntius Andreas Mangelli aan Leopold-Willem, gouverneur-generaal, om aartsbisschop J. Boonen strenger te doen optreden tegen de jansenisten, (24 maart 1654), nr. 53.

344. Dorothée Louffius, jezuïet, aan Ferdinand del Plano, jezuïet te Leuven, over de zaak Alexander Sébille en over de bekrachtiging van Jacobus Speeck tot deken van Sint-Pieter te Leuven, 3 februari 1654, nr. 54. Cfr. *Sources* IV, nr. 28.

345. Richard le Brun, jezuïet, aan Hubert Wiltheim, rector van de jezuïeten te Douai, over de aartsbisschoppen van Sens en Reims, de verkiezing van een professor aan de Sorbonne en de kandidaat-biechtvaders voor de koning, 16 januari 1654, nr. 55. Cfr. *Sources* IV, nr. 16.

346. Lofprijzing van Innocentius X aan de universiteit van Douai voor haar anti-jansenistische ijver, 21 maart 1654, nr. 56. Cfr. *Sources* IV, nr. 64.

347. Een Leuvens jansenist aan een onbekende over allerlei nieuwtjes, voornamelijk over de benoeming van Nicolaus Du Bois voor de leerstoel van Schriftuur, omstreeks einde 1654, nr. 57. Cfr. *Sources* IV, nr. 299.

348. Verzoek van Andreas Mangelli, internuntius, aan Leopold-Willem, gouverneur-generaal, om gezien de nalatigheid van aartsbisschop J. Boonen officieel op te treden, 24 maart 1654, nr. 58. Cfr. *Sources* IV, nr. 69.

349. Romeinse boekencensuur, 23 april 1654 (gedrukt), nrs. 59 en 61. Cfr. *Sources* IV, nr. 83.

350. Breve van Innocentius X aan aartshertog Leopold-Willem m.b.t. de publikatie van de bul *In Eminenti* en de eventuele (?) tegenstrevers, 11 november 1651, nr. 60. Cfr. *Sources* IV, nr. 1096.

351. Brief van de bisschoppen van Frankrijk aan Innocentius X m.b.t. de vijf veroordeelde proposities, 28 maart 1654 (gedrukt), nr. 62.

352. Verbod van de rector van de universiteit van Leuven te redetwisten over de leer van C. Jansenius, 14 mei 1654 (gedrukt), nr. 63. Cfr. *Sources* II, nr. 95.

353. "Brevis defensio constitutionis Innocentii X..." door Dorothée Loeffius, 13 juni 1654 (gedrukt, 8 blz.), nr. 64. Cfr. L. WILLAERT, nr. 2802.

354. Verhaal over de laatste ziekte en de dood van Innocentius X, 13 januari 1655 (gedrukt, 8 blz.), nr. 65.

355. Twee breven van Innocentius X aan professoren van Douai, 21 maart 1654 (gedrukt), nr. 66. Cfr. *Sources* IV, nrs. 63 en 64.

Reg. 20 (D1) *Acta janseniana in Belgio sub Innocentio X*, 1645-1653,
356. 44 doc., index; ontbrekende nrs.: 4 en 5 (decreten resp. van de
bisschoppen van Namen en van Antwerpen i.v.m. het nakomen van de
bul *In Eminenti*, 21 april en 10 mei 1646, cfr. *Sources* II, nrs. 420
357. en 421); nr. 25 (mandement van A. Triest, bisschop van Gent, ter
publikatie van de bul *In Eminenti*, 26 maart 1651. Cfr. *Sources* III,
nr. 994).

358. Omzendbrief van Antonius Bichi, internuntius, aan de bisschoppen, waarin hij de pauselijke breve zendt voor het onderhouden van de bul (begin mei 1645), nr. 1. Cfr. *Sources* II, nr. 234.

359. *Palinodia Caleni* of verhaal van de houding van Henricus Calenus tegenover de eed door een anti-jansenist, Brussel, 27 mei 1646, nr. 2. Cfr. *Sources* II, nr. 432. Zie L. CEYSSENS, *Henri Calenus, évêque manqué (1644-1648)*, in *Bulletin de la Commission royale d'histoire*, 127 (1961) 33-128 (= *Jansenistica minora*, VIII, 2, fasc. 67).

360. Uittreksels uit de "akten van de Gentsche clerus" over het nakomen van de bul *In Eminenti*, 9 april 1646, nr. 3.

361. Bericht van de Raad van Brabant namens Filips IV, koning van Spanje, aan de Leuvense universiteit i.v.m. de publikatie van de bul *In Eminenti*, 18 mei 1646, nr. 6. Cfr. *Sources* II, nr. 425.

362. Lofbetuiging van Innocentius X aan Guillielmus ab Angelis, professor en president van het pauscollege te Leuven, over zijn ijver voor de publikatie van de bul *In Eminenti*, 7 juli 1646 (gedrukt), nr. 7. Cfr. *Sources* II, nr. 450.

363. Redenen door Melchior Beydaels, provinciaal, en andere eremieten van Sint-Augustinus, meegedeeld aan aartsbisschop J. Boonen in verband met de vertraging van de publikatie van de bul, 23 juli 1646 (11 pag.), nr. 8. Cfr. *Sources* II, nr. 453.

364. Veroordeling door Gaspar Van den Bosch (Nemius), bisschop van Antwerpen, van het boek *Rhytmica consideratio altitudinis consilii divini super salutem generis humani* van Petrus Cobbaert, norbertijn van de abdij van Ninove en pastoor van Liedekerke, 25 februari 1647 (gedrukt), nr. 9. Cfr. L. WILLAERT, nr. 2422.

365. Verklaring van Gaspar Van den Bosch, bisschop van Antwerpen, dat de te Rome gepubliceerde documenten overal verplicht zijn, 11 februari 1647, nr. 10.

366. Memorie van Joannes Schinckels, professor te Leuven, aan de internuntius over de noodzakelijkheid van het *Placetum regium* voor de publikatie van pauselijke akten, z.d. (vóór 26 juli 1644), nr. 11. Cfr. *Sources* I, nr. 549; II, nr. 144.

367. Verhaal door Joannes Sinnich, professor te Leuven, wat Urbanus VIII hem bij de audiëntie van 26 november 1643 verklaarde, 22 februari 1647, nr. 14. Cfr. *Sources* II, nr. 496.

368. Decreet van Antonius Bichi, internuntius, waarin Jacobus Pontanus, boekencensor te Leuven, gesuspendeerd wordt wegens zijn goedkeuring van het boek van Petrus Cobbaert (cfr. *supra*, nr. 9), 17 juni 1647, nr. 15. Cfr. *Sources* II, nr. 522.

369. Weigering van Henricus Calenus een nieuwe anti-jansenistische eed af te leggen en welke bisschoppelijke zetel ook te aanvaarden, 28 maart 1648, nr. 16. Cfr. *Sources* II, nr. 606.

370. Korte uiteenzetting van Antonius Triest, bisschop van Gent, aan Filips IV over de jansenistische kwestie en aanbeveling van Joannes Recht, gedeputeerde, 10 augustus 1649, nr. 17. Cfr. *Sources* II, nr. 776.

371. Uitleg van de theologieprofessoren van Douai over de goedkeuring, verleend aan het boek *Liber de tribus quaestionibus* van Lupus Servatus, abt van de benedicijnenabdij van Ferrières, 12 februari 1649, nr. 18. Cfr. L. WILLAERT, nr. 2480; *Sources* II, nrs. 706-708.

372. Eedformulieren door internuntius Antonius Bichi ter ondertekening voorgelegd, 15 juni 1649, nr. 19.

373. Inlichtingen gevraagd door het H. Officie over de orthodoxe leer van enkele personen, januari-februari 1649, nr. 20.

374. Memoriale van Joannes Recht, professor te Leuven, aan Filips IV voor het bekomen van de vrede onder de theologen, 30 november 1649, nr. 21, cfr. *Sources* II, nr. 823; bijvoeging van 157 redenen tegen de benoeming van Antonius Dave tot professor te Leuven, (46 pag., Spaans). Zie L. CEYSSENS, *Jean Recht en mission à Madrid pour l'Augustinus et l'augustinisme*, in *Augustiniana*, 1 (1951) 21-47, 107-139, 192-204 (= *Jansenistica minora*, II, fasc. 12).

375. Vraag van aartsbisschop Jacobus Boonen aan aartshertog Leopold-Willem om uitstel van de publikatie van de bul, 17 september 1647, nr. 22. Cfr. *Sources* II, nr. 539.

376. Redenen van aartsbisschop J. Boonen waarom de bul *In Eminenti* in 1645 niet door hem werd gepubliceerd, gericht aan de Geheime Raad, 5 augustus 1647 (24 pag., Spaans) (Deze redenen werden uitgegeven in 1649 en veroordeeld op 11 mei 1651 en 23 april 1654), nr. 23. Cfr. *Sources* II, nr. 525 (Latijn).

377. Publikatie van de bul *In Eminenti* door Engelbert Desbois, bisschop van Namen, 21 maart 1651 (gedrukt), nr. 24. Cfr. *Sources* III, nr. 990.

378. Mandement van Jacobus Boonen ter uitvaardiging van de bul *In Eminenti*, 29 maart 1651 (Latijn en Nederlands, gedrukt), nr. 26. Cfr. *Sources* III, nr. 999 (Latijn).

379. Decreet van het algemeen kapittel van de Orde van Prémontré, gehouden in de Sint-Paulusabdij te Verdun op 27 april 1651 en volgende dagen betreffende de leer van C. Jansenius (gedrukt), nr. 27. Cfr. *Sources* III, nr. 1017, enkele stukken van de Orde van Prémontré, die de leer van C. Jansenius veroordelen, 1646 en 1653, nr. 27.

380. Romeinse decreten die de veroordeling en de suspensie van aartsbisschop J. Boonen en bisschop A. Triest inhouden, 11 mei 1651 (gedrukt, 3 ex.), nr. 28, cfr. *Sources* III, nr. 1024; idem van 18 november 1651, nr. 29. Cfr. *Sources* III, nr. 1107.

381. Uittreksels en inhoud van het boek *Resolutiones theologicae* van Ludovicus Bertrandus Loth, dominicaan te Douai; briefwisseling daaromtrent, 1652, nrs. 30-34. Cfr. L. WILLAERT, nr. 2732; *Sources* III, nrs. 1177 en 1178.

382. Verscheidene brieven o.a. van Isidorus a S. Joseph, karmeliet en procurator van A. Triest te Rome, m.b.t. de dagvaarding en de absolutie van de bisschoppen van Mechelen en Gent, 1651-1654, nr. 35. Cfr. *Sources* III, nrs. 1084, 1490, 1500, 1528, 1574, 1603, 1610.

Zie L. CEYSSENS, *Isidore de Saint-Joseph (De Baes)*, in *Biographie Nationale*, 37 (1971-1972) 455-458.

383. Omzendbrief van Leopold-Willem, gouverneur-generaal, aan de bisschoppen en de universiteiten met instructies nopens de publikatie van de bul *In Eminenti*, 28 februari 1651, nr. 36, cfr. *Sources* III, nr. 982; de Geheime Raad aan de Raden over de hulpverlening van de civiele macht voor de uitvoering van de bul, 18 februari 1654, nr. 36, cfr. *Sources* IV, nr. 46; over het *Placetum regium* dat niet vereist is voor het decreet van 6 september 1657, vermits het van zuiver dogmatische aard is, 13 juni 1659, nr. 36, cfr. *Sources* IV, nr. 978; nog over het placet, 13 maart 1676, nr. 36. Cfr. *Sources* VII, nr. 522.

384. Ode aan Innocentius X bij zijn verkiezing tot paus (15 september 1644) (gedrukt), nr. 37.

Reg. 21 (D2) *Citatio DD. Jacobi Boonen et Antonii Triest sub Innocentio X*, 1650-1653, 63 doc., index.

385. Brief van Isidorus a S. Joseph aan bisschop A. Triest over diens aanvaarding van de bul, 5 november 1650, nr. 1. Cfr. *Sources* III, nr. 923.

386. Mandement van Jacobus Boonen (Mechelen) en Antonius Triest (Gent) ter uitvaardiging van de bul *In Eminenti* te Gent en te Mechelen, respect. op 26 maart (2 gedrukte ex., 1 geschreven) en 24 maart 1651 (gedrukt), nrs. 2, 3, 6.

387. Verslag van Antonius Triest aan aartshertog Leopold-Willem over zijn publikatie van de bul, 4/5 mei 1651, nr. 5. Cfr. *Sources* III, nr. 1021.

388. Briefwisseling van A. Triest met Isidorus a S. Joseph, 28 september 1650, maart-juli 1651, nrs. 4, 7, 12, 13. Cfr. *Sources* III, nrs. 909, 985, 1031, 1036, 1049.

389. Brief waarin staat dat de beide bisschoppen persoonlijk naar Rome werden gedagvaard, 18 november 1651, nr. 8. Cfr. *Sources* III, nr. 1107.

390. Mededeling van het citatiedecreet van 11 november 1651 door internuntius Antonius Bichi aan de bisschop van Gent, 11 december 1651, nr. 9. Cfr. *Sources* III, nr. 1113.

391. Verzoek van de bisschoppen van Gent en Mechelen aan de legaat van Spanje te Rome, om hun zaak bij Innocentius X te behartigen, 25 augustus 1651 (2 ex.), nr. 10. Cfr. *Sources* III, nr. 1065.

392. Opmerkingen op het drukwerk "Raisons pour lesquelles on n'a trouvé convenir de publier au diocèse de Gand certaine bulle contre le livre du défunt évêque d'Ypres Jansenius", z.d., nr. 11. Cfr. L. WILLAERT, nr. 2525.

393. Schrijven van bisschop A. Triest aan Innocentius X in verband met zijn citatie naar Rome, 28 februari 1652, nr. 14/1. Cfr. *Sources* III, nr. 1156.

394. Verontschuldiging van beide bisschoppen bij Innocentius X: om gezondheidsredenen kunnen zij zich niet naar Rome begeven, 2 maart 1652, nr. 15. Cfr. *Sources* III, nr. 1164.

395. Schrijven van beide bisschoppen aan kardinaal Theodorus Trivulzi, ambassadeur te Rome, i.v.m. hun dagvaarding te Rome, 2 maart 1652, nr. 16. Cfr. *Sources* III, nr. 1165.

396. Schrijven van Augustinus Navarro Burena, secretaris van aartshertog Leopold-Willem, aan A. Triest: hij hoopt van de paus te kunnen bekomen dat beide bisschoppen zich niet persoonlijk naar Rome moeten begeven, 14 mei 1652, nr. 17. Cfr. *Sources* III, nr. 1217.

397. Schrijven van het vicariaat van Ieper sed. vac. aan A. Triest over het Romeins decreet van 11 mei 1651, 22 mei 1651, nr. 18, cfr. *Sources* III, nr. 1040. - in marge: antwoord van A. Triest van 24 juni 1651. Cfr. *Sources* III, nr. 1045.

398. Mededeling van internuntius Andreas Mangelli aan de bisschop van Gent: Innocentius X laat aan beide bisschoppen toe door bemiddeling van een procurator te Rome te verschijnen, 27 juli 1652, nr. 19, cfr. *Sources* III, nr. 1245; antwoorden van hen beiden, 28 juli en 1, 2, 4 augustus 1652, nrs. 20/1, 20/2, 14/2, 28. Cfr. *Sources* III, nrs. 1247, 1248, 1250 en 1252.

399. Klacht van internuntius Andreas Mangelli bij aartshertog Leopold-Willem m.b.t. de beide bisschoppen die geen procurator naar Rome schijnen te willen zenden, 4 augustus 1652, nr. 21. Cfr. *Sources* III, nr. 1253.

400. Schrijven van Charles Hovines, chef-president ad interim, aan aartshertog Leopold-Willem: de bisschoppen mogen in eerste instantie niet buiten het vaderland gevonnist worden, 7 augustus 1652, nr. 22. Cfr. *Sources* III, nr. 1255.

401. Leopold-Willem, gouverneur-generaal, aan de Geheime Raad over de citatie van J. Boonen en A. Triest naar Rome, 8 augustus 1652, nr. 23. Cfr. *Sources* III, nr. 1256.

402. Schrijven van beide bisschoppen aan de Geheime Raad met inlichtingen over hun citatie naar Rome, (na 23 augustus 1652), nr. 24/1. Cfr. *Sources* III, nr. 1259.

403. Schrijven van de Geheime Raad aan Antonius Triest, bisschop van Gent, om nadere verklaring van hem te bekomen, 23 augustus 1652, nr. 24/2. Cfr. *Sources* III, nr. 1258.

404. Advies van de Geheime Raad in verband met de verdediging van J. Boonen en A. Triest te Rome, 21 augustus 1651, nr. 24/4. Cfr. *Sources* III, nr. 1063.

405. Schrijven van de Geheime Raad aan Leopold-Willem, gouverneur-generaal, met goedkeuring van de brief die beide bisschoppen naar Rome zullen sturen, 8 augustus 1651, nr. 24/5. Cfr. *Sources* III, nr. 1060.

406. Getuigenis van Richard Stravius, internuntius, i.v.m. het privilegie *de non evocando*, 23 juni 1640, nr. 25/1; vraag van A. Triest aan R. Stravius, hulpbisschop van Luik, om die brief authentiek te verklaren, 2 september 1652, nr. 25/2. Cfr. *Sources* III, nr. 1266.

407. Verontschuldiging van Jacobus Boonen en Antonius Triest bij Innocentius X: ze kunnen zelfs niet per procurator te Rome verschijnen, 7 en 14 september 1652, nrs. 26 en 27. Cfr. *Sources* III, nrs. 1267 en 1278.

408. Dankbetuiging van A. Triest aan kardinaal Theodorus Trivulzi omdat hij te Rome per procurator mag verschijnen (omstreeks 4 augustus 1652), nr. 28. Cfr. *Sources* III, nr. 1252.

409. Schrijven van J. Boonen en A. Triest aan kardinaal Theodorus Trivulzi, gezant te Rome, i.v.m. een verzoening met de paus, 14 september 1652 en 31 mei 1653 (niet verzonden), nrs. 29 en 30. Cfr. *Sources* III, nrs. 1279 en 1382.

410. Verklaring van bisschop A. Triest aan internuntius Andreas Mangelli waarom hij nog geen procurator te Rome aanstelde, 16 juli 1653, nr. 31. Cfr. *Sources* III, nr. 1422.

411. Twee brieven van A. Triest van 23 juli 1653, één aan karmeliet Isidorus a S. Joseph en één aan aartshertog Leopold-Willem m.b.t. zijn onderwerping, nrs. 31 en 32. Cfr. *Sources* III, nrs. 1430 en 1433.

412. Schrijven van A. Triest aan internuntius Andreas Mangelli in verlof te Spa: hij zal een procurator aanstellen en vraagt om steun, 23 juli 1653, nr. 33/1. Cfr. *Sources* III, nr. 1431.

413. Aanstelling door bisschop A. Triest van frater Isidorus a S. Joseph tot zijn procurator, 24 juli 1653, nr. 33/2, cfr. *Sources* III, nr. 1437; antwoord, 16 augustus 1653, nr. 34. Cfr. *Sources* III, nr. 1490.

414. Kopieën van verscheidene brieven en geschriften uit de jaren 1477 en 1478 m.b.t. de dagvaarding naar Rome van Theodorik Van Tuldel, abt van de abdij van 't Park; ze werden aangewend door de bisschoppen van Mechelen en Gent in 1652, toen ook zij naar Rome werden ontboden (13 doc.), nr. 35 (fol. 91-113).

Reg. 22 (D3) *De suspensione et absolutione illustrissimi Mechliniensis et Gandavensis*, 1652-1655, 91 doc., index, waarvan ontbreken de nrs.

415. 12 en 13: breven van Innocentius X aan het kapittel van Sint-Goedele en van Sint-Baafs over de suspensie, 16 en 28 juni 1653. Cfr. *Sources* III, nr. 1407.

416. Schrijven van Augustinus Navarro Burena, staatssecretaris, aan A. Triest, bisschop van Gent, 2 maart 1652, nr. 1. Cfr. *Sources* III, nr. 1163.

417. Getuigenis van A. Triest aan Innocentius X dat hij de bul *In Eminenti* heeft gepubliceerd, 28 februari 1652, nr. 2, zie ook reg. 21, nr. 14. Cfr. *Sources* III, nr. 1156.

418. Klacht van Andreas Mangelli, internuntius, bij aartshertog Leopold-Willem: de twee bisschoppen schijnen geen procurator naar Rome te willen zenden, 4 augustus 1652, nr. 3. Cfr. *Sources* III, nr. 1253.

419. Getuigenis van Henricus Nicolai: het vonnis van Innocentius X (19 december 1652) werd op een der deuren van de Sint-Goedelekerk te Brussel aangebracht in de nacht van 5 op 6 mei 1653, 6 mei 1653, nr. 4. Cfr. *Sources* III, nr. 1362.

420. Internuntius Andreas Mangelli belast zijn auditeur Fernand Nipho ermee de suspensie van beide bisschoppen bekend te maken, 24 april 1653, nr. 5. Cfr. *Sources* III, nr. 1357.

421. Optreden van de Raad van Brabant tegen het aanplakken, 8 mei 1653, nr. 6. Cfr. *Sources* III, nr. 1364.

422. Rekwest van Leonard de Heere, adjunct-procureur-generaal van de Raad van Brabant, tegen het aanplakken, 8 mei 1653, nr. 7. Cfr. *Sources* III, nr. 1363.

423. Decreet van de Raad van Brabant tegen het aanplakken, 12 mei 1653 (gedrukte Nederlandse en Franse tekst), nr. 8. Cfr. *Sources* III, nr. 1368.

424. Verbod van aartshertog Leopold-Willem aan de Raad van Brabant het decreet uit te voeren, 22 mei 1653, en antwoord, z.d., nr. 9, zie fonds *Amatus Coriache*, reg. 1, fol. 173. Cfr. *Sources* III, nrs. 1377 en 1378.

425. Verzoek van A. Triest tot Filips IV om tussenkomst, 24 mei 1653, nr. 10, cfr. *Sources* III, nr. 1379; tweede poging, 21 juni 1653, nr. 11.

426. Briefwisseling tussen aartshertog Leopold-Willem en A. Triest, 18 en 23 juli 1653. Cfr. *Sources* III, nrs. 1425 en 1433.

427. Breve van Innocentius X aan de kapittels van Sint-Rombouts en Sint-Bavo voor de uitvoering van de censuren tegen de aartsbisschop en de bisschop van Gent, 28 juni 1653, nr. 15/1. Cfr. *Sources* III, nr. 1407.

428. Breve van Innocentius X aan het kapittel van Sint-Goedele te Brussel met mededeling van het interdict, 16 juni 1653, nr. 15/2.

429. Aanmaning van internuntius Andreas Mangelli aan A. Triest om, zoals hij beloofde, zonder uitstel te gehoorzamen, 21 juli 1653, nr. 15/3. Cfr. *Sources* III, nr. 1428.

430. Getuigenissen van het kapittel van Sint-Baafs, de mendicanten en de pastoors van Gent, dat zij geen weet hebben van een suspensie en een interdict, resp. 26, 28 en 29 juli 1653, nrs. 16, 17/1 en 17/2. Cfr. *Sources* III, nr. 1451.

431. Brief van A. Triest, bisschop van Gent, aan Claude Bereur, raadsheer van de Geheime Raad, over de opgelopen censuur, 26 juli 1653, nr. 17/3. Cfr. *Sources* III, nr. 1444.

432. Casus over de geldigheid van het interdict tegen A. Triest, z.d., nr. 18.

433. Briefwisseling tussen internuntius Andreas Mangelli en A. Triest, 28 juli en 1 augustus 1653, nr. 19. Cfr. *Sources* III, nrs. 1447 en 1461.

434. Schrijven van Claude Bereur aan A. Triest, bisschop van Gent: aartshertog Leopold-Willem verlangt vooruit het antwoord te zien dat de bisschop naar Rome zal zenden, 29 juli 1653, nr. 20. Cfr. *Sources* III, nr. 1450.

435. Brief van aartsbisschop J. Boonen aan kardinaal Theodorus Trivulzi over zijn verzoening met Innocentius X (1 augustus 1653), nr. 21. Cfr. *Sources* III, nr. 1463.

436. Drie brieven van Isidorus a S. Joseph, ongeschoeid karmeliet, aan A. Triest, 23 en 30 augustus, 6 september 1653, nrs. 22, 23, 24, cfr. *Sources* III, nrs. 1501, 1515, 1528; antwoord van de bisschop van Gent, 15 september 1653, nr. 27. Cfr. *Sources* III, nr. 1536.

437. Twee brieven van Jean François Seroux, notaris te Luik, aan Jean de Tollenaere, secretaris van de bisschop van Gent, over het aanplakken van de censuur tegen J. Boonen aan de Sint-Goedelekerk te Brussel, 19 september 1653, nr. 25. Cfr. *Sources* III, nrs. 1540 en 1541.

438. Smeekbrief aan Innocentius X ten voordele van A. Triest (1 augustus 1653), nr. 26. Cfr. *Sources* III, nr. 1463.

439. Akte der absolutie van A. Triest, 23 september 1653, nr. 28. Cfr. *Synodicon belgicum*, IV, p. 307-310; *Sources* III, nr. 1545.

440. Notificatie door aartshertog Leopold-Willem aan de Raad van Brabant dat het decreet van 12 mei 1653 door de Raad niet mag uitgevoerd worden, 21 oktober (december) 1653, nr. 28/2. Cfr. *Sources* III, nr. 1645.

441. Gelukwensen van de vicarissen-generaal van Antwerpen aan A. Triest, 24 september 1653; antwoord, 25 september 1653, nr. 29. Cfr. *Sources* III, nrs. 1546 en 1547.

442. Dankbrieven van internuntius Andreas Mangelli en van Ferdinand Nipho, secretaris van de nuntiatuur, aan A. Triest voor het geschonken zilveren wierookvat, 1 oktober 1653. Cfr. *Sources* III, nrs. 1559 en 1560.

443. Schrijven van Ferdinand Nipho, secretaris van internuntius Andreas Mangelli, over de absolutie van aartsbisschop J. Boonen, 21 oktober 1653, nr. 31/1. Cfr. *Sources* III, nr. 1590.

444. Schrijven van François Gaetano, nuntius te Madrid, aan internuntius Andreas Mangelli, over Spaanse beslissingen m.b.t. Zuidnederlandse aangelegenheden, 5 november 1653, nr. 31/2. Cfr. *Sources* III, nr. 1614.

445. Schrijven van Isidorus a S. Joseph over de absolutie van bisschop A. Triest en zijn optreden in dat verband, 3 oktober en 12 december 1654, nrs. 32 en 37, cfr. *Sources* IV, nrs. 208 en 283; schuldbelijdenisformule, november 1654, nr. 35.

446. Herroeping door A. Triest van zijn *Raisons* (gepubliceerd in 1649), z.d., nr. 33.

447. Aankondiging van de komst van zijn secretaris F. Nipho door A. Mangelli, internuntius, aan A. Triest, 1 november 1654, nr. 34. Cfr. *Sources* IV, nr. 241.

448. Schuldbelijdenis van A. Triest, bisschop van Gent, 3 november 1654, nr. 36. Cfr. *Sources* IV, nr. 242.

449. Kopieën van brieven, 1653, nr. 38.

450. Verscheidene brieven van François Pollet, priester en raadgever van aartsbisschop J. Boonen, vanuit Rome gezonden m.b.t. jansenistische aangelegenheden, 1653, nr. 39. Cfr. *Sources* III, nrs. 1533, 1567, 1568.

451. Documenten in verband met de laatste schikkingen voor de absolutie van beide bisschoppen, 4-18 januari 1655, nrs. 39, 40, 41. Cfr. *Sources* IV, nrs. 303, 310, 311.

452. Italiaans verslag over het afsterven van aartsbisschop Jacobus Boonen op 3 juli 1655, nr. 42.

453. Schrijven van Antonius Bichi, internuntius, aan Antonius Triest over de *catechismus gratiae* van Mathieu Feydeau, 15 september 1650, nr. 43/1. Cfr. L. WILLAERT, nr. 2555; *Sources* III, nr. 905.

454. Briefwisseling tussen A. Triest, bisschop van Gent, en Isidorus a S. Joseph, 1650-1652, nr. 43/2/3/4/5/9/10/12/16/17. Cfr. *Sources* III, nrs. 913, 929, 1007.

455. Dagvaarding van het decreet van het H. Officie door Antonius Bichi, internuntius, aan Antonius Triest, 16 juni 1651, nr. 43/6, cfr. *Sources* III, nr. 1038; bericht van ontvangst, 30 juni 1651, nr. 43/7. Cfr. *Sources* III, nr. 1048.

456. Schrijven van Antonius Triest aan aartsbisschop Jacobus Boonen over de citatie naar Rome, 9 juli 1651, nr. 43/8. Cfr. *Sources* III, nr. 1051.

457. Schrijven van Antonius Triest aan J. Boonen over de kandidaten voor het agentschap te Rome, 25 juni 1652, nr. 43/11. Cfr. *Sources* III, nr. 1238.

458. Schrijven van Augustinus Navarro Burena, staatssecretaris, aan A. Triest over verscheidene aangelegenheden, 22 mei 1652, nr. 43/13. Cfr. *Sources* III, nr. 1220.

459. Verklaring door Henricus Calenus, aartsdiaken en vicaris-generaal, op zijn sterfbed afgelegd, 1 februari 1653, nr. 44/1. Cfr. *Sources* III, nr. 1338.

460. Concept van een nooit verzonden brief van beide bischoppen aan kardinaal Theodorus Trivulzi, gezant te Rome (1653), nr. 44/2.

461. Brief van Joannes Caramuel Lobkowitz, vicaris-generaal te Praag, aan Adrianus Cromm, Joannes de Jonghe, Ignatius Derkennis en andere jezuïeten-theologen van Leuven, 15 oktober 1653, nr. 44/3. Cfr. *Sources* III, nr. 1579.

Reg. 23 (D4) *Publicatio bullae "Cum occasione" Innocentii X*, 1653-
462. 1654, 25 doc., index; ontbrekende nrs.: 13 (officiële publikatie van de
constitutie door de Leuvense universiteit, 8 november 1653, twee ex.
Cfr. *Sources* III, nr. 1617). Over de publikatie van deze bul in de
Nederlanden, zie L. CEYSSENS, *La publication aux Pays-Bas, de la*
seconde bulle contre Jansénius (1653), in *Augustiniana*, 7 (1957) 196-
200, 389-426, 576-593 (= *Jansenistica minora*, IV, fasc. 58); 15
463. (passim) (fol. 39, 51, 52: aansporingen tot onderwerping door
internuntius Andreas Mangelli gericht aan bisschop A. Triest, 21 en
28 juli 1653; antwoord van A. Triest, 1 augustus 1653, cfr. *Sources*
III, nrs. 1428, 1447, 1461; fol. 103-104, 107, 109-112, 115-117; brieven
464. met allerlei nieuwtjes van Henricus Othenin, agent te Rome, aan
aartsbisschop J. Boonen, 26 juli, 2, 9, 23 en 30 augustus, 13
september, 4 oktober 1653. Cfr. *Sources* III, nrs. 1445, 1469, 1484,
1502, 1513, 1533, 1534, 1567).

465. Constitutie *Cum occasione* van 31 mei 1653 inhoudend de veroordeling van vijf proposities uit het werk *Augustinus* van C. Jansenius (Latijnse en Nederlandse tekst, gedrukt), nr. 1.

466. Boekenverbod door de Congregatie van de Inquisitie, 23 april 1654 (gedrukt), nr. 2.

467. Mededeling van Henri Vanden Nouwelandt, professor te Leuven, aan internuntius A. Mangelli dat de bul *Cum occasione* door de universiteit is aangenomen, z.d. (ca. 30 juli 1653), nr. 4.

468. Bevel van aartshertog Leopold-Willem aan de theologische faculteit van Leuven de bul opnieuw te publiceren, 25 november 1653, nr. 5. Cfr. *Sources* III, nr. 1625.

469. Verklaring van de theologische faculteit van Leuven m.b.t. valse geruchten over haar verspreid, 29 september 1653 (2 ex., gedrukt), nr. 6. Cfr. *Sources* III, nr. 1556.

470. Publikatie van de bul *Cum occasione* door het vicariaat van Mechelen tijdens de suspensie van de aartsbisschop, 2 september 1653 (2 ex., gedrukt), nr. 7. Cfr. *Sources* III, nr. 1518.

471. Zelfverdediging van Libert Fromond, professor te Leuven, m.b.t. een thesis die in zijn naam in de theologische faculteit verdedigd werd, 6 oktober 1653 (gedrukt), nr. 8. Cfr. *Sources* III, nr. 1569.

472. Beraadslaging van de theologische faculteit van Leuven m.b.t. de bul van Innocentius X; publikatie van die bul, 24 december 1653 (gedrukt), nr. 9. Cfr. *Sources* III, nr. 1647.

473. Edict van Ernestus Adalbertus Harrack, aartsbisschop van Praag, m.b.t. de bul, 15 september 1653, nr. 10.

474. Publikatie van de bul *Cum occasione* door François Villain de Gand, bisschop van Doornik, 4 augustus 1653, nr. 11. Cfr. *Sources* III, nr. 1473.

475. Brief van de Geheime Raad namens aartshertog Leopold-Willem aan de Raden over de hulpverlening van de wereldlijke macht bij de uitvoering en de toepassing van kerkelijke beslissingen, 18 februari 1654, nr. 12.

476. Bevel van aartshertog Leopold-Willem tot publikatie van de bul *Cum occasione*, 2 augustus 1653, nr. 13. Cfr. *Sources* III, nr. 1467.

477. Decreet van Henri Arnauld, bisschop van Angers, i.v.m. de publikatie van de bul *Cum occasione*, 14 augustus 1653, nr. 14.

478. Getuigenissen van verscheidene bisschoppen, vicarissen-generaal, kloosteroversten en universiteitsrectoren aan aartsbisschop J. Boonen over hun aanvaarding van de constitutie *Cum Occasione* en de publikatie ervan, augustus-oktober 1653, nr. 15. Cfr. *Sources* III, nrs. 1470, 1471, 1485, 1486, 1488, 1491-1495, 1508, 1510, 1520, 1531, 1538, 1561, 1562, 1577, 1578.

479. Brief aan Innocentius X en omzendbrief aan de Franse clerus door de Assemblée van de bisschoppen, te Parijs gehouden, m.b.t. de veroordeling van vijf proposities van C. Jansenius (Latijnse en Franse tekst), 24 maart 1654 (gedrukt), nr. 16.

480. Onderwerping van Joannes Rivius, augustijn, aan de beslissingen tegen C. Jansenius getroffen, 6 november 1654, nr. 17. Cfr. *Sources* IV, nr. 244.

481. Suspensie van Joannes Vernimmen, oratoriaan, door aartsbisschop Andreas Cruesen, 26 juli 1659 (gedrukt), nr. 18. Cfr. *Sources* IV, nr. 989.

482. Opzending van de bul *Cum occasione* aan Filips IV en aan aartshertog Leopold-Willem, 31 mei 1653, nr. 19. Cfr. *Sources* III, nr. 1383.

483. Lijst van getuigenissen van de in 1653 en 1654 verrichte publikaties van de bul *Cum occasione*, nr. 20.

Reg. 24 (D5) *-De causa janseniana sub Innocentio X et Alexandro*
484. *VII*, 1644, 1650-1651, 1653-1658, 101 doc.; ontbreken nr. 24: decreet van 5 december 1653 van Carolus Van den Bosch, bisschop van Brugge, ter naleving van de constitutie *Cum occasione*. Cfr. *Sources* III, nr. 1636; nr. 38 (= nr. 36).

-De amotione lapidis sepulchralis C. Jansenii sub Alexandro VII et sub Clemente X, 1655-1656, 1672, 30 doc. Cfr. L. CEYSSENS, *L'abolissement de la première pierre tombale de Jansénius (1655-1656)*, in *Jansenistica, Études relatives à l'histoire du jansénisme*, III, Mechelen, 1957, p. 111-154.

485. Afbeelding op zijde van Paus Innocentius X, gekroond op 4 oktober 1644, nr. 1.

486. Bul *Cum occasione* van Innocentius X van 31 mei 1653, in het Latijn en in het Nederlands (gedrukt), nrs. 2, 3, 4.

487. Memoriale van Petrus Roose, president van de Geheime Raad, aan Filips IV te zijner zelfverdediging, 25 januari 1651; decreet van gouverneur-generaal Leopold-Willem aan de Raad van financiën, waardoor de president uit zijn ambt wordt ontzet, 3 juli 1653, nr. 5/1-3. Cfr. *Sources* III, nr. 1412.

488. Bisschoppelijke ordonnantiën uit o.a. Antwerpen, Mechelen, Keulen, Parijs, Praag voor de publikatie van de bul *Cum occasione* in hun respectievelijke bisdommen, juli-september 1653 (gedrukt), nrs. 3/2; 6, 7, 13, 14, 16. Cfr. *Sources* III, nrs. 1452 en 1518.

489. Kleine kalender over de jansenistische gebeurtenissen in 1653, nr. 8.

490. Verzoek van de aartsbisschop van Mechelen en de bisschop van Gent tot het opheffen van hun censuur, resp. 1 augustus en 24 juli 1653, nr. 9. Cfr. *Sources* III, nrs. 1462 en 1438.

491. Apostolische breve aan de kapittels van Mechelen en Gent met de bekendmaking van de suspensie van beide bisschoppen, 28 juni 1653, nr. 10. Cfr. *Sources* III, nr. 1407.

492. Brieven van Ignatius Derkennis, jezuïet, over de gebeurtenissen te Leuven naar aanleiding van de publikatie van de bul *Cum occasione*, 13 augustus en 27 september 1653, nrs. 11 en 18. Cfr. *Sources* III, nrs. 1487 en 1552.

493. Rechtvaardiging door Libertus Froidmont van een thesis, in zijn naam te Leuven verdedigd, 18 augustus 1653 (gedrukt), nr. 12.

494. Publikatie van de bul *Cum occasione* door de Leuvense universiteit, 3 november 1653 (gedrukt), nr. 15.

495. Internuntius A. Mangelli aan Jacques Santvoert, professor te Leuven, over zijn onderhoud met de professoren Gerard Van Werm en André Laurent, 25 september 1653. Cfr. *Sources* III, nr. 1548.

496. Verklaring van de Leuvense faculteit van theologie tegen het vals gerucht dat zij niet zou gehoorzamen aan de constitutie van Innocentius X, 29 september 1653 (gedrukt), nr. 19. Cfr. *Sources* III, nr. 1556.

497. Schrijven van aartshertog Leopold-Willem over de opvolging van de op 27 oktober overleden L. Froidmont, 31 oktober 1653, nr. 20. Cfr. *Sources* III, nr. 1604.

498. Schrijven van Andreas Mangelli, internuntius, gericht aan de universiteit van Leuven over de bul *Cum occasione* en haar publikatie, 19 oktober 1653, nr. 21. Cfr. *Sources* III, nrs. 1583 en 1584.

499. Aanklachten tegen Petrus Marcelis, pastoor van de Sint-Michielskerk te Leuven, november-december 1653, nr. 22.

500. Schrijven van Joannes Caramuel Lobkowitz, vicaris-generaal te Praag, aan de anti-jansenistische theologieprofessoren van de sociëteit van Jezus te Leuven, 15 oktober 1653, nr. 23. Cfr. *Sources* III, nr. 1579.

501. Decreet van de Leuvense universiteit, waarin zij al haar leden citeert om de bul *Cum occasione* publiek te horen voorlezen en te aanvaarden, 17 december 1653, nr. 25. Cfr. *Sources* III, nr. 1643.

502. Decreet van de Leuvense universiteit tegen de overtreders van de bul, 24 december 1653 (gedrukt), nr. 26.

503. Afbeelding van Libert Froidmont, professor en decaan van het Sint-Pieterskapittel te Leuven, nr. 27.

504. Schrijven van Aegidius Thybaut, jezuïet, aan Dorotheus Louffius, jezuïet te Brussel, over de gebeurtenissen te Leuven naar aanleiding van de publikatie van de bul *Cum occasione*, 2 januari 1654, nr. 28. Cfr. *Sources* IV, nr. 3.

505. "Censura y declaracion del Tribunal de la Santa General Inquisicion en los Reynos d'España sobre ... *Jus Belgarum* ... y el *Defensio Belgarum* ...", 14 januari 1654 (gedrukt), nr. 29. Cfr. L. WILLAERT, nrs. 3236 en 3246.

506. Veroordeling door de Romeinse Congregatie van de inquisitie van een stelling over de kerkelijke jurisdictiemacht van Benedictus de Treglies, regent van de Napelse kanselarij, 15 januari 1654, nr. 30.

507. Apostolische breve aan de universiteit van Douai, waarin zij geloofd wordt om haar gehoorzaamheid aan de bul *Cum occasione*, 21 maart 1654, nr. 31. Cfr. *Sources* IV, nr. 64.

508. Verzoek van de Leuvense universiteit aan Innocentius X haar privilegies te mogen behouden, (30 mei) 1654, nr. 32. Cfr. *Sources* IV, nr. 105.

509. Decreet van de Congregatie van de Inquisitie met een lijst van verboden boeken, 23 april 1654 (twee ex., gedrukt), nrs. 33 en 34.

510. Verklaring van Joannes Schinckels († 1646) bij de Raad van Brabant over zijn handelswijze, z.d., nr. 35.

511. Getuigenis van François Vleminx, kanunnik van het Sint-Pieterskapittel te Leuven en president van het *seminarium regium*, dat Cornelius Jansenius de werken van Joannes Calvijn bestudeerde, 28 augustus 1654, nrs. 36 en 38 (ontbreekt). Cfr. *Sources* IV, nr. 176.

512. Volmacht aan Nicolas Dubois, professor te Leuven, gegeven door internuntius Andreas Mangelli om opsporingen te doen inzake het jansenisme, 26 september 1654, nr. 37, cfr. *Sources* IV, nr. 201; item aan François Vlemincx, 10 november 1654, nr. 40. Cfr. *Sources* IV, nr. 253.

513. Verhaal van Dorothée Louffius, jezuïet, aan een confrater over de dood van Andreas Mangelli, internuntius, 1 november 1655, nr. 39. Cfr. *Sources* IV, nr. 447.

514. "Lettre qui contient un petit narré de la maladie dernière du pape Innocent X et de la façon dont il est mort", 8 januari 1655 (gedrukt, 8 blz.), nr. 41.

515. Decreet van Jacobus Boonen waarin de werken van Joannes Caramuel Lobkowitz verboden worden, 18 februari 1655 (gedrukt), nr. 42. Cfr. *Sources*, nr. 317.

516. Bevel van het kapittel van de augustijnen van de Zuidelijke Nederlanden te gehoorzamen aan de bul van Innocentius X, z.d. (omstreeks 14 september 1655); verzoek van internuntius Andreas Mangelli aan de augustijnen om geen jansenist als provinciaal te kiezen en om het jansenisme in hun provincie te verbieden, 14 september 1655, nrs. 43 en 43bis. Cfr. *Sources* IV, nrs. 425 en 426.

517. Vijf aantekeningen betreffende het jansenisme uit de jaren 1656 en 1657, nr. 44.

518. Beschuldiging van Judocus Vander Linden, oratoriaan, van jansenisme en zijn verontschuldiging, 18 juni 1657, nr. 45. Cfr. *Sources* V, nrs. 705 en 706.

519. Lijst van van jansenisme verdachte personen met de reden daarvan, vóór 18 juni 1657, nr. 46. Cfr. *Sources* IV, nr. 707.

520. Grafschrift van Cornelius Jansenius, opgesteld door zijn aanhangers, nr. 48.

521. "Tumulus doctrinae jansenianae, epitaphium C. Jansenii novae doctrinae auctoris, elogium S. Augustini", nr. 49.

522. Kort verhaal over de verwijderde grafsteen te Ieper in 1655, nr. 50.

523. Breve van Innocentius X van 20 februari 1654 aan Franciscus Joannes de Robles, bisschop van Ieper, aangaande het naleven van de constitutie van Urbanus VIII, nr. 51.

524. Redenen door internuntius A. Mangelli bij aartshertog Leopold-Willem aangevoerd om de grafsteen te laten vernietigen, 1655, nr. 52.

525. Bevel van Alexander VII meegedeeld door staatssecretaris Julius Rospigliosi aan Fransiscus de Robles, bisschop van Ieper, om de grafsteen te verwijderen, 29 mei 1655 (3 ex.), n. 53. Cfr. *Sources* IV, nr. 346.

526. Schrijven van Franciscus de Robles, bisschop van Ieper, aan aartsbisschop Jacobus Boonen waarin hij diens hulp vraagt voor de uitvoering van het pauselijk bevel, 20 juli 1655, nr. 54, cfr. *Sources* IV, nr. 390; antwoord, 27 november 1655, nr. 60. Cfr. *Sources* IV, nr. 453.

527. Bevel van Filips IV aan F. de Robles, bisschop van Ieper, hem een kopie van het grafschrift op te zenden, 13 augustus 1655; antwoord op 2 september 1655 met kopie van het grafschrift, nrs. 55 en 56. Cfr. *Sources* IV, nrs. 405 en 420.

528. Verhaal over de gebeurtenissen te Ieper bij de verwijdering van de grafsteen, 17 december 1655, nr. 57. Cfr. *Sources* IV, nr. 466.

529. Briefwisseling over het verwijderen van de grafsteen van C. Jansenius, 8 september 1655 - 19 februari 1656, nrs. 58-62, 64-65. Cfr. *Sources* IV, nrs. 423, 453, 454, 460, 468, 475, 482, 488.

530. Breve van Alexander VII aan de bisschop van Ieper over de te verwijderen grafsteen, 29 januari 1656, nr. 63. Cfr. *Sources* IV, nr. 482.

531. Schrijven van Charles François Airoldi, internuntius, aan de vicaris-generaal van Ieper, sed. vac., over het gerucht dat men de verwijderde grafsteen wil terugplaatsen, 6 april 1672, nr. 66.

532. Briefwisseling omtrent het onderzoek van het herplaatsen van een grafschrift, 12 april - 30 juni 1672, nrs. 67-72, 75. Cfr. *Sources* VI, nr. 487 bis.

533. Schrijven van Charles François Airoldi, internuntius, aan het kapittel van Ieper, i.v.m. de verwijdering van de steen, 13 juni 1672; antwoorden van het kapittel, 26 juni en 5 augustus 1672, nrs. 73, 74, 76.

534. Schrijven van de bisschop van Ieper aan Julius Rospigliosi, staatssecretaris, waarin hij zegt dat de verwijdering van de grafsteen niet zonder gevaar is, z.d., nr. 77.

535. Decreet van de Spaanse Inquisitie waarin 22 anti-augustijnse proposities veroordeeld worden, 1650 (gedrukt), nrs. 78 en 82.

536. Vergelijking tussen de opvattingen van Sint-Augustinus, C. Jansenius en J. Calvijn over de genade en de vrije wil, 1651 (gedrukt), nr. 79.

537. "Censurarum quibus S. Augustini doctrina de gratia potissimum et libero arbitrio ac praedestinatione a scriptoribus societatis nominis Jesu perstringitur ac virgillatur specimen", 1651 (gedrukt), nr. 80.

538. *Parallelum Massiliense*, 1651 (gedrukt), nr. 81. Cfr. L. WILLAERT, nr. 2661.

539. Theologische theses verdedigd onder voorzitterschap van professor Jean Sinnich op 29 januari 1655 (gedrukt), nr. 83.

540. "Elogiorum quibus S. Augustini doctrina de gratia potissimum et libero arbitrio ac praedestinatione a Romanis Pontificibus ecclesiasticis synodis ac orthodoxis patribus extollitur ac comprobatur specimen", 1651 (gedrukt), nr. 84. Cfr. L. WILLAERT, nr. 2622.

541. Geschrift tegen de 22 anti-augustijnse proposities en tegen soortgelijke proposities aan Jansenius toegeschreven, z.d., nr. 85.

Reg. 25 (D6) *De placito regio sub Urbano VIII et Innocentio X*,
542. 1640-1656, 98 doc.; ontbrekende nrs. 22: koninklijk edict aangaande
543. het boek *Augustinus* van C. Jansenius; 65: schrijven van aartsbisschop A. Cruesen over de gehoorzaamheid aan de bul, 18 juli 1656.

544. Verzoekschrift van de Raad van Brabant aan aartshertogin Isabella in verband met het Placet, z.d. (tussen 1628 en 1634), 13 fol., z.d., nr. 1.

545. Documenten in verband met de twist van A. Triest, bisschop van Gent, en de birgittinessen van Dendermonde, 1640-1641, 1647, nrs. 2, 3 en 30/2. Cfr. L. CEYSSENS, *Triest et les rigueurs romaines*, in *Bulletin de l'Institut historique belge de Rome* 31 (1958) 207-256 (= *Jansenistica minora*, V, fasc. 45).

546. Schrijven van Filips IV aan aartshertog Leopold-Willem, waarin hij alle door Urbanus VIII verboden boeken met alle eraan verbonden straffen opnieuw verbiedt, 24 oktober 1642, nr. 4.

547. Schrijven van de Geheime Raad aan het Mechelse Parlement om aangelegenheden van de Zuidelijke Nederlanden slechts in tweede instantie te Rome te beslechten, 24 oktober 1641, nr. 5/1.

548. "Placard du Roy ... touchant le livre de l'evesque Cornille Jansenius, et autres oeuvres et livres specifiez en la bulle ... du 8 de mars 1642", 28 februari 1651 (gedrukt, 10 blz.), nr. 5/2. Cfr. L. WILLAERT, nr. 2685; *Sources* III, nr. 980.

549. Brief van Engelbert Desbois, bisschop van Namen, aan François de Melo, gouverneur-generaal, over de schandalen door het boek van C. Jansenius veroorzaakt, 5 juni 1644 (10 fol.), nr. 6.

550. Schrijven van Filips IV aan markies Emmanuel Castelrodrigo, gouverneur-generaal, om de bul *In Eminenti* van Urbanus VIII te publiceren zonder *placetum*, 30 januari 1646, nr. 7. Cfr. *Sources* II, nr. 356.

551. Item aan aartshertog Leopold-Willem, 14 mei 1647 (2 ex.), nrs. 8 en 10. Cfr. *Sources* II, nr. 519.

552. Schrijven van de Raad van State aan aartshertog Leopold-Willem over de vorm waarin de bul moet gepubliceerd worden, 29 oktober 1647 (2 ex.), nrs. 9 en 12. Cfr. *Sources* II, nr. 553.

553. Schrijven van aartsbisschop J. Boonen aan aartshertog Leopold-Willem, waarin hij de opheffing van het edict over de publikatie vraagt, 17 september 1647, (gedeeltelijk), nr. 11. Zie D 1 nr. 22 (volledig). Cfr. *Sources* II, nr. 539.

554. Schrijven van aartshertog Leopold-Willem aan Antonius Triest over de twistvragen die dagelijks aangroeien, en over de publikatie van de bul van Urbanus VIII, 15 augustus 1647, nr. 13.

555. Bevelbrief van aartshertog Leopold-Willem aan bisschop A. Triest het koninklijk edict betreffende het boek van C. Jansenius uit te vaardigen, 1 september 1647, nr. 14.

556. Uittreksel uit de synodale statuten door Claudius D'Achoy, aartsbisschop van Bisonto, gepromulgeerd op 26 mei 1648, nr. 15.

557. Verbod van Leopold-Willem aan de predikanten van de koninklijke kapel niet te prediken als zij geen eed hebben afgelegd, 30 oktober 1648, nr. 16.

558. Brief van aartshertog Leopold-Willem aan de koninklijke gezanten te Rome om te verkrijgen dat er tegen bisschop A. Triest niet met censuren wordt opgetreden, september 1649 (2 ex.), nr. 17.

559. Gedrukte formule voor de eedaflegging, nr. 18.

560. Instructie van Charles Hovines, chef-president ad interim, voor de Privé Raad i.v.m. de uitvaardiging van de bul *In Eminenti* na 16 november 1649, nr. 19. Cfr. *Sources* II, nr. 818.

561. Schrijven van Filips IV aan aartshertog Leopold-Willem om steun te vragen aan internuntius Antonius Bichi voor de publikatie van de bul van Urbanus VIII, 14 juli 1650, nr. 20. Cfr. *Sources* III, nr. 891.

562. Rondschrijven van aartshertog Leopold-Willem aan de bisschoppen en universiteiten om het koninklijk edict over het boek van C. Jansenius uit te vaardigen, 28 februari 1651, nr. 21. Cfr. *Sources* III, nr. 982.

563. Cassatie van het koninklijk edict door internuntius Antonius Bichi omwille van de clausulen die het bevat, 20 april 1651 (gedrukt), nr. 23; verwerping door aartshertog Leopold-Willem, 23 juni 1651 (2 ex.), nr. 25. Cfr. *Sources* III, nrs. 1011 en 1043.

564. Dagvaarding naar Rome van aartsbisschop J. Boonen en bisschop A. Triest door het H. Officie, 18 november 1651, nr. 24. Cfr. *Sources* III, nr. 1107.

565. Schrijven van bisschop A. Triest aan François Van Hees (Hexius), procurator-generaal van de Zuidnederlandse Provincie der jezuïeten te Brussel, Brugge, 25 juli 1651, nr. 26. Cfr. *Sources* III, nr. 1054.

566. Decreet van de Raad van Brabant tegen het protest van internuntius A. Bichi en tegen de verdachtmaking van beide bisschoppen, 31 augustus 1651, nr. 27. Cfr. *Sources* III, nr. 1070.

567. Schrijven van de Raad van Brabant aan de paters augustijnen in verband met het optreden van internuntius A. Bichi tegen de twee bisschoppen, 6 september 1651, nr. 28. Cfr. *Sources* III, nr. 1072.

568. Breve van Innocentius X aan aartshertog Leopold-Willem i.v.m. het verbreken van de cassatie van het koninklijk edict door internuntius A. Bichi, 11 november 1651 (drie ex.), nr. 29. Cfr. *Sources* III, nr. 1096.

569. Schrijven van aartshertog Leopold-Willem aan de Raden om hun mening te vernemen over de laatste feiten te Rome en in de Zuidelijke Nederlanden, 28 december 1651 (Frans en Spaans ex.), nr. 30/1, cfr. *Sources* III, nr. 1122; antwoord van de Geheime Raad, 1 januari 1652, nr. 33.

570. Verklaring van de Geheime Raad aan Leopold-Willem niet bevoegd te zijn de citatie naar Rome te verbreken, na 10 februari 1652, nr. 31.

571. Schrijven van Henri Wytfliet, procureur-generaal van de Raad van Brabant, aan de Raad tegen André Bouvet, drukker te Leuven, die de *Apologia Constitutionis Urbanianae* van Michaël Paludanus publiceerde, z.d. (21 maart 1652), nr. 32. Cfr. L. WILLAERT, nr. 2683; *Sources* III, nr. 1181.

572. Breve aan aartshertog Leopold-Willem met de constitutie van Innocentius X van 31 mei 1653 en met het bevel die te aanvaarden, 2 augustus 1652 (= 1653), nr. 34. Cfr. *Sources* III, nr. 1467.

573. Schrijven van aartshertog Leopold-Willem over het niet uitvoeren van de uitspraak tegen Henri Ottenin, kanunnik van Besançon, 9 oktober 1652, nr. 35.

574. Koninklijk bevel internuntius en paus te gehoorzamen, 28 december 1652 (drie ex.), nr. 36. Cfr. *Sources* III, nr. 1330.

575. Cassatie door de Raad van Brabant van de vernietiging van het dagvaardingsdecreet van de aartsbisschop en de bisschop van Gent naar Rome, door internuntius A. Bichi uitgevaardigd, 12 mei 1653 (vier ex.), nr. 37. Cfr. *Sources* III, nr. 1368.

576. Verbod door aartshertog Leopold-Willem aan de Raad van Brabant de aanplakbrief van internuntius Andreas Mangelli aan de Sint-Goedelekerk te verwijderen, 22 mei 1653, nr. 38. Cfr. *Sources* III, nr. 1377.

577. Breve van Innocentius X van 28 juni 1653 aan de kapittels van Mechelen en Gent over de suspensie van beide bisschoppen, nr. 39. Cfr. *Sources* III, nr. 1407.

578. Verhaal van A. Mangelli, internuntius, over de handelwijze van de Raad van Brabant ter gelegenheid van het aanplakken van de censuur tegen de beide bisschoppen, 6 juni 1653, nr. 40. Cfr. *Sources* III, nr. 1388.

579. Schrijven van aartshertog Leopold-Willem aan internuntius A. Mangelli over diens terugkeer van Spa naar Brussel, 20 juli 1653, nr. 41. Cfr. *Sources* III, nr. 1427.

580. Verbod van aartshertog Leopold-Willem aan de universiteit van Leuven om theses te verdedigen of geschriften te drukken die tegen de bul *Cum Occasione* zouden indruisen, 25 november 1653, nr. 42/1. Cfr. *Sources* III, nr. 1625.

581. Schrijven van de Geheime Raad, in naam van Leopold-Willem, aan J. Boonen en A. Triest om zich met Rome in orde te stellen, 18 juli 1653, nr. 42/2. Cfr. *Sources* III, nr. 1425.

582. Akte van absolutie van J. Boonen in tegenwoordigheid van protonotarius Ferdinand Niphus, 21 oktober 1653, nr. 42/3.

583. Adviezen van twee Raden van 28 december 1653 i.v.m. het Placet, nrs. 43 en 44.

584. "Contra scriptum Gallicum pro Placeto in causa Jansenii", 28 december 1653, nr. 45.

585. Antwoord van de Geheime Raad over de noodzakelijkheid van het Placet, 24 maart 1653 (Spaans en Frans ex.), nrs. 46 en 47. Cfr. *Sources* III, nr. 1352 (Frans).

586. Opmerkingen van internuntius Andreas Mangelli aan Leopold-Willem m.b.t. de staatshulp bij de uitvoering van de bul, 29 oktober 1653, nr. 48.

587. Pleidooien van de jansenisten gericht tot Innocentius X, z.d., nrs. 49 en 50 (5 november 1644). Cfr. *Sources* III, nr. 5, p. 812-813.

588. Decreet van de Congregatie van het Concilie met verbod van het boek *La jurisdicion ecclesiastica* van Benedictus de Treglies, regent van de Napelse kanselarij, 15 januari 1654 (gedrukt), nr. 51.

589. Volmacht van Innocentius X aan internuntius A. Mangelli om tegen de overtreders van de bul van Innocentius X op te treden, 14 februari 1654, nr. 52. Cfr. *Sources* IV, nr. 38.

590. Drie brieven van Leopold-Willem aan de Raden over de te verlenen hulp bij de aanplakking van de suspensie, z.d., nr. 53.

591. Verbod van aartshertog Leopold-Willem aan de Raden de overtreders van de bul bijstand te verlenen, 18 februari 1654 (Latijnse en Franse tekst), nr. 54/1-2. Cfr. *Sources* IV, nr. 46 (Franse tekst).

592. Drie brieven van François-Antoine Gaetano, nuntius te Madrid, aan A. Mangelli over het geding van Pierre Ernest Mercy, proost te Rijsel, 27 mei, 8 en 29 juli 1654, nr. 55/1-3. Cfr. *Sources* IV, nrs. 101, 132, 154.

593. Schrijven van Hieronymus de la Torre, staatssecretaris te Madrid, over jansenistische aangelegenheden aan de nuntius te Madrid, 23 juli 1654, nr. 56. Cfr. *Sources* IV, nr. 145.

594. Consult van de Geheime Raad betreffende de bijstand van de wereldlijke macht; antwoord van internuntius A. Mangelli, 3 juni 1654, nr. 57, cfr. *Sources* IV, nr. 106; breve van Innocentius X van 29 september 1654 aan de Franse clerus, nr. 58.

595. Schrijven van Leopold-Willem aan internuntius A. Mangelli over de wijze van hulpverlening, 30 oktober 1654, nr. 59. Cfr. *Sources* IV, nr. 236.

596. Antwoord van internuntius A. Mangelli aan de Geheime Raad m.b.t. de seculiere hulp en de vijf geschilpunten tussen Kerk en Staat, z.d. (na 30 oktober 1654), nr. 60. Cfr. *Sources* IV, nr. 237.

597. Omzendbrief van aartshertog Leopold-Willem aan de Raden tegen de boeken *Ius Belgarum* en *Defensio Belgarum* van Petrus Stockmans, z.d. (na 1 januari 1654) (2 ex.), nr. 61/1 en 2. Cfr. L. WILLAERT, nrs. 2192 en 3236; *Sources* IV, nr. 2.

598. Schrijven van Leopold-Willem aan de Private Raad tegen de boeken van Pierre Stockmans, z.d., nr. 61/2.

599. Bevel aan Leopold-Willem aan de Raden met de suspensie, z.d., nr. 61/4.

600. Brief van Leopold-Willem aan de Raad van Brabant over de aanplakking van de suspensie, z.d., nr. 61/5.

601. Schrijven van Hieronymus de Vecchi, internuntius, aan markies de Caracena, gouverneur-generaal, over de uitvoering van het Romeins decreet van 6 september 1657 (cfr. *Sources* V, nr. 773), 5 november 1659, nr. 61/6. Cfr. *Sources* V, nr. 1010.

602. Uittreksel uit een brief van internuntius Andreas Mangelli van 7 november 1654 aan Nicolaus Dubois, professor te Leuven, nr. 62.

603. Vier brieven van François Antoine Gaetano, nuntius te Madrid, aan de internuntius in de Zuidelijke Nederlanden over de twistpunten die er heersen in de Zuidelijke Nederlanden, 1 november 1653 - 17 februari 1655, nr. 63. Cfr. *Sources* III, nr. 1608; IV, nrs. 17, 297, 316.

604. Twee brieven van aartshertog Leopold-Willem over het verwijderen van de grafsteen van C. Jansenius in de kathedraal van Ieper, 27 november 1655, nr. 64/1 en 2, zie reg. 24 (D5), nrs. 60 en 61. Cfr. *Sources* IV, nrs. 453 en 454.

Reg. 26 (D7) *Acta janseniana in Galliis sub Innocentio X* (en enkele latere pausen), 1651-1687, 38 doc., index.

605. Decreet van de Congregatie van de Inquisitie tegen Carolus Hersent, Frans oratoriaan te Rome en jansenist, 1 maart 1651 (gedrukt), nr. 1.

606. Veroordeling door Joannes Franciscus de Gondy, aartsbisschop van Parijs, van het boek *Jansenius confondu* van Joannes de Brisacier, jezuïet, 29 december 1651, nr. 2. Cfr. L. WILLAERT, nr. 2645.

607. Bevel van Louis Henri de Gondrin, aartsbisschop van Sens, tot het houden van het veertigurengebed in alle kerken en oratoria, behalve in die van de oratorianen en de jezuïeten, 8 februari 1652, nr. 3.

608. Redenen waarom de doctoren van Parijs die Jansenius verdedigen, vragen naar een contradictorische behandeling van de vijf proposities (Italiaans), 1653, nr. 4.

609. Geschrift over de betekenis van de vijf proposities, 1653, nr. 5.

610. Verzoek van Parijse jansenisten te Rome aan Innocentius X om een einde te stellen aan de reeds twee jaar durende discussies, 17 februari 1653 (2 ex.), nrs. 6 en 9/2.

611. Overzending van dat verzoek door Laurent Choulens, augustijn, aan Jean Rivius, ex-provinciaal, met nieuws uit Rome omtrent het jansenisme aldaar, 22 februari en 15 maart 1653, nrs. 7, 8, 9/1, 12. Cfr. *Sources* III, nrs. 1345, 1347, 1351.

612. Uittreksel uit een brief van Jacobus Bonnier, vice-rector te Arras, over de handelswijze van de aartsbisschop van Sens tegen de jezuïeten, 24 maart 1653, nr. 10.

613. Weerlegging door François Annat, provinciaal van de jezuïeten, van de beweringen van François Bourgoing, generaal van de oratorianen, aangaande hun onderhoud, 8 maart 1653, nr. 11.

614. De namen van de examinatoren van de vijf proposities ter voorbereiding van de bul *Cum occasione*, 29 maart 1653, nr. 13.

615. De drie mogelijke interpretaties van de vijf door de bul te veroordelen proposities door de Franse jansenisten aangeboden aan Innocentius X, 19 mei 1653, nr. 14. Cfr. L. GORIN DE SAINT AMOUR, *Journal* (Amsterdam), 1662, p. 474-478.

616. Breve van Innocentius X aan Lodewijk XIV met de bul *Cum occasione*, mei 1653, en het edict van de koning voor de aanvaarding, 4 juli 1653, nr. 15. Eenzelfde edict aan Filips IV van 31 mei 1653. Cfr. *Sources* III, nr. 1383.

617. Brieven van François Hallier, sorbonnist, uit Rome aan een vriend, 16 juni 1653 (2 ex.) (cfr. A. RAPIN, *Mémoires* (édit. L. Aubineau), t. II, Parijs, 1865, p. 114-115, noot 1); idem van Jean de Rho, Italiaans jezuïet, aan J.B. Uwens, jezuïet, 21 november 1653 (cfr. L. CEYSSENS, *La publication aux Pays-Bas de la seconde bulle contre Jansénius (1653)*, in *Augustiniana*, 7 (1957) 213, noot 47 (= *Jansenistica minora*, IV, fasc. 38)); idem van een onbekende uit Parijs, 12 december 1653, alle in verband met de nieuwe bul, nrs. 16, 17, 18.

618. Theologische bezwaren door de Franse jansenisten te Rome aangevoerd tegen de veroordeling van de vijf proposities, 1653, nr. 19.

619. Bedreiging met excommunicatie door Louis Henri de Gondrin, aartsbisschop van Sens, tegen degenen die bij de paters kapucijnen zouden biechten, maart 1653 (gedrukt), nr. 20.

620. Brief van een jezuïet uit Bourges over de omstandigheden waarin de bul werd afgekondigd, 1653, nr. 21.

621. Omzendbrief (28 maart 1654) van de Franse clerus betreffende de publikatie van de bul *Cum occasione* door Innocentius X (Latijnse en Franse tekst) (gedrukt), nr. 22.

622. Twee brieven van Innocentius X van 21 maart 1654 aan Douai "circa doctrinam a se proscriptam extremus sensus ac voluntas..." (gedrukt), nr. 23/1-2; item van 29 september 1654 aan de bisschoppen van Frankrijk (gedrukt), nr. 23/3.

623. Kort verhaal door Stephanus Dechamps, jezuïet, over de gebeurtenissen die in de Sorbonne te Parijs plaats vonden naar aanleiding van het jansenisme, 30 december 1655, nr. 24/1.

624. *Rationes* van een theoloog waarom hij het decreet van 1654 van de Franse bisschoppen dat te Parijs bevestigd werd in 1656, niet kon onderschrijven, 1 oktober 1656 (gedrukt, 16 blz.), nr. 24/2.

625. Schrijven d.d. 2 september 1656 van de bisschoppen van Frankrijk, te Parijs vergaderd, aan Alexander VII over de vijf proposities, nr. 25.

626. Brief uit Parijs over de jansenistische kwestie, 22 februari 1669, nr. 26.

627. Ondertekening van het eedformulier door vier Franse bisschoppen, 15 maart 1664 (gedrukt), nr. 27; uiteenzetting daaromtrent, 19 oktober 1668, nr. 28.

628. Schrijven van Libertus De Pape, jezuïet, over een brief met inlichtingen m.b.t. de mentaliteit van de kapucijnen in Frankrijk, 16 april 1678, nr. 29. Cfr. *Sources* VIII, nr. 299.

629. Brief van Ernest, landgraaf van Hessen-Reinsfels, over de schrijver (Martin de Barcos) van het boek *La grandeur de l'Église Romaine* van 1646, 1 oktober 1674, nr. 30. Cfr. L. WILLAERT, nr. 2352.

630. Brief van Nicolaas Pavillon, bisschop van Alet, aan Lodewijk XIV m.b.t. de *regalia*, 25 oktober 1677, nr. 31.

631. Getuigenissen van enkele Franse karmelieten in verband met *Le projet de Bourgfontaine* (1620), 29 juli 1687, nr. 32.

632. Getrouw verhaal (*narratio fidelis*) van de gebeurtenissen die plaats vonden in *Valesia Pedimontana,* 25 januari 1655, nr. 33.

Reg. 27 (D8) *Acta janseniana sub Innocentio X*, 1644-1655, 67 doc., index.

633. Afbeelding van Innocentius X, gekroond op 15 september 1644.

634. Brief van de Leuvense universiteit aan Innocentius X in het begin van zijn pontificaat, oktober 1644, nr. 1. Cfr. *Sources* II, nr. 168.

635. Schrijven van Henri Calenus aan aartsbisschop J. Boonen over het schandaal dat het boek van C. Jansenius zou verwekt hebben, 2 mei 1644, nr. 2. Cfr. *Sources* II, nr. 77.

636. Schrijven van Engelbertus Desbois, bisschop van Namen, aan François de Melo, gouverneur-generaal, over het schandaal, ontstaan wegens het boek van C. Jansenius, 5 juni 1644, nr. 3. Cfr. résumé in *Sources* II, nr. 124.

637. Breve van Innocentius X aan al de bisschoppen van de katholieke kerk over het vervullen van hun ambtsplichten, 17 juli 1645 (gedrukt), nr. 4.

638. Brief van Petrus Vanden Berghe, rector van de jezuïeten te Leuven, aan Joannes Baptista Uwens, rector van de jezuïeten te Antwerpen, met bijzonderheden over het anti-jansenisme te Leuven, 18 april 1646, nr. 5. Cfr. *Sources* II, nr. 417.

639. Lof van Innocentius X voor Guillielmus ab Angelis, professor te Leuven, om zijn anti-jansenisme, 7 juli 1646 (een gedrukt exemplaar en een origineel op perkament), nr. 6, cfr. *Sources* II, nr. 450; brief van kardinaal Camillo Pamfili, staatssecretaris, aan G. ab Angelis met lof voor dankbrief, 1 november 1646.

640. Publikatie van de bul *In Eminenti* krachtens een breve van Innocentius X van 20 februari 1645 door E. Desbois, bisschop van Namen, 21 april 1646 (gedrukt), nr. 7. Cfr. L. WILLAERT, nr. 2391/92; *Sources* II, nr. 420.

641. Decreet van Gaspar Nemius, bisschop van Antwerpen, met een nieuwe publikatie van de bul *In Eminenti* en veroordeling van het boek *Rhytmica consideratio* van Petrus Cobbaert, norbertijn, 25 februari 1647 (gedrukt), nr. 8. Cfr. L. WILLAERT, nr. 2422; *Sources* II, nr. 497.

642. Aanbeveling door Joannes Van Wachtendonck, kanunnik, van Godefridus Wreys, deken van Onze-Lieve-Vrouw-over-de-Dijle, aan aartsbisschop J. Boonen i.v.m. een kanunnikaat te Mechelen, 4 mei 1647, en verzoek van G. Wreys aan de aartsbisschop het hem te verlenen, 5 juli 1647, nr. 9. Cfr. *Sources* II, nr. 517.

643. Akte van toewijzing aan de oratorianen van de kerk die te Mechelen toegewijd is aan Sint-Jan Baptist en Sint-Jan Evangelist, 5 oktober 1645, nr. 10.

644. Schrijven van Antonius Bichi, internuntius, aan Leopold-Willem, gouverneur-generaal, over de uitvoering van de bul *In Eminenti*, 19 maart 1648, nr. 11. Cfr. *Sources* II, nr. 602.

645. Brief van Henricus Calenus, vicaris-generaal, aan aartsbisschop J. Boonen over uit te roeien misbruiken, 5 juni 1648, nr. 12. Cfr. *Sources* II, nr. 622.

646. Schrijven van G. ab Angelis, professor, bij zijn benoeming tot bisschop van Roermond aan een pastoor van Roermond, 30 oktober 1648, nr. 13. Cfr. *Sources* II, nr. 660.

647. Brief van Charles de Robles, kapelaan van de aartshertog, aan Charles de Breuil over de verplichting de anti-jansenistische eed af te leggen, 31 oktober 1648, nr. 14. Cfr. *Sources* II, nr. 661.

648. Schrijven van de theologische faculteit van Leuven aan die van Douai om nieuws over de toestand aldaar, 2 december 1648; en antwoord uit Douai, 9 december 1648, nr. 15. Cfr. *Sources* II, nrs. 673 en 678.

649. Schrijven van Philippe Alegambe, jezuïet, uit Rome over het verbod van het boek *Leven van Leonardus Lessius* door Hieronymus Van Suerck, 19 september 1648, nr. 16. Cfr. *Sources* II, nr. 650. Zie L. CEYSSENS, *Marginalia Lessio - Janseniana*, in *Bijdragen tot de geschiedenis, inzonderheid van het oud hertogdom Brabant*, 41 (1958) 95-142 (= *Jansenistica minora*, V, fasc. 42).

650. Veroordeling door de universiteit te Leuven van theses onder het voorzitterschap van Alexander Sébille, dominicaan, nr. 17.

651. *Rhythmus responsorius* over de veroordeling van de vijf proposities door Alexander Sébille, dominicaan, z.d.; *Rhytmica parenesis* aan de Leuvense universiteit, z.d., nr. 18.

652. Pamflet, in de Zuidelijke Nederlanden verspreid na de veroordeling van de vijf proposities, nr. 19.

653. Schrijven van kardinaal Gilles Albornoz, ambassadeur van Spanje te Rome, aan Leopold-Willem met aanbeveling van de bul *In Eminenti*, 15 april 1649, nr. 20. Cfr. *Sources* II, nr. 732.

654. Advies van de Raad van Brabant aan aartshertog Leopold-Willem aangaande het voorzitterschap van het pauscollege te Leuven, 16 juli 1649, nr. 21. Cfr. *Sources* II, nr. 757.

655. Schrijven van Filips IV aan aartshertog Leopold-Willem over de bijstand die de burgerlijke macht moet verlenen voor de naleving van de pauselijke bul, 3 augustus 1649, nr. 22. Cfr. *Sources* II, nr. 772.

656. Cataloog van verscheidene geschriften in verband met het jansenisme, z.d., nr. 23.

657. Adviezen van de Geheime Raad van 5 en 26 februari 1650 m.b.t. het publiceren van de bul van Urbanus VIII; brieven van de aartsbisschop aan de Geheime Raad over de verdaging van de publikatie van de pauselijke bul, 5 en 18 februari 1650, met uittreksel van Jean Recht uit Madrid, 3 januari 1650, nrs. 24 en 25. Cfr. *Sources* III, nrs. 842, 850, 851.

658. Verbod van het generaal kapittel van de paters kapucijnen de leer van C. Jansenius te doceren, 25 juni 1650, nr. 26. Cfr. *Sources* III, nr. 886.

659. Relaas van de gebeurtenissen in de Zuidelijke Nederlanden, speciaal te Leuven, naar aanleiding van de publikatie, 1651, nr. 27.

660. Advies van de *Junta* aan gouverneur-generaal Leopold-Willem voor het publiceren van de bul *In Eminenti* van Urbanus VIII over heel de Zuidelijke Nederlanden, 14 februari 1651, nr. 28. Cfr. *Sources* III, nr. 975.

661. Decreet van de Raad van Brabant tegen het procédé van internuntius Antonius Bichi bij de insinuatie van een Romeins decreet tegen de aartsbisschop en de bisschop van Gent, 31 augustus 1651, nr. 29; omzendbrief daaromtrent van de Raad van Brabant aan de bisschoppen, de universiteiten en de religieuze orden, 6 september 1651, nr. 29. Cfr. *Sources* III, nrs. 1070 en 1072.

662. Decreet uitgevaardigd op het jaarlijks kapittel van de Orde van Prémontré, te Verdun gehouden op 27 april 1651, tegen de leer van C. Jansenius (gedrukt), nr. 30. Cfr. *Sources* III, nr. 1017.

663. Koninklijk decreet tot publikatie en observantie van de bul van Urbanus VIII, z.d. (28 februari 1651). Cfr. *Sources* III, nr. 980.

664. Brief van Franciscus De Cleyn, jezuïet, over de nieuwe leer van Joannes Sinnich, professor te Leuven, 17 februari 1651, nr. 32.

665. Brief waarin J. Boonen en A. Triest bij Innocentius X hun houding rechtvaardigen, 22 augustus 1652, nr. 33. Cfr. *Sources* III, nr. 1064.

666. Verscheidene uitleggingen van de vijf proposities, z.d., nr. 34.

667. Brief van D. Louffius aan Andreas de Bronckhorst, rector van de jezuïeten te Gent, met de sententie van Innocentius X van 19 december 1652 (*Sources* III, nr. 1326) tegen de twee bisschoppen, 6 juni (1653), nr. 35. Cfr. *Sources* III, nr. 1387.

668. Project van een omzendbrief van de Geheime Raad aan de bisschoppen i.v.m. het *Placetum Regium* dat vóór de publikatie van de bul moet gegeven worden, 1653, nr. 36.

669. Brief uit Rome van Laurent Chouleus, augustijn, aan Jean Rivius, exprovinciaal, over het rekwest dat de Franse anti-jansenisten te Rome tot de paus richtten, 22 februari 1653, nr. 37, cfr. *Sources* III, nr. 1347; rekwest van de Franse anti-jansenisten te Rome aan Innocentius X, 17 februari 1653, nr. 37.

670. Decreet van Innocentius X tegen de aartsbisschop en de bisschop van Gent, dat aan de Sint-Goedelekerk moet worden aangeplakt, 19 december 1652; decreet van de Raad van Brabant met het relaas van de feiten, 12 mei 1653; schrijven van gouverneur Leopold-Willem aan

de Raad van Brabant, 22 mei 1653, en aan internuntius A. Mangelli, 20 juli 1653, nrs. 38 en 39. Cfr. *Sources* III, 1368 (Nederlands), nrs. 1377 en 1427.

671. Kort verhaal over de gebeurtenissen m.b.t. de suspensie van de twee bisschoppen, z.d., nr. 40.

672. Advies van de Geheime Raad over de citatie van de twee bisschoppen en over het decreet van de Raad van Brabant, 21 mei 1653, nr. 41. Cfr. *Sources* III, nr. 1376.

673. Schrijven van Ignatius Derkennis, rector van het jezuïetencollege te Leuven, aan Dorotheus Louffius, jezuïet te Brussel, over het doctoraat in de theologie van Christianus Lupus, augustijn, 11 februari 1653, nr. 42. Cfr. *Sources* III, nr. 1340.

674. Promulgatie van de bul door de bisschoppen van Luik, Keulen, Parijs en Sens, nrs. 43, 44, 45.

675. Breve van Innocentius X aan de kapittels van Mechelen en Gent voor het uitvoeren van de tegen de bisschoppen uitgesproken censuur, 28 juni 1653, nr. 46. Cfr. *Sources* III, nr. 1407.

676. Bevel van de Geheime Raad in naam van Leopold-Willem aan de beide bisschoppen zich met Rome in orde te stellen, 18 juli 1653, nr. 47. Cfr. *Sources* III, nr. 1425.

677. Verhaal door Andreas Mangelli, internuntius, over het optreden van de Raad van Brabant tegen de aanplakking van het decreet, 6 juni 1653, nr. 48. Cfr. *Sources* III, nr. 1388.

678. Redenen waarom door de Souvereine Raad en het Opperste gerechtshof in de Zuidelijke Nederlanden de citatie door Rome van de twee bisschoppen niet werd en niet moet ongedaan gemaakt worden, 1653, nr. 49.

679. Verscheidene maatregelen die aartsbisschop J. Boonen op bevel van internuntius A. Mangelli moet treffen, z.d. (na 12 februari 1654), nr. 50. Cfr. *Sources* IV, nr. 35.

680. Uitleg van het schriftwoord: "Omne quod non est ex fide, peccatum est", z.d., nr. 51.

681. Schrijven van François Annat, jezuïet, aan François Bourgoing, generaal-overste van de oratorianen, over hun verzoeningsproject, 8 maart 1653, nr. 52.

682. Advies van de *Junta* aan de gouverneur, aan aartsbisschop J. Boonen en aan de Raad van Brabant over het geval van de aartsbisschop, 30 juni en 18 juli 1653, nr. 53, cfr. *Sources* III, nrs. 1408, 1425, 1426; project van de door Leopold-Willem te schrijven brief aan A. Mangelli, z.d.; beslissing van de universiteit van Leuven voor het onderhouden van de bul *Cum occasione*, 24 december 1653, nr. 53. Cfr. *Sources* III, nr. 1647.

683. Brief van Nicolaus Du Bois, professor te Leuven, aan Dorotheus Louffius, jezuïet, i.v.m. zijn promotie te Leuven, z.d. (omstreeks 28 augustus 1654), nr. 54/1. Cfr. *Sources* IV, nr. 175. Zie L. CEYSSENS, *La promotion de Nicolas Du Bois à la chaire d'Écriture Sainte à Louvain (1654)*, in *Bulletin de l'Institut historique belge de Rome*, 34 (1962) 489-553 (= *Jansenistica minora*, VIII, fasc. 65).

684. Uittreksel uit de akten van de facultiet van theologie te Leuven van 13 oktober 1654 met aanvaarding van Nicolaus Du Bois tot de leerstoel voor schriftuur, nr. 54/2.

685. Nicolaus Du Bois aan Dorotheus Louffius over jansenistische aangelegenheden, z.d. (1654), nr. 55.

686. Rekwest van N. Du Bois aan de Raad van Brabant i.v.m. zijn benoeming, z.d., en apostille van 3 december 1654, nr. 56.

687. Lijst van boeken, verboden door de Congregatie van de Inquisitie, 23 april 1654 (gedrukt), nr. 57. Cfr. *Sources* VI, nr. 83.

688. Theologische theses, verdedigd te Leuven onder Gerardus van Werm op 29 augustus 1654 (gedrukt), nr. 58.

689. Jean Shega, jezuïet, biechtvader van de gouverneur-generaal, aan Dorothée Louffius, jezuïet te Brussel, over de promotie van N. Du Bois te Leuven, 26 juli 1654, nr. 59. Cfr. *Sources* IV, nr. 150.

690. Antwoord van de congregatie van het Concilie aan J. Boonen op de vragen, die hij op 14 november 1654 i.v.m. pastorale problemen stelde, nr. 60. Cfr. *Sources* IV, nr. 261.

691. Gedicht aan Antonius Triest, bisschop van Gent, opgedragen door het gymnasium van de jezuïeten te Gent in 1655 (gedrukt), nr. 61.

Reg. 28 (E1) *Acta jansenistica in Belgio sub Alexandro VII*, 1653, 1656-1668, 1676, 109 doc., index.

692. Gegraveerd portret van Alexander VII door J.L. Bernini, nr. 1.

693. Schrijven van Antoine De Clercq, jezuïet, aan Dorotheus Louffius, jezuïet te Brussel, over de graftombe van C. Jansenius en de publikatie van de bul *Cum occasione*, Ieper, 4 december 1653, nr. 2. Cfr. *Sources* III, nr. 1633.

694. Bul *Ad Sacram* van Alexander VII, die de constitutie *Cum occasione* van Innocentius X bekrachtigt, 16 oktober 1656 (2 gedrukte ex.), nrs. 3 en 10.

695. Censuur door de theologische faculteit van Parijs op de "Seconde lettre de monsieur Arnauld ... pour servir de réponse à plusieurs écrits qui ont été publiés contre sa première lettre", 31 januari 1656 (gedrukt), nr. 4.

696. Breve van Alexander VII aan gouverneur Don Juan van Oostenrijk over de uit te roeien jansenistische ketterij, 23 december 1656 (3 ex., 2 gedrukte, 1 geschrevene), nrs. 5 en 9/1-2. Cfr. *Sources* IV, nr. 565.

697. Mandement van Amatus Coriache, vicaris-generaal sed. vac., ter publikatie van de bul *Ad Sacram*, 7 april 1657 (gedrukt), nrs. 6 en 47. Cfr. *Sources* V, nr. 638.

698. Overplaatsing van Thomas Leonardi, dominicaan, vanuit Leuven naar Antwerpen door Jean Baptiste de Marinis, generaal der dominicanen, 13 december 1656, nr. 7, cfr. *Sources* V, nr. 558; opzending van het bericht over die overplaatsing door Hiëronymus de Vecchiis, internuntius, 7 januari 1657, nr. 8.

699. Schrijven over de gekozen Alexander VII, na 7 april 1655, nr. 11. Cfr. *Sources* IV, nr. 323.

700. Mededelingen van Jacques Lybens, jezuiet, aan Thomas Dekens, jezuïet en provinciaal te Antwerpen, over Franciscus de Robles, bisschop van Ieper, en zijn mening over François Gamboa, augustijn en biechtvader van de gouverneur-generaal, Ieper, 11 maart 1657, nr. 12. Cfr. *Sources* V, nr. 612.

701. Schrijven van Jacobus Van Caloen, jezuïet, over de gebeurtenissen te Leuven naar aanleiding van de bul *Ad Sacram* van Alexander VII, 25 maart 1657, nr. 13. Cfr. *Sources* IV, nr. 618.

702. Brieven van internuntius H. de Vecchiis aan de bisschoppen, rectoren van universiteiten en kloosteroversten in verband met de publikatie van de bul *Ad Sacram*; hun antwoorden, 31 maart - 14 juli 1657, nrs. 14, 15, 16/1, 39/1, cfr. *Sources* V, nrs. 625, 626, 733, 743, 744, 746; brief van Gilles Van der Beke, rector van de jezuïeten te Mechelen, aan Dorotheus Louffius, jezuïet te Brussel, 4 april 1657, nr. 16/2. Cfr. *Sources* V, nr. 628.

703. Schrijven van Hieronymus de Vecchiis, internuntius, aan Nicolaus Du Bois, professor te Leuven, in verband met de gebeurtenissen te Leuven naar aanleiding van de publikatie van de bul *Ad Sacram*, 7 april 1657; antwoord van Nicolaus Du Bois, 12 mei 1657, nrs. 17 en 31. Cfr. *Sources* V, nrs. 633 en 682.

704. Verschillende rapporten over feiten i.v.m. de bul *Ad Sacram* gebeurd te Antwerpen, Gent, Ieper, Leuven, Mechelen van april 1657 tot december 1661, nrs. 18-23, 25-27, 29, 30, 32, 34, 36-39/2, 45, 60. Cfr. *Sources* V, nrs. 645, 646, 650, 656, 660, 663, 665, 668, 671, 676, 677, 718, 729 (p. 134-136), 737, 741, 742, 746, 1141.

705. Mandement van Franciscus de Robles, bisschop van Ieper, ter publikatie van de bul *Ad Sacram*, 21 april 1657, nr. 24. Cfr. *Sources* V, nr. 666.

706. Beschrijving van de toestand van het jansenisme te Luik en te Keulen door Franciscus Van der Veken, jezuïet, professor te Keulen, 27 april 1657, nr. 28. Cfr. *Sources* V, nr. 672.

707. Schrijven van Hieronymus de Vecchiis, internuntius, aan Jacobus Speecq, deken te Leuven, i.v.m. de verklaring, die de Leuvense faculteit van theologie naar aanleiding van de bul aflegde, 29 juni 1657, nr. 33. Cfr. *Sources* V, nr. 717.

708. Notariële akte van Joannes Baptista Pillois over de hem op 29 juni door internuntius H. de Vecchiis opgedragen taak, die hij te Leuven volbracht op 4 juli 1657, nr. 35. Cfr. *Sources* V, nrs. 719 en 734.

709. Getuigenis vóór notaris A. Thomas en twee getuigen van Jacobus Speecq, deken van de Sint-Pieterskerk te Leuven, over zijn handelwijze, 21 juli 1657, nr. 40. Cfr. *Sources* V, nr. 751.

710. Verslag door Nicolaus Du Bois, professor te Leuven, over het bezoek dat H. de Vecchiis te Leuven bracht na 4 augustus 1657, nr. 37. Cfr. *Sources* V, nr. 760.

711. Decreet van het H. Officie met een lijst van verboden boeken, 6 september 1657, nr. 41. Cfr. *Sources* V, nr. 773.

712. Schrijven van aartsbisschop Andreas Cruesen aan Gerardus Meys, rector te Leuven, over het drukken van de *Lettres provinciales* van Blaise Pascal, 16 november 1657, en antwoord van de rector op 15 december 1657, nr. 42. Cfr. *Sources* V, nrs. 801 en 813.

713. Nieuwsberichten uit Parijs en Poitiers i.v.m. de bul *Ad Sacram*, 15 en 18 december 1657, nr. 43.

714. Aanvaarding van de bul *Ad Sacram* door de Leuvense doctores, 30 juni - 1 juli 1657, nr. 44. Cfr. *Sources* V, nrs. 725-728, 730-731.

715. Schrijven van Nicolaus Du Bois, professor te Leuven, aan Hieronymus de Vecchiis, internuntius, over jansenistische aangelegenheden te Leuven, 14 juli 1657, nr. 46. Cfr. *Sources* V, nr. 748.

716. Bul van Urbanus VIII i.v.m. de organisatie van de missie in de Verenigde Provinciën, 5 mei 1658 (gedrukt), nr. 48.

717. Franse brieven in verband met de *Instructiones* van de H. Carolus Borromaeus, 5-6 mei 1658, nr. 49.

718. Decreet van het H. Officie met de nietigverklaring van het decreet van de Raad van Brabant, 14 maart 1658, nr. 50. Cfr. *Sources* V, nr. 844.

719. Breven van Alexander VII aan Henri Arnauld, bisschop van Angers, over diens stellingen i.v.m. de privilegies der regulieren, 30 januari en 29 maart 1659 (gedrukt); censuur van de gallicaanse clerus, 1 april 1656 (gedrukt), nrs. 51 en 52.

720. Theologische theses, verdedigd door Gerard Vangaer uit Doornik, 13 januari 1660 (gedrukt), nr. 53.

721. Decreet van aartsbisschop Andreas Cruesen ter publikatie van het Romeins decreet van 6 september 1657, 18 februari 1657 (gedrukt), nr. 54. Cfr. *Sources* V, nr. 1041.

722. Onderwerping van de gebroeders Eustachius en Libertus de Froidmont, 28 april en 8 juli 1660, nr. 55. Cfr. *Sources* V, nrs. 1090 en 1095.

723. Breven van Alexander VII aan de universiteit en de theologische faculteit van Leuven met lofprijzing, 7 augustus 1660 (3 ex., 2 gedrukt, 1 geschreven), nrs. 56/1-3 en 58. Cfr. *Sources* V, nr. 1100.

724. Schrijven van Barthélemy d'Astroy, franciscaan, aan een onbekende over een Franse jansenist te Maastricht en een verdachte Italiaan te Frankfurt, 16 augustus 1660, nr. 57/1. Cfr. *Sources* V, nr. 1104.

725. Bevel van de rector van de Leuvense universiteit voor de nieuwe paus Alexander VII te bidden, 2 november 1660 (gedrukt), nr. 57/2.

726. Uitnodiging van de theologische faculteit te Leuven voor een plechtige dankmis bij de verkiezing van paus Alexander VII, 6 november 1660 (2 ex.), nr. 57/3.

727. Schrijven van Maximilianus Le Dent, jezuïet, aan zijn confrater Aegidius Van der Beke, rector te Mechelen, over het onthaal van de pauselijke breven te Leuven, 12 november 1660, na 24 december 1660, nrs. 59 en 60. Cfr. *Sources* V, nrs. 1131 en 1141.

728. Theses op 12 december 1661 verdedigd in het college van Clermont te Parijs, en vergelijking met de leer van de faculteit voor theologie te Parijs (gedrukt), nrs. 61, 66, 67.

729. Geruchten te Leuven verspreid naar aanleiding van de breven van Alexander VII, 1661, nrs. 62, 68 en 69.

730. Uitspraak van Leuvense theologen over de straf voor de uitgever van het Franstalige *Missale Romanum*: *L'année chrétienne*, 1695 (gedrukt), nr. 63.

731. Decreet van de faculteit voor theologie te Parijs i.v.m. het eedformulier van de Franse clerus, 2 mei 1661 (gedrukt), nr. 64.

732. Afkondiging door Carolus Van den Bosch, bisschop van Gent, van de bul *Ad Sacram* van Alexander VII d.d. 8 december 1661 m.b.t. de Onbevlekte Ontvangenis van Maria, 28 april 1662 (gedrukt), nr. 65.

733. Uittreksels uit brieven van de theologische faculteit van Leuven aan paus Alexander VII, 1661, nr. 70.

734. Decreet van Carolus Van den Bosch, bisschop van Gent, tegen oneerbiedig gedrag in de kerken, 9 maart 1665 (gedrukt), nr. 71.

735. Veroordeling door Alexander VII van 45 lakse proposities, 24 september 1665 en 18 maart 1666 (gedrukt, 2 ex. van elk), nrs. 72/1-2 en 73/1-2.

736. Theologische theses verdedigd in het aartsbisschoppelijk seminarie van Sens op 13 en 14 september 1666 (gedrukt), nr. 74.

737. Decreet van Joannes Guillielmus Blanche, rector van de Leuvense universiteit, betreffende het boek van Nicolaus Du Bois *Ad 45 propositiones ... tractatus duo*, 25 september 1666 (gedrukt), nr. 75. Cfr. L. WILLAERT, nr. 3280; *Sources* VI, nr. 203.

738. Loftuiging op de overleden aartsbisschop Andreas Cruesen, 8 november 1666 (gedrukt), nr. 76.

739. Decreet van het H. Officie omtrent de *attritio*, 5 mei 1667, en publikatie te Gent op 1 juli 1667 (gedrukt), nr. 77. Cfr. *Sources* VI, nr. 268.

740. Veroordeling van *Le nouveau testament de Mons* door Hardouin de Péréfixe, aartsbisschop van Parijs, op 18 november 1667, door de Raad van State van Parijs op 22 november 1667, door Clemens IX op 20 april 1668 (gedrukt), nrs. 78/1-2, 79/1. Cfr. L. WILLAERT, nr. 3330; *Sources* VI, nr. 297.

741. Breve van Clemens IX tegen het *Rituel d'Alet* van Nicolas Pavillon, bisschop van Alet, 9 april 1668 (gedrukt), nr. 79/2. Cfr. L. WILLAERT, nr. 3475.

742. Schrijven van Thomas Stapleton, jezuïet te Brussel, aan Aegidius Estrix, rector van de jezuïeten te Leuven, over de houding van Henricus Arnauld, bisschop van Angers, 24 juni 1676, nr. 80. Cfr. *Sources* VII, nr. 555.

743. Vijf gedichten i.v.m. Alexander VII (gedrukt), nrs. 81, 84-87.

744. Brief van Innocentius XII aan keizer Jozef I om vrede te bekomen, 8 december 1691, en antwoord, 20 januari 1692 (gedrukt), nr. 82.

745. Gelegenheidsgedicht bij de ontzetting van Dôle, z.d. (gedrukt), nr. 83.

Reg. 29 (E2) *De Placeto regio sub Alexandro VII*, 1657-1661, 1672, 1676, 69 doc., index.

746. Drie decreten i.v.m. het Placet, twee van Maria van Oostenrijk, gegeven te Brussel op 7 juli 1551 en 9 maart 1553, en één van Filips de Schone, gegeven te Mechelen op 16 maart 1501, nr. 1.

747. Decreet van de Congregatie van het H. Officie met lijst van verboden boeken, 6 september 1657, nr. 2/1. Cfr. *Sources* V, nr. 773.

748. Nietigverklaring door de Raad van Brabant van het Romeins decreet van 6 september 1657 (Latijn en Nederlands, gedrukt), 23 november 1657, nrs. 2/2 en 3. Cfr. *Sources* V, nr. 802.

749. Decreten van de Raden i.v.m. de publikatie van het decreet van 6 september 1657; bedenkingen daaromtrent, november 1657 - oktober 1660, nrs. 4-9, 10, 20-22, 26, 28-38. Cfr. *Sources* V, nrs. 805, 806, 808, 811, 812, 816, 824, 828, 878, 883, 886, 892, 978, 994, 995, 1101, 1102, 1113, 1114.

750. Schrijven van Franciscus de Gamboa, augustijn en biechtvader van Don Juan van Oostenrijk, tegen het decreet van de Raad van Brabant (na 30 november 1657), nrs. 9 en 12. Cfr. *Sources* V, nr. 807.

751. Uittreksel van het koninklijk Placet betreffende de erkenning van de jurisdictiemacht van de internuntius, 5 juli 1642, nr. 11.

752. Bevel van Don Juan van Oostenrijk aan aartsbisschop Andreas Cruesen ter onderhouding van de bullen tegen het jansenisme, 28 januari 1658, nr. 13. Cfr. *Sources* V, nr. 834.

753. Verzoek van Gaspar Nemius, aartsbisschop van Kamerijk, aan Franciscus Gamboa, biechtvader van Don Juan van Oostenrijk, gouverneur-generaal te Brussel, zijn brief mee te delen aan de gouverneur en die te bevestigen in zijn goede voornemens, 20 februari 1658 (2 ex.), nrs. 14/1 en 4. Cfr. *Sources* V, nr. 840.

754. Brief van Filips IV, koning van Spanje, aan Louis Caracena, gouverneur-generaal, i.v.m. de uitvaardiging van bullen, 30 juli 1659, nr. 14/2.

755. Beslissing van Filips IV meegedeeld aan Louis Caracena: het Placet is niet noodzakelijk voor het Romeins decreet van 6 september 1657, 13 juni 1659, nr. 14/3. Cfr. *Sources* V, nr. 978.

756. Schrijven van Gaspar Nemius, aartsbisschop van Kamerijk, aan Don Juan met zijn oordeel over de houding van de Raden, 21 februari 1658, nr. 14/5. Cfr. *Sources* V, nr. 841.

757. Standpunten - op diverse data - van de bisdommen Brugge, Doornik en Namen tegenover het koninklijk Placet, nrs. 15, 23-25, 27. Cfr. *Sources* V, nrs. 687, 842, 873, 904, 908, 929.

758. Nietigverklaring door het H. Officie van het decreet van de Raad van Brabant d.d. 23 november 1657, 14 maart 1658, nr. 16. Cfr. *Sources* V, nr. 844.

759. Verzoek van Franciscus Gamboa, augustijn en biechtvader van Don Juan van Oostenrijk, aan internuntius Hieronymus de Vecchiis naar Brussel terug te keren, 13 mei 1658; diens antwoorden op 19 mei 1658, nrs. 17, 18 en 19. Cfr. *Sources* V, nrs. 880, 884 en 885.

760. Brief van de Raad van Brabant aan gouverneur Louis Caracena met zijn oordeel over de placetkwestie, 3 november 1660, nrs. 39 en 41. Cfr. *Sources* V, nr. 1122; bedenking van een dominicaan, nr. 42.

761. Verhandeling over de tegenstand en de halsstarrigheid van de jansenisten tegenover paus en koning, opgezonden naar Spanje door internuntius Andreas Mangelli op 7 oktober 1654, nr. 40.

762. Verbod van Louis Caracena aan de Raad van Brabant zich te bemoeien met de zaak Speecq-Renardi te Leuven, 17 februari en 10 september 1661, nrs. 43 en 44. Cfr. *Sources* VI, nr. 9.

763. Uittreksel uit een brief van Michel de Iturieta, staatssecretaris te Brussel, in naam van Juan Dominique de Zuniga y Fonseca, graaf de Monterey, gouverneur generaal, aan Carolus Franciscus Airoldi, internuntius, i.v.m. de grafsteen, 22 oktober 1672, nr. 45. Cfr. *Sources* VI, nr. 543.

764. Verbod van de gouverneur-generaal aan de Geheime Raad de publikatie van pauselijke documenten te verhinderen, 10 april 1676, nr. 46.

Reg. 30 (E3) *Acta in Galliis sub Alexandro VII* (en twee latere
pausen) *ratione constitutionis "Ad Sacram"*, 1660-1675, 52 doc., index;
765. ontbreken nr. 6: *Arrest du Conseil d'État* (Parijs) i.v.m. het
onderhouden van de bullen van Innocentius X en Alexander VII, 13
766. april 1661; nr. 7: koninklijke brief tegen de leer van Jansenius, 26
767. april 1661; nr. 25: verscheidene gegraveerde portretten (*icones*) van
jansenisten.

768. Brief aan de koning vanwege de *Assemblée du Clergé de France*, vergaderd te Saint-Germain-en-Laye, over de pauselijke breve betreffende *regalia*, z.d. (gedrukt), nr. 1.

769. Bevel van Lodewijk XIV ter publicering en onderhouding van de bullen van Innocentius X en Alexander VII en de ondertekening van het antijansenistisch eedformulier, 29 april 1664 (gedrukt), nrs. 2 en 15.

770. "Arrest du parlement de Provence contre l'Autheur de Lettres au Provincial", 9 februari 1657, nr. 3.

771. Bevelbrief van kardinaal Joannes Franciscus de Retz, aartsbisschop van Parijs, ter aanmaning tot onderdanigheid aan de paus, 24 april 1660 (Latijnse en Franse tekst, gedrukt, resp. 28 en 47 blz.), nr. 4.

772. *Arrest du Conseil d'État* te Parijs ter veroordeling van de *Lettres provinciales* van Blaise Pascal, 23 september 1660 (2 ex., gedrukt), nr. 5.

773. "Les délibérations de l'Assemblée générale du Clergé de France" in 1660 en 1661 m.b.t. de veroordeling van de vijf proposities, Luik 1661 (gedrukt), nr. 8. Cfr. L. WILLAERT, nr. 3108.

774. Decreet van de theologische faculteit van Parijs over het antijansenistisch eedformulier, door de Franse clerus opgesteld, 2 mei 1661, nr. 9.

775. Verordening van de vicarissen-generaal van het aartsbisdom Parijs i.v.m. het ondertekenen van het antijansenistisch eedformulier, 8 juni 1661; *Arrest du Conseil d'État* (Parijs) ter herroeping daarvan, 9 juli 1661; breve van Alexander VII aan de vicarissen-generaal, 1 augustus 1661; nieuw mandement van de vicarissen-generaal, 30 oktober 1661, nrs. 10, 11, 12, 13.

776. Casus te Parijs, verdediging en oplossing, ondertekend door Theodorus Shuminowicz, bisschop van Grenoble, Antonius Dave en Nicolaus Du Bois, professoren te Leuven, Franciscus Bonae Spei (de Bonne-Espérance), provinciaal van de karmelieten, en Walr. Enos uit Reims, 12 december 1661, nr. 14.

777. Bul *Regiminis* van Alexander VII van 15 februari 1665 ter ondertekening van het eedformulier; bevel van Lodewijk XIV ter uitvoering van de bul, 29 april 1665 (gedrukt), nrs. 16 (2 ex.) en 17.

778. Verbod van het Parlement van Parijs pauselijke documenten zonder Placet te publiceren, 23 juni 1665 (gedrukt), nr. 18.

779. Nietigverklaring door internuntius Jacobus Rospigliosi van het verbod dat de rector van Leuven op 26 april 1667 tegen het boek van Nicolaus Du Bois had uitgevaardigd (gedrukt), nr. 19.

780. Verbod van *Le Nouveau Testament* de Mons door Hardouin de Péréfixe, aartsbisschop van Parijs, 20 april 1668 (gedrukt), nr. 20.

781. *Arrest du Conseil du Roy* ter veroordeling van de door het jansenisme verstoorde vrede, 23 oktober 1668 (gedrukt), nr. 21.

782. Veroordelingen door Lodewijk XIV van de geschriften *La morale des jésuites* en *La morale pratique des jésuites*, 10 september 1669, 19 september 1670 (gedrukt), nrs. 22 en 23. Cfr. L. WILLAERT, nrs. 3424 en 3425.

783. Verbod van het anoniem boek *Alexipharmacum* door de Geheime Raad te Brussel, te Parijs in 1675 gedrukt, 12 juni 1675 (gedrukt), nr. 24. Cfr. L. WILLAERT, nrs. 3720 en 3784.

784. *Epistulae duae* (met bijgaande documenten) van J. Boonen en van A. Triest over hun weigering aan de jezuïeten jurisdictie te verlenen, 17 juli 1654 en 9 april 1657, nr. 26.

785. Disputen te Leuven tussen Joannes Sinnich, professor, en Michaël Van Hecke, augustijn, omtrent de onfeilbaarheid van de paus, januari - maart 1660, nrs. 27, 29, 31-50. Cfr. *Sources* V, nrs. 1025-1028, 1042, 1043, 1046, 1052, 1055, 1061, 1062, 1065, 1066, 1073.

786. Theses omtrent de onfeilbaarheid van de paus inzake heiligverklaringen die Matthias Agolla, augustijn, op 24 februari 1660 bij de augustijnen te Leuven moest verdedigen, onder leiding van Michaël van Hecke, augustijn, drie documenten daaromtrent d.d 24 en 27 februari 1660, nrs. 28 en 30.

787. Dagboek van Franciscus De Cleyn, jezuïet en rector te Leuven, van 14 januari tot 13 februari 1661, nr. 52. Cfr. *Sources* V, nr. 1145 (p. 476-491); VI, nr. 56 (p. 52-56).

Reg. 31 (E4) *Acta varia sub Alexandro VII*, 1655-1664, 37 doc., index.

788. Twee gegraveerde portretten van paus Alexander VII.

789. Verslag over het verwijderen - op bevel van Alexander VII - van het grafschrift van C. Jansenius door Franciscus de Robles, bisschop van Ieper, 17 december 1655 (gedrukt), nr. 1. Cfr. *Sources* IV, nr. 466.

790. "Immaculata conceptio beatae Mariae Virginis deducta ex origine peccati originalis" door Martinus de Espazza Artieda, jezuïet, uitgegeven te Rome in 1655 (gedrukt, 8 blz.), nr. 2.

791. Brief van Nicolaus Du Bois aan Dorotheus Louffius omtrent het "aanstormende" jansenisme te Leuven, 16 januari 1656, nr. 3. Cfr. *Sources* IV, nr. 476.

792. Breve van Alexander VII aan de magistraat van Venetië ter aanbeveling van de Sociëteit van Jezus, 23 december 1656, nr. 4.

793. Beraadslaging van de Franse clerus over de middelen om het jansenisme uit te roeien, z.d., nr. 5.

794. Kort verhaal door Etienne Dechamps, jezuïet, over de gebeurtenissen in de Sorbonne in de maand december, 1655, nr. 6.

795. Breve van Alexander VII aan Franciscus de Robles, bisschop van Ieper, betreffende de grafsteen van Jansenius, 29 januari 1656, nr. 7. Cfr. *Sources* IV, nr. 482.

796. Vijf brieven van Nicolaus Du Bois over diverse aangelegenheden, maart-oktober 1657, nr. 8. Cfr. *Sources* V, nrs. 613, 732, 740, 788.

797. Antwoord van Marius Ambrosius Capello, bisschop van Antwerpen, aan president Charles Hovines op diens vraag waarom hij in zijn edict het woord "onbevlekt" niet toeschrijft aan Maria, maar aan de naam van Maria, na 21 juni 1657, nr. 9. Cfr. *Sources* V, nr. 710.

798. Schrijven van Franciscus Van der Veken, professor te Keulen, aan Dorotheus Louffius, jezuïet te Brussel, over de toestand van het jansenisme te Keulen en te Luik, 27 april 1657, nr. 10. Cfr. *Sources* V, nr. 672.

799. Schrijven van aartsbisschop Andreas Cruesen aan Nicolaus Neys, rector van de Leuvense universiteit, over het drukken van de *Lettres provinciales* van Blaise Pascal te Leuven, 16 november 1657, en diens antwoord op 15 december 1657, nr. 11. Cfr. *Sources* V, nrs. 801 en 813.

800. Schrijven van de Geheime Raad namens Don Juan van Oostenrijk, gouverneur-generaal van de Nederlanden, aan aartsbisschop Andreas Cruesen m.b.t. de uitroeiing van het jansenisme, 25 januari 1658, nr. 12. Cfr. *Sources* V, nr. 834.

801. Veroordeling door het H. Officie van alle boeken die over het jansenisme handelen, 14 maart 1658, nr. 13.

802. Verzoek door Franciscus de Gamboa, augustijn en biechtvader van Don Juan van Oostenrijk, aan internuntius Hieronymus de Vecchiis om naar Brussel weer te mogen keren, 13 mei 1658, en diens antwoorden op 19 mei aan Don Juan en F. Gamboa, nrs. 14 en 15. Cfr. *Sources* V, nrs. 880, 884 en 885.

803. Schrijven van François Bourgoing, generaal-overste van de Franse oratorianen, aan aartsbisschop A. Cruesen over de halsstarrigheid van de oratorianen in de Zuidelijke Nederlanden, 5 juli 1658, nr. 16. Cfr. *Sources* V, nr. 902.

804. Twee meldingen op bevel van Filips IV, koning van Spanje, aan Carolus Bonelli, nuntius te Madrid, betreffende het jansenisme, november 1658 en 31 juli 1659, nr. 17. Cfr. *Sources* V, nr. 994.

805. Verbod van aartsbisschop A. Cruesen aan de kloosteroversten biechtvaders, hetzij reguliere hetzij seculiere, te aanvaarden, die niet daartoe zijn goedgekeurd, 2 oktober 1659 (gedrukt), nr. 18.

806. *Notificatione à publica utilità* tegen de vergiftiging van het water, uitgegeven door de pauselijke administratie te Rome, 6 juli 1659 (gedrukt), nr. 19.

807. *Arrest du Conseil d'État* (Parijs) ter bekrachtiging van het verbod (21 juni 16660) van het lasterend pamflet: "Extrait du second advertissement fait par l'Université de Paris en l'année 1643" door het parlement van Bordeaux, 20 juli 1660, nr. 20.

808. Voorbeeld van plechtige eed te Napels publiek afgelegd in 1618, 8 december 1618 (gedrukt), nr. 21.

809. Verscheidene stellingnamen aangaande het mysterie van de Onbevlekte Ontvangenis van Maria, 1662-1663, nrs. 22, 25, 26.

810. Brief van Louis Caracena, gouverneur-generaal, i.v.m. de Onbevlekte Ontvangenis, 19 april 1662, nr. 23.

811. *Casus de celebratione missarum* (reductie) met antwoord van Adriaan Cromm, jezuïet, z.d., nr. 24.

812. Twee decreten van Alexander VII ter veroordeling van jansenistische boeken, 26 januari en 20 februari 1664, nrs. 27 en 28.

813. Bevel van Alexander VII het feest van Onze-Lieve-Vrouw onbevlekt ontvangen te vieren met octaaf, 2 juli 1664, nr. 29; aanmerkingen op het *oude klein officie*, z.d., nr. 30.

Reg. 32 (E5) *Acta varia (brevia, epistulae, decreta, instructiones, constitutiones, iudicia) sub Alexandro VII*, 1655-1668, 50 doc., index.

814. Lofprijzing van Alexander VII door Antonius Sanderus, 1655 (gedrukt, 30 pag.), nr. 1.

815. *Centuria anagrammatum* of verzameling van honderd anagrammen op de naam van Alexander VII, gedrukt te Mechelen bij Gijsbrecht Lints, 1666 (76 pag.), nr. 2.

816. Breve van Alexander VII aan Hieronymus de Vecchiis, internuntius, met diens volmachten, 9 november 1655, nr. 3.

817. Schrijven van Dorotheus Louffius, jezuïet, aan Ferdinand del Plano, jezuïet te Leuven, over jansenistische aangelegenheden, 13 januari 1655, nr. 4. Cfr. *Sources* IV, nr. 309.

818. Verbod van de boeken van Joannes Caramuel Lobkowitz door aartsbisschop J. Boonen, 18 februari 1655 (gedrukt), nr. 5. Cfr. *Sources* IV, nr. 317. Zie L. CEYSSENS, *Autour de Caramuel*, in *Bulletin de l'Institut historique belge de Rome*, 32 (1961) 329-410 (= *Jansenistica minora*, VII, fasc. 59).

819. Brieven van Antonius Meerthouts, jezuïet, en Ferdinandus Niphus, secretaris van de internuntius, over de grafsteen van C. Jansenius, 16 december 1655 en 19 februari 1656, nrs. 6 en 9. Cfr. *Sources* IV, nrs. 465 en 488. Zie L. CEYSSENS, *Ferdinand Nipho (1626-1659), secrétaire de la nonciature à Bruxelles et internonce ad interim*, in *Bulletin de l'Institut historique belge de Rome*, 43 (1973) 545-559.

820. Censuur van de theologische faculteit van Parijs i.v.m. het boekje *Seconde lettre de Monsieur Arnauld ... à un duc et pair de France* te Parijs uitgegeven in 1655, 31 januari - 1 februari 1656 (gedrukt, 8 blz.), nr. 7.

821. Breve over het verwijderen van de grafsteen van C. Jansenius, 29 januari 1656, nr. 8. Cfr. *Sources* IV, nr. 482.

822. Grafschrift van Cornelius Jansenius te Ieper, nr. 10.

823. Instructie van de *Propaganda Fide* voor Jacobus de la Torre, apostolisch vicaris van de Hollandse Missie, en voor Zacharias de Metz, zijn hulpbisschop, 15 juli 1656, nr. 11.

824. Verzoek van Alexander VII aan Don Juan van Oostenrijk, gouverneur-generaal te Brussel, om de jansenisten te weerstaan, 23 december 1656 (gedrukt), nr. 12. Cfr. *Sources* IV, nr. 565.

825. Constitutie *Inter gravissimas* van Alexander VII met bekrachtiging van vorige pauselijke constituties, 2 mei 1656 (onvolledig), nr. 13.

826. Bevel van Joannes Baptista de Marinis, generaal-overste van de dominicanen, aan Thomas Leonardus Jansen, provinciaal in Engeland, zich naar zijn nieuwe bestemming te begeven, 7 januari 1657, nr. 14.

827. *Arrest du parlement de Provence contre l'autheur des Lettres au Provincial* van Blaise Pascal, Parijs, 9 februari 1657 (gedrukt), nr. 15.

828. Nietigverklaring van een decreet van de Raad van Brabant van 23 november 1657 door het H. Officie, 14 maart 1658 (gedrukt), nr. 16. Cfr. *Sources* V, nr. 844.

829. Schrijven van Franciscus Bourgoing, generaal-overste van de oratorianen van Frankrijk, aan aartsbisschop A. Cruesen over de halsstarrigheid van de oratorianen in de Zuidelijke Nederlanden, 5 juli 1658, nr. 17. Cfr. *Sources* V, nr. 902.

830. Decreet van aartsbisschop A. Cruesen betreffende de wijdingen, 11 januari 1659 (gedrukt), nr. 18.

831. Decreet van aartsbisschop A. Cruesen waarin hij de jurisdictie van Joannes Vernimmen, oratoriaan, opheft, 26 juli 1659 (gedrukt), nr. 19. Cfr. *Sources* V, nr. 989.

832. Decreet van aartsbisschop A. Cruesen waarin hij gebeden voor de vrede voorschrijft, 15 maart 1660 (gedrukt), nr. 20/1.

833. Twee breven van Alexander VII inzake het jansenisme aan de universiteit en de faculteit van theologie te Leuven, 7 augustus 1660 (gedrukt), nr. 20/2. Cfr. *Sources* V, nrs. 1099 en 1100.

834. Verbod door Alexander VII van het in het Frans vertaalde Romeins missaal, 12 januari 1661, nr. 21.

835. *Protestatio cleri catholici Hiberniae*, 3 februari 1661; *Iudicium de protestatione hybernica*, 1662; *Iuramentum anglicanum; Iudicium de iuramento anglicano*, 1662, nrs. 22-25.

836. Schrijven van Joannes Sinnich aan internuntius H. de Vecchiis over het eedformulier van de Franse clerus, 30 april 1661, nr. 26. Cfr. *Sources* VI, nr. 17.

837. Verbod van boeken door het H. Officie, 4 juli 1661 (gedrukt), nr. 27.

838. Breve van Alexander VII inzake het eedformulier aan de vicarissen-generaal van kardinaal Joannes-Franciscus de Retz, aartsbisschop van Parijs, 1 augustus 1661 (gedrukt, twee ex.), nrs. 28 en 29.

839. Verklaring van de pastoors van Gent over de *attritio*leer, 9 september 1661 (gedrukt), nr. 30.

840. Interdict voor de kerk van Sint-Mauritius te Rijsel door Franciscus Villain de Gand, bisschop van Doornik, 15 mei 1662 (gedrukt), nr. 31.

841. Decreet van Carolus Van de Bosch, bisschop van Gent, om het twistpunt van de *attritio* in de kiem te smoren, 14 februari 1662 (gedrukt), nr. 32.

842. Decreet van de vicarissen-generaal van kardinaal J.F. de Retz, aartsbisschop van Parijs, i.v.m. de ondertekening van het eedformulier, 31 oktober 1661, nr. 33.

843. De onderschrijving van het eedformulier door de "vier Franse bisschoppen" (met annexen), 15 februari 1664 (gedrukt), nr. 34.

844. Constitutie van Alexander VII tegen de censuur - door de theologische faculteit van Parijs - i.v.m. de boeken van Jacques de Vernant (= Bonaventure de Sainte-Anne), karmeliet, en Guimenius (Matthieu de Moya), jezuïet, juni 1665 (gedrukt), nr. 35; andere druk, nr. 36.

845. Veroordeling door het H. Officie van 28 lakse proposities op 24 september 1665 en van 17 andere proposities op 18 maart 1666 (gedrukt), nrs. 37 en 39.

846. Decreet van de Congregatie van de *Propaganda Fide* omtrent de Hollandse Missie, te Leuven uitgevaardigd door Martinus Steyaert, apostolisch vicaris van 's Hertogenbosch, 20 juni 1699 (gdrukt), nr. 38.

847. Veroordeling door het H. Officie van "Récit de ce qui s'est passé au Parlement au sujet de la bulle de notre Saint Père le Pape Alexandre VII contre les censures de Sorbonne", 15 juli 1666 (gedrukt), nr. 40.

848. Veroordeling door Eugenius Albertus d'Allamont, bisschop van Gent, van het anoniem gedrukt blaadje, dat begint met het woord *specimen*, 30 maart 1667 (gedrukt), nr. 41.

849. Nietigverklaring door Jacobus Rospigliosi, internuntius, van het verbod, door de rector van Leuven uitgesproken tegen het traktaat van Nicolaus Du Bois, 26 april, nr. 42.

850. Herneming van het decreet van J. Boonen in de kwestie van de *attritio*, 28 april 1668 (gedrukt), nr. 43.

851. Decreet van Alexander VII over de *attritio*, 5 mei 1667 (2 ex., gedrukt), nrs. 44 en 45.

852. Edict van de Raad van State (Parijs) tegen *Le Nouveau Testament de Mons*, 22 november 1667 (gedrukt), nr. 46.

853. Veroordeling door Hardouin de Péréfixe, aartsbisschop van Parijs, van *Le Nouveau Testament de Mons*, 20 april 1668 (gedrukt), nr. 47.

854. Schrijven van Guillielmus Le Maire, pastoor te Flobecq (Vloesberg) tegen de lijkrede, uitgesproken door Josse Van der Linden, oratoriaan, bij het overlijden van aartsbisschop Joannes Van Wachtendonck, 31 juli 1668, nr. 48.

855. Korte beschrijving van het jansenisme, ontleend aan het (toen nog) niet uitgegeven leven van Alexander VII door kardinaal Sforza Pallavicini, z.d., nr. 49.

Reg. 33 (G1) *Acta varia sub Clemente X*, 1667, 1670-1676, 25 doc., index.

856. Brief uit Luxemburg over de smaad, aan de jezuïeten van Metz berokkend, met "uittreksels uit de registers van het Parlement van Metz", 29 maart 1670 (gedrukt), nr. 1.

857. Veroordeling door Lodewijk XIV van het boek *La morale des jésuites*, 13 mei 1670 (gedrukt), nr. 2. Cfr. L. WILLAERT, nr. 3343.

858. Constitutie *Superna* van Clemens X met de privilegies voor de regulieren m.b.t. de prediking van het Woord Gods en de bediening van de sacramenten, 21 juni 1670 (gedrukt), nr. 3.

859. Goedkeuring door Clemens X van mis en officie ter ere van de heilige Stanislas Kostka, Pools jezuïet, 16 augustus 1670 (gedrukt), nr. 4.

860. Goedkeuring van de benoeming van Everard Nithard, jezuïet, tot titelvoerend bisschop van Edessa, 16 november 1671 (2 ex., gedrukt), nr. 5.

861. Schrijven van Jacobus Libens, jezuïet, over jansenistische aangelegenheden, 4 april 1672; idem van kardinaal Franciscus Barberini, 21 mei 1672, nrs. 6 en 7.

862. Schrijven van Michaël de Iturieta, staatssecretaris te Brussel, aan internuntius Ch. F. Airoldi over het terugplaatsen van de grafsteen van Cornelius Jansenius, 22 oktober 1672, nr. 8.

863. Boekenverbod door de Congregatie van het H. Officie, 5 april 1674 (gedrukt), nr. 9.

864. Verklaring van kardinaal Joannes Bona over zijn brief van 19 mei 1674 aan Philalethes Eupistinus (Charles de Brias, karmeliet), 15 augustus 1674, nr. 10. Cfr. L. CEYSSENS, *Le cardinal Jean Bona et le jansénisme autour d'une récente étude*, in *Benedictina*, 10 (1956) 79-119, 267-327, zie *Jansenistica minora*, IV, nr. 32.

865. Herderlijke brief van Gisbertus de Choiseul, bisschop van Doornik, over de eredienst van Onze-Lieve-Vrouw en de heiligen ter gelegenheid van het verschijnen van het boekje "Monita salutaria B.V. Mariae ad cultores suos indiscretos", 7 juni 1674 (gedrukt), nr. 11.

866. Verbod door de Privé Raad te Brussel van het anonieme boek *Alexipharmacum*, te Parijs gedrukt in 1675, 12 juni 1675 (gedrukt), nr. 12. Cfr. L. WILLAERT, nrs. 3720 en 3784.

867. Boekenverbod door de Congregatie van het H. Officie, 1 juni 1674 (gedrukt), nr. 13.

868. Verbod van aartsbisschop Alphonsus de Berghes heiligenbeelden in sacramentsprocessies rond te dragen, 1 februari 1675 (gedrukt, 26 blz.), nr. 14.

869. Optreden van enkele kanunniken van Ieper tegen "indiscrete (jansenistische) ijveraars", 18 februari 1675, nr. 15.

870. Notitie omtrent de verspreiding van de boekjes *Nota bene* en *Phaenix*, 1675, nr. 16. Cfr. L. WILLAERT, nrs. 3784 en 4735.

871. Antwoord aan graaf de Villahermosa, gouverneur-generaal van de Nederlanden, op het memoriaal tegen vier traktaten van Sint-Augustinus, uitgegeven door A. Arnauld in 1644 en 1675 (gedrukt); handschriftelijke notities (8 fol.), 1675, nrs. 17 en 18.

872. Notities van Nicolaus Du Bois in het boekje *Theologia Moralis christiana de actibus humanis* van Laurentius Neesen, 1676, nr. 19. Cfr. L. WILLAERT, nr. 3779.

873. Censuur van Guy de Sève de Rochechouart, bisschop van Atrecht, op enkele stellingen m.b.t. de toediening van het sacrament van de biecht, 7 november 1675 (2 ex.), nr. 20.

874. Verklaring van Nicolaus Du Bois omtrent zijn goedkeuring van het boek *Conversio peccatoris* van Antonius Le Felon, 21 november 1675, nr. 21. Cfr. L. WILLAERT, nr. 3918.

875. Getuigenis van Patrice Duffy, Iers minderbroeder, en anderen omtrent de tegenwerpingen door Gregorius van Goorlaken gemaakt bij een thesisverdediging bij de jezuïeten te Leuven, 27 november 1675, nr. 22.

876. Boekenverbod door de Congregatie van het H. Officie, 22 juni 1676 (gedrukt), nr. 23.

877. Verbod door Hardouin de Péréfixe, aartsbisschop van Parijs, de vertaling van *Le Nouveau Testament de Mons* te lezen en te verkopen, 18 november 1667 (gedrukt), nr. 24.

Reg. 34 (G2) *Acta varia sub Clemente X*, 1668, 1670-1677, 37 doc., index.

878. Gravure van paus Clemens X, gekozen op 29 april 1670.

879. Bewijsstukken omtrent *La paix de l'Église* (1668) (gedrukt), nr. 1.

880. Verbod door de Grote Raad van Mechelen de bul tegen *Le Nouveau Testament de Mons* te publiceren, 10 juli 1668 (gedrukt), nr. 2.

881. "Tweede" ordonnantie van Hardouin de Péréfixe, aartsbisschop van Parijs, met veroordeling van *Le Nouveau Testament de Mons*, 1668, nr. 3.

882. Decreet van Clemens X betreffende het kerkelijk officie van Sint-Franciscus Xaverius, 14 juni 1670 (gedrukt, 2 ex.), nr. 4.

883. Decreten van Clemens X aangaande de zaligverklaring op 16 augustus 1670 van Stanislas Kostka, Pools jezuïet, en op 3 juli 1671 van Franciscus Borgia, generaal-overste van de jezuïeten, 3 juli 1671 (gedrukt), nrs. 5 en 6 (2 ex.).

884. Casus i.v.m. kerkelijke prelaturen; oplossing te Leuven op 10 september 1672 door professoren in theologie en kerkelijk recht (gedrukt), nr. 7.

885. Verslag over het verwijderen van de grafsteen door "de vijanden van Cornelius Jansenius", 14 mei 1673, nr. 8. Cfr. *Sources* VII, nr. 75.

886. Afschaffing van de broederschap van de slavernij van Maria door de Congregatie van het H. Officie, 5 juli 1673, nr. 9.

887. Verbod door het vicariaat van het bisdom Gent, sed. vac., te schrijven over het boekje *Monita salutaria B.M. Virginis*, 9 maart 1674 (gedrukt); idem door aartsbisschop A. de Berghes, 29 maart 1674, nrs. 10 en 15. Cfr. L. WILLAERT, nrs. 3593 en 3689; *Sources* VII, nr. 173.

888. Getuigschrift van Joannes Baulduin i.v.m. zijn wijding tot subdiaken *titulo patrimonii*, 16 april 1674, nr. 11.

889. Verklaring van Joannes Baulduin, baccalaureus, in verband met zijn getuigenis omtrent Chrétien Lupus, augustijn, op 16 april 1674, nr. 12.

890. Twee theses over de schriftuur, te Leuven aan de faculteit van theologie verdedigd, 14 november en 6 december 1674 (gedrukt), nrs. 13 en 14.

891. Decreet van aartsbisschop A. de Berghes ter bekendmaking van het koninklijk verbod dat zonder voorafgaande toelating van de koning geen priester of religieus naar Frankrijk en andere landen mag gaan of daaruit terugkeren, 28 april 1674 (gedrukt), nr. 16.

892. Verklaring van kardinaal Joannes Bona over zijn brief aan Philalethes Eupistinus van 19 mei 1674 (gedrukt), nr. 17.

893. Decreet van aartsbisschop A. de Berghes over het uitstellen en het ronddragen van het H. Sacrament, 29 augustus 1674 (gedrukt), nr. 18.

894. Boekenverbod van de Souveraine Raad van Doornik o.a. van *Eschantillon de la morale pratique des nommez jésuites...*, 31 oktober 1674 (gedrukt), nr. 19.

895. Brief van de koning van Spanje aan de paus betreffende de leer van de Leuvense universiteit, z.d. (twee ex.), nr. 20.

896. Koninklijk verbod boeken te drukken zonder toelating, 15 januari 1675 (gedrukt), nr. 21.

897. Verbod van aartsbisschop A. de Berghes wie ook nog te dispenseren van vleesderven, 3 februari 1675 (gedrukt), nr. 22.

898. Koninklijk decreet met verbod van het anoniem boekje "Alexipharmacum adversus venenatum morsum Antracini cuiusdam blateronis" te Parijs gedrukt in 1675, 12 juni 1675 (gedrukt), nr. 23. Cfr. L. WILLAERT, nr. 3720.

899. Brief van Maria-Anna, koningin-moeder, aan graaf de Villahermosa omtrent de Sint-Michielsprocessie te Brussel, 30 juni 1675, nr. 24.

900. Schrijven van Franciscus de Baillencourt, bisschop van Brugge, aan de paus met het verzoek zijn neef Jean François de Baillencourt, kanunnik te Brugge, te aanvaarden voor de *visitatio ad limina* (1 september 1675), nr. 25.

901. Getuigenis van kardinaal Colonna omtrent de "Status Ecclesiae Brugensis", 14 november 1675, nr. 26/1.

902. Schrijven uit Rome van Jean François de Baillencourt over zijn visitatie *ad limina* aan aartsbisschop A. de Berghes, 20 december 1675, nr. 26/2. Cfr. *Sources* VII, nr. 493.

903. Smeekbrief van de Leuvense universiteit om koninklijke bescherming voor haar gedeputeerden te Leuven, z.d., nr. 27.

904. Detail over enkele buitensporigheden en misbruiken bij de uitstelling van het H. Sacrament en processies door de regulieren in het bisdom Mechelen tot groot schandaal gepleegd, z.d., nr. 28.

905. Antwoord van de karmelieten op het verbod door aartsbisschop A. de Berghes thesissen te verdedigen, 3 juni 1677, nr. 29.

906. Uittreksels uit het boek *Specimina moralis christianae et moralis diabolicae* (gedrukt te Brussel in 1675) van Aegidius Gabrielis, bogaard, goedgekeurd door Jean Roucourt, plebaan van Brussel, nr. 30. Cfr. L. WILLAERT, nrs. 3756, 4104, 4430; L. CEYSSENS, *Gilles Gabrielis à Rome (1679-1683). Episode de la lutte entre rigorisme et laxisme*, in *Antonianum*, 34 (1959) 73-110 (= *Jansenistica minora*, V, fasc. 40).

907. Verzoek van de theologische faculteit te Leuven aan Karel II, koning van Spanje, om afgevaardigden naar Rome te mogen sturen voor een reeks welbepaalde doctrinaire aangelegenheden, 10 september 1676, 49 blz., nr. 31.

908. Boekenverbod door de Congregatie van het H. Officie, 27 september 1672 (gedrukt), nr. 32.

Reg. 35 (H1) *De causa janseniana sub Innocentio XI*, 1676-1687, 37
909. doc., index; waarvan nr. 18 ontbreekt: stellingen uit het *Compendium* van Gummarus Huyghens, 1679.

910. Schrijven van Fransiscus Van de Venne, proost van het Sint-Romboutskapittel te Mechelen, aan aartsbisschop A. de Berghes over het boekje *Monita salutaria*, 24 december 1673, cfr. *Sources* VII, nr. 124; item over de benoeming van Franciscus Van de Vliet, pastoor te Hever, tot gegradueerd kanunnik, 28 augustus 1677, cfr. *Sources* VIII, nr. 196; item over de aanstelling van een jezuïet tot professor aan het seminarie te Mechelen, 12 december 1673, cfr. *Sources* VII, nr. 115; item over de recursus tot de H. Stoel m.b.t. de stellingname van de keuze van een gegradueerd kanunnik, z.d., nrs. 1-4.

911. Schrijven van Joannes Van Kempen, president van het Sint-Willibrorduscollege te Leuven, aan François Baillencourt, bisschop van Brugge, over degenen die uit de beurs van de stichting François de la Torre (Douai) studeren, 1 februari 1677, nr. 5. Cfr. *Sources* VIII, nr. 19.

912. Schrijven van Louis Errembault, president van de Raad van Vlaanderen, aan kardinaal Alderano Cibo, staatssecretaris te Rome, over "nieuwigheden" in de Zuidelijke Nederlanden, hun gevaren en remedies, 19 maart 1677, nr. 6. Cfr. *Sources* VIII, nr. 63.

913. Brief van Jean Brenan, bisschop van Waterford (Ierland), aan kardinaal Alderano Cibo over het jansenisme, 30 maart 1677, nr. 7. Cfr. *Sources* VIII, nr. 74.

914. Brief van Oliverius Plunket, bisschop van Armagh (Ierland), over het jansenisme, 27 maart 1677, nr. 8. Cfr. *Sources* VIII, nr. 70.

915. Brief van kardinaal Franciscus Albizzi aan Franciscus Van de Venne, kanunnik te Mechelen, over nieuwigheden in de Zuidelijke Nederlanden, 1 mei 1677, nr. 9. Cfr. *Sources* VIII, nr. 108.

916. Breve van Innocentius XI aan de theologische faculteit te Leuven, waarin hij ze tot bestrijding van het jansenisme aanspoort, 13 november 1677 (Latijn en Nederlands) (gedrukt), nrs. 10 en 11.

917. Decreet van Innocentius XI aangaande de dagelijkse communie, 12 februari 1679 (Nederlands) (gedrukt), nr. 12 (in het Latijn. Cfr. *Sources* VIII, nr. 462).

918. Decreet van het H. Officie met veroordeling van de 65 lakse moraalproposities, 2 maart 1679 (gedrukt), nr. 13. Cfr. *Sources* VIII, nr. 474.

919. Constitutie *Inter curas multiplices* (22 januari 1531) van Clemens VII i.v.m. het houden van processies op bevel van Innocentius XI op 4 maart 1679 te Rome gepubliceerd (gedrukt), nr. 14.

920. Schrijven van graaf Villahermosa, gouverneur-generaal, aan de bisschoppen en de Raden m.b.t. de processies, 5 september 1679, nr. 15. Cfr. *Sources* VIII, nr. 703.

921. Schrijven van Keizer Leopold I aan Rome over het jansenisme in de Zuidelijke Nederlanden, 13 en 30 (= 13) december 1679, nrs. 16 en 17. Cfr. *Sources* VIII, nrs. 803 en 804.

922. Breve van Innocentius XI aan koning Lodewijk XIV over de *regalia*, 28 december 1679 (gedrukt), nr. 19.

923. Verbod door de Spaanse Inquisitie (Toledo, 28 augustus 1681) van de *Specimina moralis christianae* van Aegidius Gabrielis, van de *Methodus remittendi et retinendi peccata* van Gummarus Huygens en van andere geschriften, 28 augustus 1681 (Latijn, Nederlands, Spaans), nrs. 20, 21, 22. Cfr. L. WILLAERT, nrs. 4104 en 3669; *Sources* IX, nr. 407.

924. Decreet van Innocentius XI met boekenverbod, 6 augustus 1682 (Nederlands) (gedrukt), nr. 23.

925. Decreet van het vicariaat-generaal van Brugge sed. vac. in verband met de verboden *Ghetijden van Onbevleckte Ontfangenisse*, 7 september 1682 (gedrukt), nr. 24.

926. Romeins verbod tegen de theses van Joannes Libertus Hennebel, 14 oktober 1682 (gedrukt), nr. 25.

927. Twee decreten van de Congregatie van het H. Officie: een met verbod van de theses van Joannes Libertus Hennebel (17 augustus 1682) en een omtrent de schennis van het biechtgeheim, resp. 14 oktober en 18 november 1682 (gedrukt), nr. 26.

928. Bevel van Albert de Hornes Hautekerke, bisschop van Gent, de paasbiecht in de parochiekerk te doen, 10 april 1682, nr. 27.

929. Mandement van Guy de Sève de Rochechouart, bisschop van Atrecht, ten voordele van de legers van de keizer van Oostenrijk in de strijd tegen de Turken, 1684 (gedrukt), nr. 28.

930. Decreet van Innocentius XI met bekrachtiging van de aflaten, verleend door Clemens X op het feest van Sint-Franciscus Borgia, 28 augustus 1683 (gedrukt), nr. 29.

931. Verbod door Albertus de Hornes Hautekerke, bisschop van Gent, te prediken over het probabilisme (gedrukt), 10 januari 1685, nr. 30.

932. Romeins verbod van de theses, door Joannes Beauver te Leuven op 12 juli 1685 verdedigd, 8 augustus 1685 (gedrukt), nr. 31.

933. Verklaring van enkele karmelieten van de provincie Tours over een spreekbeurt omstreeks 1620 gehouden door Jean Duvergier en Cornelius Jansenius, 29 juli 1687, nr. 32.

934. Brief van Gilbert de Choisseul, bisschop van Doornik, aan Joannes De Brier, jezuïet en rector van het college der jezuïeten te Kortrijk, over de onwetendheid inzake de natuurwet, 1 juni 1677 (45 blz.), nr. 33. Cfr. L. CEYSSENS, *Le pape Innocent XI et Gilbert de Choisseul, évêque de Tournai*, in *Archivum Historiae Pontificiae*, 4 (1966) 247-257.

935. Uittreksel uit een schrijven, aan de kardinalen gericht inzake de *regalia contra machinationes jansenisticas*, z.d., nr. 35.

936. Memoriale over de rampzalige toestand van de Kerk in de Nederlanden ten gevolge van het baianisme en het jansenisme (Spaans, 25 fol.), z.d. (gedrukt), nr. 36.

937. Beschrijving van de huidige toestand van het jansenisme, van de oorzaken van zijn aangroei en van de te nemen maatregelen (26 blz.) z.d., nr. 37.

Reg. 36 (H2) *Acta varia sub Innocentio XI*, 1678-1689, 80 doc., index.

938. Brief van H.G. de Precipiano, bisschop van Brugge, over de verzoening van Petrus Moens (1688), nr. 1.

939. Decreet van Innocentius XI over de generale communie in de kerken van de jezuïeten, 4 maart 1678 (gedrukt), nr. 2.

940. Lofrede op degenen die in Engeland vervolging hebben geleden, 24 januari 1679 nr. 3.

941. Decreet van Innocentius XI over de dagelijkse communie, 12 februari 1679 (gedrukt), nr. 4. Cfr. *Sources* VIII, nr. 462.

942. Decreet van Innocentius XI met de veroordeling van 65 lakse moraalproposities, 4 maart 1679, nr. 5.

943. Decreten met verbod van boeken en theologische theses, september 1679, nrs. 6-7; 16 maart 1680, nr. 11; 26 juli 1681, nr. 20; 26 augustus 1681, nr. 21; oktober- 12 november 1682, nr. 30; 9 februari 1683, nr. 34; 3 september 1683, nr. 37; 29 november 1689, nr. 55.

944. Getuigenis van Martin Van Oudenhagen, officiaal van Mechelen en kanunnik van Sint-Goedele te Brussel, en van Joannes De Maeyere, secretaris en kanunnik van Sint-Goedele, over de antwoorden van Chrétien Lupus, augustijn, onmiddellijk na zijn terugkomst uit Rome, 29 oktober 1679, nr. 8. Cfr. *Sources* VIII, nr. 748.

945. Decreet van aartsbisschop A. de Berghes, waarin hij de theologen tot verdraagzaamheid aanmaant naar aanleiding van de volle aflaatbul van Innocentius XI, 4 november 1679 (gedrukt), nr. 9.

946. Getuigenis van Jean de Saint-Ghislain, abt van Saint-Denis en Brocqueroie, en van anderen dat aartsbisschop A. de Berghes op zijn reis in augustus 1679 naar Sars-la-Bruyère (waar hij Wolfgang-Guillaume de Bournonville, burggraaf van Barlin, zou zien) niet gesproken heeft met Antoine Arnauld, 2-17 december 1679 (20 doc.), nr. 10. Cfr. *Sources* VIII, nr. 785.

947. Lofrede op de overleden Ignatius Augustinus de Grobendonck, bisschop van Gent, 31 mei 1680, nr. 12.

948. Schrijven van Agostino Favoriti, curialist, aan François van Vianen, professor te Leuven, over het geval Gummarus Huygens, 23 augustus 1681, nr. 13. Cfr. *Sources* IX, nr. 150.

949. Decreet van Innocentius XI met verbod van het boek *Adversus quorumdam expostulationes contra nonnullas jesuitarum opiniones morales* van Amedeus Guimeneus (Mathieu de Moya, jezuïet) uitgegeven in 1657, 16 september 1680 (gedrukt), nr. 14. Cfr. L. WILLAERT, nr. 3104.

950. Decreet van aartsbisschop A. de Berghes voor de priesters die biechtjurisdictie verlangen, 13 januari 1681 (gedrukt), nr. 15.

951. Toelating door Innocentius XI van het officie van de verloving van Onze-Lieve-Vrouw met Sint-Jozef, 16 maart 1680 (gedrukt), nr. 16.

952. Getuigenis van Robert Cusaque, kanunnik van Sint-Goedele te Brussel, ten voordele van Gabriël de la Torre, student in de theologie, en tegen Gilis Gabrielis, bogaard te Brussel, 25 januari 1681, nr. 17/1. Cfr. *Sources* IX, nr. 241.

953. Schrijven van aartsbisschop A. de Berghes aan Reginald Cools, bisschop van Roermond, over de macht die de plaatselijke ordinaris heeft om *litterae dimissoriales* te geven, 21 april 1681, nr. 17/2. Cfr. *Sources* IX, nr. 326.

954. Decreet van aartsbisschop A. de Berghes omtrent de besprenkeling met wijwater, 9 juni 1681, nr. 18.

955. Decreet van Albertus de Hornes Hautekerke, bisschop van Gent, over de noodzaak eerst naar het seminarie te gaan wilde men tot de wijdingen toegelaten worden, 7 juli 1681 (gedrukt), nr. 19.

956. Romeins decreet met boekenverbod, 26 juni 1681 (gedrukt), nr. 20.

957. Decreet van de inquisitie van Toledo met verbod van *Specimina moralis christianae et moralis diabolicae in praxi* van Aegidius Gabrielis en van *Methodus remittendi et retinendi peccata* van Gummarus Huygens, 28 augustus 1681, nr. 21. Cfr. L. WILLAERT, nrs. 4104 en 3669.

958. Verdediging van zijn thesis door François Van der Vliet op 19 februari 1682, 30 juli 1682 (gedrukt), nr. 22; antwoord daarop van Nicolaus Du Bois, 8 augustus 1682, nr. 23. Cfr. *Sources* IX, nr. 637.

959. Decreet van Innocentius XI over de geschillen tussen aartsbisschop A. de Berghes en de regulieren die de bisschop moeten gehoorzamen m.b.t. de processie en de uitstelling van het H. Sacrament, 20 mei 1682 (gedrukte en geschreven copie), nr. 24. Cfr. *Sources* IX, nr. 565.

960. Optreden van de Raad van Mechelen tegen de theses van François Van der Vliet, professor aan het seminarie te Mechelen, en van Vander Male, student, aangaande het biechtgeheim, 6 juni 1682, nr. 25. Cfr. *Sources* IX, nr. 582.

961. Schrijven van de magistraat van Barcelona aan paus Innocentius XI en de congregatie van de *Propagande Fide* naar aanleiding van de aanstaande twaalfde algemene vergadering van de jezuïeten, 1 juli 1682, nr. 26.

962. Schrijven van keizer Leopold I aan paus Innocentius XI ter aanbeveling van de Sociëteit van Jezus, 6 juli 1682, nr. 27.

963. Aanklacht van Willem Arnouths, rector van de jezuïeten te Brugge, en van Raymond Gheysen, gardiaan van de minderbroeders te Brugge, tegen Petrus Moens, pastoor te Brugge, 28 juli 1682, nr. 28. Cfr. *Sources* IX, nr. 619.

964. Theses van Gummarus Huygens over het biechtgeheim en antwoord van Nicolaus Du Bois, 30 juli 1682, nr. 29. Cfr. *Sources* IX, nr. 629.

965. Decreet van Innocentius XI met verbod van boeken, 1682 (gedrukt), nr. 30/1.

966. Twee Romeinse decreten met verbod van de theses van Joannes Libertus Hennebel en Franciscus Van der Vliet, resp. 14 oktober en 18 november 1682 (2 ex., gedrukt), nr. 30/2-4.

967. Brief van prins Ernest, landgraaf van Hessen, over de karmelieten aan Daniël Papebroeck, jezuïet te Antwerpen, 28 november 1682, nr. 31.

968. Schrijven van de universiteit van Douai over de verklaring van de gallicaanse clerus (1682), 1683 (gedrukt), nr. 32.

969. Schrijven van de doctores van Douai aan de koning over het niet onderwijzen van de door de Parijse Assemblée voorgehouden artikelen, 1683, nr. 33.

970. Romeins verbod van boeken, 9 februari 1683 (gedrukt), nr. 34.

971. Decreet van Joannes Ferdinandus Van Beughem, bisschop van Antwerpen, omtrent een geval van kerkelijke immuniteit, 23 april 1683, nr. 35.

972. Drie brieven van Jean Lacman, president van het seminarie te Mechelen, aan gouverneur-generaal Otto Hendrik de Grana over zijn benoeming tot gegradueerd kanunnik, 1683, nr. 36.

973. Romeins verbod van boeken, 2 september 1683 (gedrukt), nr. 37.

974. Decreet van aartsbisschop A. de Berghes met afkondiging van het H. Jaar, verleend door Innocentius XI, 6 september 1683 (gedrukt), nr. 38.

975. Opdracht door Libertus de Pape, rector van het college van de jezuïeten te Mechelen, aan notaris Servais Boynants om naar het kapucijnenklooster aldaar te gaan en de kapucijn die op zondag 12 december 1683 in de Sint-Romboutskerk gepredikt heeft te ondervragen, 14 december 1683, nr. 39.

976. Decreet van aartsbisschop A. de Berghes n.a.v. de pauselijke richtlijnen over de klederdracht van de vrouwen, 14 februari 1684 (Franse en Nederlandse tekst, gedrukt), nr. 40/1-2.

977. Bericht dat wegens coïncidentie het feest van Sint-Jozef wordt gevierd de woensdag na passiezondag, 13 maart 1684 (gedrukt), nr. 41.

978. Casusoplossing van Nicolaus Du Bois, professor te Leuven, i.v.m. de door aartsbisschop A. de Berghes benoemde biechtvader te Blijdenberg (Mechelen), 8 september 1684, nr. 42.

979. Richtlijnen van Nicolaus Du Bois, boekencensor, voor het bekomen van het *imprimatur*, 3 november 1684, nr. 43.

980. Predikatie van Joannes de Roo, jezuïet, in het octaaf van Sacramentsdag, juni 1685, met daarover een twintigtal getuigenissen (juli-september 1685), nrs. 44 en 45.

981. Brief door G. Huygens aan aartsbisschop A. de Berghes om tot een vergelijk met de jezuïeten te komen, 1685; verbod van de Geheime Raad aan beide partijen verder te polemiseren, 22 september 1685, nrs. 46 en 47.

982. Brief van Joannes Ferdinandus Van Beughem, bisschop van Antwerpen, aan aartsbisschop A. de Berghes over het beklag dat die tegen hem te Rome zou hebben uitgebracht, 5 april 1686, nr. 48.

983. Verbod door de doctores van Parijs van het *Tractatus de gratia* van Jacques Gilbert, professor te Douai, 28 januari 1687, nr. 49; brief van J. Gilbert aan Guy de Sève de Rochechouart, bisschop van Atrecht, over een censuur van 13 augustus 1687 (gedrukt), nr. 50. Cfr. L. WILLAERT, nr. 4850.

984. Decreet van aartsbisschop A. de Berghes met verbod van het boek *De goude mijne ondergraeven* van Aegidius de Witte, deken van Onze-Lieve-Vrouw-over-de-Dijle te Mechelen, tegen Marcus a S. Francisco, ongeschoeid karmeliet, 28 april 1689, nr. 51.

985. Getuigenis van Lambertus Baerts, plebaan te Mechelen, over de artikelen van A. de Witte, 7 april 1689, nr. 52.

986. Decreet van Albertus de Hornes Hautekerke, bisschop van Gent, in de predikatie niet te handelen over de *attritio*, 28 oktober 1687, nr. 53.

987. Lijkrede van Joannes Antonius d'Aubermont, dominicaan te Gent, uitgesproken op 28 november 1686 te Leuven door Raymond Matthys, dominicaan (gedrukt), nr. 54.

Reg. 37 (H3) *Acta janseniana sub Innocentio XI*, 1592, 1675-1689, 110
988. doc., index; ontbrekende nrs.: 27/2: lijkrede van Christianus Lupus
989. door François Farvacques, 12 juli 1681; 74: edict van de Grote Raad
van Mechelen tegen de aanval op de theses van Isaac Schrijnmaeckers, minderbroeder, 26 augustus 1687.

990. Lijst van de 16 door Innocentius XI op 1 september 1681 gecreëerde kardinalen met hun herkomst, functie of waardigheid en gekleurd wapenschild, nr. 1.

991. Drie breven ten gunste van de bedelorden: één van Pius V, 16 mei 1567, één van Clemens VIII aan Octavius Mirto, nuntius in *Germania Inferior*, en één van Clemens VIII aan Mattheus Moulart, bisschop van Atrecht, resp. 22 en 23 december 1592 (gedrukt), nr. 2.

992. Pastorale brief van aartsbisschop A. de Berghes m.b.t. processies en uitstellingen van het H. Sacrament, 1 februari 1675 (gedrukt, 38 blz.), nr. 3.

993. Verbod door aartsbisschop A. de Berghes van het boek *Status, origo et scopus reformationis...* van Franciscus Simonis (Gillis Estrix), jezuïet, 15 februari 1676 (gedrukt), nr. 4. Cfr. L. WILLAERT, nr. 3754; *Sources* VII, nr. 515.

994. Thesis van Gummarus Huygens, o.m. tegen het boek *Status, origo et scopus reformationis...* van Franciscus Simonis (Gillis Estrix), 5 maart 1676 (gedrukt), nr. 5.

995. Rescript van de Congregatie van het Concilie m.b.t. de macht van de bisschoppen t.o.v. de regulieren, 30 mei 1676, nr. 6. Cfr. *Sources* VII, nr. 549.

996. Edict van Jacobus Theodorus de Bryas, aartsbisschop van Kamerijk, over de verplichtingen van de clerus, 20 maart 1677 (gedrukt), nr. 7.

997. Breve van Innocentius XI aan de Leuvense universiteit in verband met de aangeklaagde en later veroordeelde lakse moraalproposities, 13 november 1677 (Latijnse en Nederlandse tekst) (gedrukt), nrs. 8-9, en van 17 juni 1679 (gedrukt), nr. 13. Cfr. *Sources* VIII, nrs. 229 en 596.

998. Brief over de breve "aan een vriend" door de Leuvense Academie, 1677, nr. 10.

999. *Arrest du Parlement de Provence* van 11 december 1677 m.b.t. de veroordeelde moraalproposities, gevolgd door twee boekencensures (gedrukt), nr. 11.

1000. *Traduction libre des gazettes flamandes et autres* van 6 juni 1679 i.v.m. de veroordeelde lakse moraalproposities, nr. 12.

1001. Breve van Innocentius XI aan de theologische faculteit van Leuven met bedanking en raadpleging, 17 juni 1679 (gedrukt), nr. 13. Cfr. *Sources* VIII, nr. 596.

1002. Breve van Innocentius XI aangaande de urbanisten, 19 juni 1679 (gedrukt), nr. 14.

1003. Decreet van Innocentius XI m.b.t. de dagelijkse communie, 15 februari 1679 (gedrukt), nr. 15.

1004. Decreet van Innocentius XI met de 65 veroordeelde proposities, 2 maart 1679 (gedrukt, 2 ex.), nrs. 16-17.

1005. Boekenverbod van het H. Officie, 19 en 27 september 1679 (gedrukt), nrs. 18 en 19.

1006. Decreet van de Congregatie van de Inquisitie met veroordeling van de stelling *Deus donat nobis impotentiam suam...* van 23 november 1679 (gedrukt) en van twee boeken: één van Antonius Rubinus, jezuïet, en één van Wilhelmus Sandaeus (Estrix), jezuïet, 14 maart 1680 (gedrukt), nrs. 20 en 21.

1007. Rondschrijven van Jean Baptiste de Sabbio, procurator-generaal van de kapucijnen, over het bestrijden van de onbetamelijke kledij, 31 juli 1680 (gedrukt), nr. 22.

1008. Decreet van Innocentius XI tegen het boek *Adversus quorumdam expostulationes contra nonnullas Jesuitarum opiniones morales* van Amedeus Guimeneus (Mathieu de Moya) van 1664, 16 september 1680 (gedrukt), nr. 23. Cfr. L. WILLAERT, nr. 3104.

1009. Decreet van aartsbisschop A. de Berghes over de aflaten in de parochiekerken op Allerzielen te verdienen, 12 oktober 1680, nr. 24.

1010. Boekenverbod van het H. Officie, 26 juni 1681 (gedrukt), nr. 25; item van 4 augustus 1681 (gedrukt en geschreven), nrs. 26 en 27/1.

1011. Decreet van Innocentius XI met universeel jubileum, 11 september 1681 (gedrukt); decreet van Joannes van Neercassel, apostolisch vicaris van de Verenigde Provinciën, met publikatie, 15 september 1681 (gedrukt), nr. 28.

1012. Veertien theologische artikelen door de theologische faculteit van Leuven ter goedkeuring aan Innocentius XI gezonden, 1681 (gedrukt), nr. 29.

1013. Schrijven van de theologische faculteit van Leuven aan de paus in verband met diens onfeilbaarheid, z.d. (15 maart 1679), nr. 30. Cfr. *Sources* VIII, nr. 491.

1014. Decreet van de congregatie der religieuzen, waardoor de pastoors de religieuzen niet mogen verplichten hun casusoplossingen bij te wonen, 15 januari 1682, nr. 31.

1015. Decreet van de congregatie van het Concilie: de jezuïeten mogen de paascommunie uitdelen behalve op paasdag, 31 januari 1682 (gedrukt), nr. 32/1.

1016. Edict van Lodewijk XIV in verband met de verklaring van de Franse clerus over de kerkelijke macht, 23 maart 1682 (gedrukt), nr. 32/2.

1017. Decreet van Innocentius XI m.b.t. de twist tussen aartsbisschop A. de Berghes en de regulieren over de processies en de uitstelling van het H. Sacrament, 20 mei 1682 (gedrukt, 2 ex.), nrs. 33 en 34.

1018. Decreet van de inquisitie van Brescia voor de stad met verbod deel te nemen aan verdachte vergaderingen, 12 juli 1682, nr. 35.

1019. Boekenverbod van de Congregatie van de Inquisitie, 6 augustus 1682 (gedrukt), nrs. 36 en 38 (Latijnse en Nederlandse tekst).

1020. Theses over het biechtgeheim, verdedigd in het seminarie van Mechelen op 6 juni 1682 onder voorzitterschap van François Van der Vliet (gedrukt, 2 ex.), nrs. 37/1-2.

1021. Verbod van het vicariaat van Brugge te lezen en te behouden: *Ghetijden van Onbevlekte Ontfangenisse van de Alderheylighste Maget Maria*, 7 september 1682 (gedrukt), nr. 39. Cfr. L. WILLAERT, nr. 4367; L. CEYSSENS, *"Le petit office de l'Immaculée Conception": prétendue approbation, condamnation (1678), tolérance (1679)*, in *Virgo Immaculata. Acta congressus mariologici - mariani Romae anno 1954 celebrati*, t. XVII, *Academia Mariana Internationalis*, 1957, p. 47-124 (= *Jansenistica minora*, IV, fasc. 39).

1022. Decreet van het H. Office tegen de theses van Joannes Libertus Hennebel, 14 oktober 1682 (gedrukt), nrs. 40-43.

1023. Decreet van het H. Officie met de veroordeling van de thesis van François Van der Vliet over het biechtgeheim, 18 november 1682 (gedrukt, 3 ex.), nrs. 44-46.

1024. Decreet van aartsbisschop A. de Berghes over het aanleren van de voornaamste punten van het geloof, 21 november 1682 (gedrukt), nr. 47.

1025. Belijdenis van de twaalf artikelen van het geloof met getuigenissen der H. Vaders, z.d. (gedrukt), nr. 48.

1026. Decreet van het H. Officie over verboden boeken van 9 februari 1683 (gedrukt), nr. 49; idem van 2 september 1683 (gedrukt, 4 ex.), nrs. 51-56; idem van 25 januari 1684 (gedrukt), nr. 59.

1027. Decreet voor officie en mis van de H. Antoninus van Florence, 17 augustus 1683 (gedrukt), nr. 50.

1028. Decreet voor officie en mis van de Naam van Maria, 25 november 1683 (gedrukt), nr. 57.

1029. Romeins decreet over de vrouwenkleding, 30 november 1683 (gedrukt), nr. 58.

1030. Decreet m.b.t. de inzamelaars der pauselijke tienden gericht tot de clerus van Italië en van de omliggende eilanden, 1684 (gedrukt), nr. 60.

1031. Decreet van de Congregatie van de Inquisitie met verbod van de theses van Patricius Duffy, Iers minderbroeder, 15 maart 1684 (gedrukt), nr. 61.

1032. Idem met verbod van het boek *Critique générale de l'histoire du Calvinisme* (2de uitg., 1683) van Louis Maimbourg (= François Romain), 18 mei 1684 (gedrukt), nr. 62.

1033. Decreet van Innocentius XI met verbod van 16 volumen van de kerkgeschiedenis van Natalis Alexander, dominicaan, 10 juli 1684 (gedrukt), nr. 63.

1034. Breve van Innocentius XI aan aartsbisschop A. de Berghes, bevestigend dat de bedelorden bij het voorstellen van wijdelingen geen gehoorzaamheid aan de bisschoppen verschuldigd zijn, 6 februari 1685, nr. 64.

1035. Brief van (H.G. de Precipiano) en andere Zuidnederlandse bisschoppen aan Innocentius XI tegen het jansenisme, z.d. (± 1682), nr. 65. Cfr. L. CEYSSENS, *Jansenistica. Studiën*, II, Mechelen, 1653, p. 100-102.

1036. Hernieuwd verbod van de boeken van Natalis Alexander, 6 april 1685 (gedrukt), nr. 66.

1037. Getuigenis van drie geneesheren en een chirurg i.v.m. wat Aegidius de Witte, deken van Onze-Lieve-Vrouw-over-de-Dijle, beweerde over het pauselijk gezag, 11 juli 1685, nr. 67.

1038. Decreet van de Congregatie van de Inquisitie met verbod van de theses van Gummarus Huygens, 8 augustus 1685 (gedrukt, 3 ex.), nrs. 68-70.

1039. Brief van Thyrso Gonzalez, jezuïet, aan Thomas Carbonel, bisschop van Siguënza, over het jansenisme, 20 oktober 1685, 12 fol., nr. 71.

1040. Boekenverbod van de Congregatie van de Inquisitie, 15 mei 1687 (gedrukt), nr. 72.

1041. Aanval op de theses *Ordo amoris* van Isaac Schrijnmaeckers, minderbroeder, 26 augustus 1687, nrs. 73 en 75.

1042. Veroordeling van de quiëtistische stellingen van Michaël de Molinos door Innocentius XI, 28 augustus 1687 (gedrukt), nr. 76.

1043. Decreet van de Congregatie van de Inquisitie met verbod van boeken i.v.m. quiëtisme, 5 februari 1688 (gedrukt), nr. 77.

1044. Boekenverbod van de Congregatie van de Inquisitie, 9 september 1688 (gedrukt), nr. 78/1.

1045. Brief van Jean Pollenter, jezuïet, aan Ignatius Diertins, jezuïet, over de recursus van de jansenisten tot de wereldlijke macht, 10 december 1688, nr. 78/2.

1046. Brief van François Van de Venne aan Ignatius Diertins tegen de jansenisten, 25 juli 1688, nr. 79/1.

1047. 88 stellingen van Joannes Richart, prior van de priorij Waarschoot, nr. 79/2. Cfr. L. CEYSSENS, *Het jansenisme van Joannes Richart, prior van het cisterciënserklooster van Waarschoot te Gent* (1675-1691), in *Cîteaux in de Nederlanden*, 4 (1953) 5-28, 77-100 (= *Jansenistica minora*, II, fasc. 6).

1048. *Racematio hebdomadaria prolaxionum Nicolai Du Bois, hebdomada prima*, 11 fol., z.d.; *hebdomada secunda*, 23 fol., z.d., nr. 80. Cfr. L. WILLAERT, nrs. 3709 en 5271.

1049. Edict van de Grote Raad van Mechelen tegen het boek *De goude Mijne ondergraven* van Aegidius de Witte, 23 juni 1689, nr. 81.

1050. Opmerkingen bij *De jurisdictione criminali* (extract), z.d., nr. 82.

1051. Documenten van H.G. de Precipiano, bisschop van Brugge, en anderen i.v.m. de zaak Petrus Moens, pastoor van de Onze-Lieve-Vrouw-kerk te Brugge, 19 juli 1682 - 5 februari 1689, nrs. 83 tot 106.

Reg. 38 (K1) *Bullae Innocentii XII*, 1692-1699, 19 doc., index,
1052. waarvan ontbreken: nr. 1: afbeelding van Innocentius XII; nr. 13:
1053. constitutie van Innocentius XII tegen het wijden van niet-onderdanen, 5 november 1694.

1054. Decreet van Albertus de Hornes Hautekerke, bisschop van Gent, tegen oneerbiedigheden in de kerken, 28 februari 1692 (gedrukt), nr. 2.

1055. Decreet van Innocentius XII met verlenging der voorgaande vergunning met aflaten voor de algemene communie bij de jezuïeten, 3 september 1692 (gedrukt), nr. 3.

1056. Verbod van de Congregatie van de Inquisitie het formulier van Alexander VII aan discussie te onderwerpen, 28 januari 1694, 2 ex. (gedrukt), nr. 4; in dat verband een breve van Innocentius XII aan de bisschoppen van de Nederlanden en de theologische faculteit te Leuven, 6 februari 1694 (gedrukt), nr. 5.

1057. Verlening van aflaten door Innocentius XII aan de missionarissen van de Sociëteit van Jezus, 28 januari 1696, (gedrukt), nr. 6.

1058. Breve van Innocentius XII aan de bisschoppen van de Zuidelijke Nederlanden, 24 november 1696 (drie ex. waarvan één met de hand geschreven) en decreten van de bisschoppen ter uitvaardiging van de breve van 6 februari 1694, 22 april 1696, 2 ex. (gedrukt), nr. 7.

1059. Breve van Innocentius XII over het formulier en de regels van de index, 27 november 1696 (gedrukt), nr. 8.

1060. Boekenverbod door het H. Officie, 8 mei 1697 (gedrukt) en 8 april 1699 (gedrukt), nrs. 9 en 12.

1061. Verbod van Innocentius XII te twisten over de oorsprong van de karmelietenorde, 20 november 1698, 2 ex. (gedrukt), nr. 10.

1062. Breve van Innocentius XII met de veroordeling van *Explication des Maximes des Saints* van Fénélon, 12 maart 1699, 2 ex. (gedrukt), nr. 11. Cfr. L. WILLAERT, nrs. 6062 en 6206.

Reg. 39 (K2) *Acta janseniana in Belgio sub Innocentio XII,* 1691-1700, 54 doc., index.

1063. Verzoekschrift van de pastoors van Mechelen aan de Grote Raad tegen aartsbisschop H.G. de Precipiano, die een decreet wil publiceren tegen het lezen van de bijbel in de volkstaal (20 januari 1691), nr. 1.

1064. Ondervraging van Lambertus Baerts, plebaan van Sint-Rombouts, in tegenwoordigheid van vicaris-generaal Philippus Erardus Van der Noot i.v.m. een door hem gehouden preek, 16 februari 1691; eis van de fiscaal, z.d., nr. 2.

1065. Verzoekschrift van de pastoors van Mechelen (getekend door G. Van der Meeren) aan de Grote Raad tegen aartsbisschop H.G. de Precipiano, die de lezing van de schriftuur in de volkstaal wil verbieden, 20 januari 1692, nr. 3.

1066. Brief van aartsbisschop H.G. de Precipiano aan Innocentius XII over de moeilijkheden n.a.v. de breve van 6 februari 1694, z.d., nr. 4.

1067. Breve van Innocentius XII aan de bisschoppen van de Zuidelijke Nederlanden en aan de theologische faculteit te Leuven i.v.m. de vijf proposities, 6 februari 1694 (gedrukt), met het decreet van het H. Officie van 4 februari 1694 (gedrukt), nr. 5.

1068. Dankbetuiging uit Leuven aan Innocentius XII voor de breve van 6 februari 1694, 25 maart 1694, nr. 6.

1069. Brief van aartsbisschop H.G. de Precipiano aan Franciscus Menegatti, jezuïet en biechtvader van keizer Jozef I, over de vooruitgang van het jansenisme, 28 mei 1694, nr. 7.

1070. Brief van aartsbisschop H.G. de Precipiano aan een niet-genoemde kardinaal te Rome tegen de jansenistische publikaties van de Zuidelijke Nederlanden, na 1690, nr. 8.

1071. Decreten van J.F. Van Beughem, bisschop van Antwerpen, en van aartsbisschop H.G. de Precipiano over de wijze van eedaflegging volgens het formulier van Alexander VII, resp. 4 maart en 5 juli 1694, nrs. 9, 10 (gedrukt) en 13 (ms.).

1072. Drie anonieme brieven (twee aan een niet-genoemde kardinaal te Rome en één aan de paus) over de leer en de vermetelheid van de jansenisten, 1694, nrs. 11 en 12.

1073. Brief van François Martin, professor te Leuven, aan Jacques de la Fontaine, jezuïet te Rome, over Leuvense aangelegenheden, 8 december 1694, nr. 14.

1074. Verbod door aartsbisschop H.G. de Precipiano van 71 jansenistische geschriften (28 blz.), 15 januari 1695 (gedrukt), nr. 15.

1075. Verbod door de Spaanse Inquisitie van de vier delen van de *Acta Sanctorum* van Godefried Henschenius en Daniël Papebroeck, jezuïeten, 19 november 1695 (gedrukt), nr. 16.

1076. Antwoord van aartsbisschop H.G. de Precipiano aan internuntius Guilio Piazza met de redenen waarom hij de breve van 14 februari 1694 niet uitvaardigde (1695), nr. 17.

1077. Fragment van een brief van Bernard Désirant en een ander van Martinus Harney uit Rome aan Willem Bassery, bisschop van Brugge, over hun activiteiten te Rome, 10 juli 1694, nr. 17bis.

1078. Verzoek van Leuvense anti-jansenisten aan Karel II om te Rome aan te dringen op de veroordeling van de jansenistische proposities (1695), nr. 18.

1079. Klachten door aartsbisschop H.G. de Precipiano over internuntius Philippus Spada (Spaans, 16 fol.) (na 20 april 1696), nr. 19.

1080. Rondschrijven van Maximiliaan Emmanuel van Beieren, gouverneur-generaal, aan de Raad van Brabant, aan de magistraat van Leuven en aan de Grote Raad van Mechelen tegen jansenistische strevingen, 7 november 1695, met een memorie erover, nr. 20.

1081. Antwoord van aartsbisschop H.G. de Precipiano op de beschuldigingen tegen hem te Rome uitgebracht en te Madrid verspreid, 20 september 1695 (15 fol.), nr. 21.

1082. Decreet van vice-rector Petrus Marcelis tegen de jansenistische vlugschriften, bekrachtigd door een koninklijk edict, 23 oktober 1696 (gedrukt), nr. 22.

1083. Schrijven van Petrus Marcelis aan paus Innocentius XII m.b.t. de klachten van aartsbisschop H.G. de Precipiano over internuntius Philippus Spada (1696), nr. 23.

1084. Klachten van de Zuidnederlandse kapucijnen over mistoestanden in hun provincie (1696), nr. 24.

1085. Verzoekschriften van meerdere jansenisten aan de Staten van Brabant om de bestaande wetten en privilegiën toegepast te zien, z.d.; verzoekschrift van meerdere jansenisten uit Leuven aan de Staten van Brabant tegen de koninklijke decreten inzake jansenisme, 14 februari 1696 (2 ex.), nr. 25.

1086. Brief van Karel II aan Maximiliaan-Emmanuel van Beieren tot instandhouding der koninklijke decreten, 1 maart 1696, nr. 26.

1087. Brief uit Brussel van gouverneur-generaal Maximiliaan-Emmanuel aan de Raad van State ter naleving van de anti-jansenistische richtlijnen van Karel II, 29 oktober 1695, nr. 27. Cfr. J. LEFÈVRE, *Documents relatifs à la juridiction des nonces et internonces des Pays-Bas pendant le Régime espagnol (1596-1706)*, Brussel-Rome, 1942, (*Analecta Vaticano - Belgica*, 2e sér. t. VIII), p. 457, nr. 733

1088. Brief van Karel II aan de Raad van State en de Privé Raad tegen nieuwigheden in godsdienstzaken, 1 maart 1696 (2 ex. Spaans en Frans), nr. 28.

1089. Brief van Ph.E. Van der Noot, bisschop van Gent, aan Karel II tegen J.L. Hennebel, 6 september 1696, nr. 29/1.

1090. Breve van Innocentius XII aan de Zuidnederlandse bisschoppen over het gebruik van het formulier van Alexander VII en over de toediening der sacramenten, 24 november 1696 (gedrukt); decreet van de Zuidnederlandse bisschoppen over de uitvoering ervan, 22 april 1697 (gedrukt), nr. 29/2.

1091. Klacht van de bisschoppen, gericht tot Innocentius XII, over de vooruitgang van het jansenisme, 31 december 1696, nr. 30.

1092. Dankbetuiging van de Leuvense doctores aan Innocentius XII om de breve van 24 november 1696, 10 februari 1697, nr. 31.

1093. Aanmerkingen van jansenisten op het decreet van de bisschoppen over het gebruik van het formulier, (mei 1697), nr. 32.

1094. Verklaring van Joannes Martinus De Hondt, oratoriaan, over de betekenis van de vijf proposities, 21 juli 1697 (gedrukt), nr. 33.

1095. Klacht van Jean Smidts, prior van de augustijnen te Leuven, in naam van de bedelorden en de jezuïeten bij graaf de Villahermosa, gouverneur-generaal te Brussel, over de twee oratorianen J.M. De Hondt en Guillaume Willemans, na 28 januari 1676, nr. 34. Cfr. *Sources* VII, nr. 508.

1096. Antwoord van internuntius Orazio Filippo Spada aan Ph.E. Van der Noot, bisschop van Gent, m.b.t. jansenistische aangelegenheden, 7 juli 1697, nr. 35.

1097. Verklaring van Gummarus Huyghens over de zin van zijn boekje i.v.m. zijn biechtpraktijk, 22 juli 1697 (gedrukt), nr. 36.

1098. Feestrede van Martinus Steyaert, apostolisch vicaris, bij de promotie van een licentiaat in de godgeleerdheid te Leuven, 12 augustus 1697 (gedrukt), nr. 37.

1099. Decreet van Guillaume Bassery, bisschop van Brugge, over het aanleggen van registers, waarin de ondertekenaars van het formulier zullen ingeschreven worden, 31 mei 1697, nr. 38.

1100. Informaties van J.D. Vandenkerckhoven, A. Mendez en L. De Prez over het ondertekenen van het formulier, maart-mei 1697, nr. 39.

1101. Bekrachtiging door Karel II van de decreten der Zuidnederlandse bisschoppen, 10 juni 1697 (gedrukt), nr. 40.

1102. Bevel van Karel II aan Maximiliaan-Emmanuel van Beieren de beslissing in geloofstwisten over te laten aan het oordeel van de H. Stoel, 20 december 1697, nr. 41.

1103. Verzoek van keizer Leopold I aan Karel II, koning van Spanje, om in de Zuidelijke Nederlanden zijn koninklijke decreten m.b.t. de uitroeiing van het jansenisme in de Zuidelijke Nederlanden te doen onderhouden, 15 januari 1698, nr. 42.

1104. Uittreksels uit het boek *Panegyris Janseniana*, van G. De Witte, uitgegeven in 1698, nr. 43. Cfr. L. WILLAERT, nr. 6274.

1105. Verklaring van kardinaal Jozef Saenz de Aguirre over zijn houding tegenover het jansenisme, 6 januari 1699, nr. 44. Cfr. L. WILLAERT, nr. 5758.

1106. Twijfels m.b.t. de biechtpraktijk, 21 februari 1699, nr. 45.

1107. Brief van aartsbisschop H.G. de Precipiano aan Ph.E. Van der Noot, bisschop van Gent, waarin hij het onderhouden van de decreten eist, 19 augustus 1699, nr. 46.

1108. Uittreksel uit de akten van de Leuvense universiteit van 29 mei 1699, nr. 47.

1109. Vraag van Thomas Dujardin, dominicaan, aan Alexander Maes, jezuïet, of een biechteling kan verplicht worden buiten de biecht zijn medeplichtige te noemen, 17 februari 1700, nr. 48.

1110. Schrijven van Maximiliaan-Emmanuel van Beieren, gouverneur-generaal, aan aartsbisschop H.G. de Precipiano over de uitvoering van de apostolische breve van 24 november 1696, 22 maart 1700, nr. 49.

1111. Decreet van H.G. de Precipiano over het onderhouden van de breve, 16 april 1700 (gedrukt), nr. 50.

1112. Over de wettigheid van de excommunicatie van de procureur-generaal van de Grote Raad van Mechelen en over de buitensporigheden van de Raden van Mechelen inzake de kerkelijke wetgeving (na 8 augustus 1700) (gedrukt), nr. 51.

1113. Minuut uit een pastorale brief van H.G. de Precipiano (1700), 9 blz., nr. 52.

Reg. 40 (K3) *Acta Joannis Liberti Hennebelli; acta in causa janseniana in Hollandia et in Galliis sub Innocentio XII; Acta Hennebelli contra theses P. François et in causa Hennebelli et Petri Juvet* *contendentium de canonicatu Gandavensi*, 1692-1705, 87 doc., index.

1. *Acta Joannis Liberti Hennebelli in deputatione pro causa jansen-*
niana sub Innocentio XII, 1692-1705, 27 doc., waarvan ontbreken: nr.
1114. 6: brief van internuntius Julius Spada aan aartsbisschop H.G. de
Precipiano over de te verlenen beneficiën aan J.L. Hennebel, 28 juli
1115. 1694; nr. 27: uittreksels uit geschriften van J.L. Hennebel en
aanmerkingen daarop, 1705.

1116. Breven van Innocentius XII aan de rector, de Leuvense universiteit en de Zuidnederlandse bisschoppen aangaande het eedformulier, 7 juni 1692 en 6 februari 1694 (gedrukt), nrs. 1 en 2.

1117. Schrijven van J.L. Hennebel aan aartsbisschop H.G. de Precipiano over het jansenisme, 20 februari 1694, nr. 3.

1118. Schrijven van aartsbisschop H.G. de Precipiano aan Innocentius XII tegen de interpretatie van het eedformulier door J.L. Hennebel, (juli 1694), nr. 4.

1119. Verklaring van J.L. Hennebel over het oordeel van de Congregatie van het H. Officie m.b.t. zijn brief aan de aartsbisschop, 14 september 1694 (gedrukt), nrs. 5 en 7.

1120. Smeekbrief van J.L. Hennebel in naam van de universiteit aan de Congregatie van het H. Officie ten gunste van zichzelf en de andere jansenisten (1695), nr. 8.

1121. Uittreksel uit het antwoord van J.L. Hennebel aan de aartsbisschop, waarin hij poogt het gezag van de provincialen der zeven religieuze orden te ondermijnen, 16 december 1695, nr. 9.

1122. Gedrukte kopies van brieven van Maximiliaan-Emmanuel van Beieren, 7 november 1697, nr. 10.

1123. Verzoekschrift van 27 december 1695, dat J.L. Hennebel aan de kardinalen heeft voorgelegd ten gunste van de jansenisten en dat op 26 januari 1696 naar de aartsbisschop werd verzonden, nr. 11.

1124. Memoriaal van J.L. Hennebel aan paus Innocentius XII ten gunste van de jansenisten en tegen de aartsbisschop, februari 1696, 13 fol. (Italiaans en Latijn), nrs. 12 en 13, 1; aanmerkingen op dat memoriaal door een onbekende antijansenist, februari 1696, nr. 12.

1125. Weerlegging van J.L. Hennebels smeekschrift aan paus Innocentius XII (februari 1696), 10 blz. en 5 blz., nrs. 13, 3 en 4.

1126. Brief van de Zuidnederlandse bisschoppen aan paus Innocentius XII over de troebelen in de Zuidelijke Nederlanden en klacht over J.L. Hennebel, 19 juli 1696, nr. 14.

1127. Brief van J.L. Hennebel aan Innocentius XII inzake het formulier, 19 juli 1696, nr. 15.

1128. Breve van Innocentius XII van 24 november 1696; decreten van de Zuidnederlandse bisschoppen en koninklijk decreet voor de uitvoering van de breve, resp. 23 april 1697 en 10 juni 1697 (gedrukt), nr. 16.

1129. Aanmerkingen van J.L. Hennebel op de decreten van de Zuidnederlandse bisschoppen (1697), nr. 17.

1130. Memoriaal van J.L. Hennebel aan de kardinalen over de vrede onder de Zuidnederlandse theologen, 1698, nr. 18.

1131. Aantekeningen en bedenkingen bij het voorgaande memoriaal van J.L. Hennebel (1698), nr. 19, 1.

1132. Aantekeningen en bedenkingen bij het memoriaal *de querelis quorumdam theologorum* van J.L. Hennebel, aan de Congregatie van het H. Officie overgemaakt (1698), 14 fol., nr. 19, 2.

1133. Verklaring over de Leuvense jansenisten, die kardinaal Jozef Saenz de Aguirre in zijn boek *Defensio Cathedrae S. Petri* wilde inlassen, 4 januari 1699, nr. 20. Cfr. L. WILLAERT, nr. 4517.

1134. Memoriaal van J.L. Hennebel aan Karel II over de tegen hem uitgebrachte beschuldigingen, 9 augustus 1699, nr. 21.

1135. Tractaat over de vrede te sluiten tussen J.L. Hennebel in naam van enkele Leuvense theologen en een gedelegeerde van de aartsbisschop van Mechelen te Rome met Antonius Massoulié en Franciscus Bernaerts, dominicanen, begonnen in juni 1700 en in juli afgebroken, juli 1700, 6 fol., nr. 22.

1136. Vraag van J.L. Hennebel aan de kardinalen te Rome naar de Zuidelijke Nederlanden terug te mogen keren, 1700, nr. 23.

1137. Brief van Filips V, koning van Spanje, aan Maximiliaan-Emmanuel, keurvorst van Beieren, waarin hij informeert of een eventueel bezoek van J.L. Hennebel aan Madrid nuttig is, 19 maart 1701, nr. 24.

1138. Antwoord van J.L. Hennebel op twee brieven van een onbekende, vermoedelijk een Fransman, i.v.m. Bossuet, bisschop van Meaux, 18 februari 1703, nr. 25.

1139. Korte informatie door aartsbisschop H.G. de Precipiano op koninklijk bevel over persoon, handelswijze, geschriften en leer van J.L. Hennebel (1705), nr. 26.

2. *Acta in causa janseniana in Hollandia sub Innocentio XII*, 1694-1699, 13 doc.

1140. Schrijven van de katholieke missionarissen uit Holland aan Innocentius XII over onenigheden in de Hollandse missie (1695) (13 blz.), nr. 28.

1141. Verzoekschrift van de jansenisten in Holland aan Innocentius XII, z.d. (8 fol.), bedenkingen daarover (4 doc.) en vijf brieven m.b.t. jansenistische aangelegenheden in Holland, 1699, nr. 29.

1142. Twee breven van Innocentius XII: een aan de Zuidnederlandse bisschoppen en een aan de theologische faculteit van Leuven, 6 februari 1694 (gedrukt), nr. 30.

3. *Acta in causa janseniana in Galliis sub Innocentio XII*, 1694-1699, 11 doc.

1143. Brief van Pasquier Quesnel aan Simon de Pomponne te Rome over de dood van Antoine Arnauld te Brussel, 13 augustus 1694, nr. 31. Cfr. A. LE ROY, *Correspondance de Pasquier Quesnel*, t. I, Paris, 1900, p. 315-318.

1144. Brief van Adrien Delcourt, student in de theologie te Douai, uit Nijvel aan Ghislain Payen, jezuïet en rector van het jezuïetencollege van Luik, over Jacques Gilbert, professor te Douai, 27 oktober 1694, nr. 32.

1145. Theologische stellingen van Guillielmus Marcellus Claes, president van het Malderuscollege te Leuven, z.d., nr. 33.

1146. Decreet van Louis Antoine de Noailles, aartsbisschop van Parijs, m.b.t. de veroordeling van het boek *Exposition de la Foy touchant la grâce et la prédestination* van Martin Di Barcos, abt van Saint-Cyran, te Bergen gedrukt, 20 augustus 1696 (gedrukt), nr. 34. Cfr. L. WILLAERT, nr. 5960.

1147. Brief van Fénélon, aartsbisschop van Kamerijk, aan Innocentius XII over zijn boek *Explication des Maximes des Saints sur la vie intérieure*, 11 juni 1697; antwoord van de paus, 22 juni 1697, nr. 35. Cfr. L. WILLAERT, nrs. 6062 en 6206.

1148. Brief van Gony de Cartigni, vicaris-generaal van Ieper, aan een onbekende bisschop i.v.m. jurisdictieaangelegenheden, 18 december 1697, nr. 36, 1.

1149. Koninklijk besluit van Lodewijk XIV i.v.m. de geestelijken zonder zielzorg, 20 november 1697 (gedrukt), nr. 36, 2.

1150. Veroordeling door Innocentius XII van het boek *Explication des Maximes des Saints sur la vie intérieure* van Fénélon, te Parijs in 1697 gedrukt, 12 maart 1699 (Latijnse en Franse tekst) (gedrukt), nr. 37. Cfr. L. WILLAERT, nrs. 6062 en 6206.

1151. Bisschoppelijk schrijven van Fénélon, waarin hij met onderwerping de veroordeling van zijn boek door Innocentius XII bekend maakt, 9 april 1699 (één geschreven tekst en twee gedrukte teksten nl. te Rome en te Kamerijk), nr. 38.

4. *Acta Hennebelli contra theses Patris Joannis Baptistae François sub Innocentio XII*, 1695-1696, 4 doc.

1152. Theologische theses door J.B. François, jezuïet, te Antwerpen verdedigd op 31 mei 1695, 16 blz. (gedrukt), nr. 39.

1153. Aanklacht van J.L. Hennebel bij het H. Officie tegen de theses van J.B. François, augustus 1695 (2 ex.), nr. 40.

1154. Antwoord van J.B. François aan het H. Officie op die aanklacht (1696), nr. 41.

1155. 5. *Acta in causa J.L. Hennebelli et Petri Juvet occasione canonicatus Gandavensis sub Innocentio XII: motiva juris et instrumenta*, 1694-1704, 22 doc., nr. 42.

6. *Varia*

1156. Brief van Herman Damen aan Jacques de la Fontaine, jezuïet te Brussel, met bewijzen van enkele begijnen over het misbruik van de biecht, 25 april 1695, nr. 43.

1157. Brief uit Luik van Jacques Coret, jezuïet en graaf van Berlo, en zijn moeder bij de vacatie van de bisschopszetel van Luik, 17 september 1696, nr. 44, 1.

1158. Brief van Ferdinand de Berlo, bisschop van Namen, aan Jacques de la Fontaine, jezuïet, waarin hij de toelating vraagt om het aartsdiaconaat te Luik te mogen bewaren, 17 oktober 1696, nr. 44, 2.

1159. Bedanking uit Chokier door gravin de Berlo, moeder van Ferdinand, i.v.m. de benoeming van haar zoon tot bisschop van Namen, 28 oktober 1696, nr. 44, 3.

Reg. 41 (K5) *Acta Janseniana sub Innocentio XII*, 1689, 1694-1697, 17 doc., index.

1160. Casusoplossingen door theologen betreffende de dispensatie, door de paus verleend aan de militairen van de koning in de Nederlanden, 9 maart 1695 (gedrukt), nr. 1.

1161. Casus (gebruik van het biechtgeheim) van Gaspar De Bie, norbertijn en kapelaan te Rozendaal, met antwoorden van de doctores en vraag om een antwoord op zijn motieven onlangs door hem uitgegeven, 1691, resp. 18 en 7 blz. (gedrukt), nr. 2.

1162. Feestrede van Martinus Steyaert, apostolisch vicaris, bij een licentieverhandeling in de godgeleerdheid, 12 augustus 1697, nr. 3.

1163. Tweede brief over Gommaar Huyghens, professor te Leuven, aan wie de jurisdictie ontnomen werd, 1697 (gedrukt), nr. 4.

1164. Apologie van Gommaar Huyghens tegen drie beschuldigingen betreffende het ambt van biechtvader, 1697, 20 blz. (gedrukt), nr. 5.

1165. Memoriaal, opgedragen aan het H. Officie, aangaande de leer van Michaël Baius, Cornelius Jansenius en enkele anderen, z.d., 22 blz. (gedrukt), nr. 6.

1166. Twee verordeningen van Louis Antoine de Noailles, aartsbisschop van Parijs, met veroordeling van boeken, 1694 en 1696, resp. 12 en 8 blz. (gedrukt), nrs. 7 en 8.

1167. Decreet van Petrus Marcelis, vice-rector van de Leuvense universiteit, tegen de verspreiding van beledigende en betwiste geschriften, 29 december 1695 (gedrukt); koninklijke ordonnantie daaromtrent, 23 oktober 1696 (gedrukt), nr. 9.

1168. Decreet van Joannes Ferdinandus Van Beughem, bisschop van Antwerpen, voor predikanten en leraren om de vrede onder de theologen te bewaren, 6 juli 1695 (gedrukt), nr. 10.

1169. Twee veroordelingen door de Raad van Brabant (23 juni 1688 en 25 mei 1689) en één door aartsbisschop A. de Berghes (28 april 1689) van het boek *De goude Mijne ondergraven*, en de *Wederlegging der requeste* van Aegidius De Witte (gedrukt), nr. 11. Cfr. L. WILLAERT, nr. 4952.

1170. Theologische theses m.b.t. het jansenisme door Adrianus Delcourt verdedigd aan de universiteit van Douai, 20 juni 1695 (gedrukt), nr. 12.

1171. Decreet van J.F. Van Beughem, bisschop van Antwerpen, over het sacrament van de biecht bij stervenden, 19 augustus 1695 (gedrukt), nr. 13.

1172. Decreet van aartsbisschop H.G. de Precipiano ingevolge de breve van Innocentius XII (6 februari 1694) de eed af te leggen met het formulier van Alexander VII, 5 juli 1694 (gedrukt), nr. 14.

1173. Herderlijke brief van de H. Carolus Borromaeus, aartsbisschop van Milaan, met voorwoord over het mishoren in de eigen parochiekerk, afgekondigd door het zesde Concilie van Milaan (1579) (gedrukt te Antwerpen in 1693), nr. 15.

1174. Theologische verhandeling over oorsprong en leven van Christus, verdedigd te Leuven door Laurentius de Behault uit Bergen, 25 juni 1695, nr. 16.

1175. Breve van Innocentius XII over het eedformulier, 24 november 1696 (gedrukt), nr. 17.

1176. **Reg. 42 (K6)** *Animadversiones in scriptum quoddam sub nomine Doctoris Joannis Liberti Hennebel, Romae sparsum, at ut prae se fert, oblatum sanctissimo D.N. Innocentio XII* (1699), 175 blz.
1177. - *Nota marginalis: Scriptum Hennebelli editum est contra memoriale hispanicum Patris (Juan de) Palazol,* (s.j.) *quod Regi Catholico obtulit Palazol Madriti*. Cfr. L. WILLAERT, nrs. 6357 en 6429.

Reg. 43 (K7) *Acta janseniana sub Innocentio XII*, 1691-1699, 54 doc.,
index; ontbrekende nrs.: 13, 14, 15, 17, 18 m.b.t. de breve van 6
1178. februari 1694; nr. 35: koninklijk verbod van een thesis, verdedigd
1179. onder leiding van M. Steyaert, 11 juli 1698; nr. 36: boekenverbod
door het H. Officie, 8 april 1699.

1180. "Maintenue" door François Van Vianen, verkregen bij de Raad van Brabant ten gunste van Gommaar Huyghens, 18 december 1691, nr. 1.

1181. Brief van Innocentius XII aan keizer Jozef I voor de vrede en antwoord van de keizer aan de paus, resp. 8 december 1691 en 20 januari 1692 (gedrukt), nr. 2.

1182. Twee breven van Innocentius XII aan aartsbisschop H.G. de Precipiano (2 februari 1692, 27 september 1692) (gedrukt) en een decreet van het H. Officie (11 januari 1699) (gedrukt), nr. 3.

1183. Twee verzoekschriften van de Leuvense universiteit, een aan Innocentius XII en een aan Karel II, om te Rome een beslissing van de hangende problemen te bekomen, 7 mei 1692, nrs. 4 en 5.

1184. Bericht van het overlijden van Idelphonsus a S. Thoma, bisschop van Malaga (Spanje), door Antonius Cloche, generaal van de dominicanenorde, 14 september 1692 (gedrukt), nr. 6.

1185. Breve van Innocentius XII aan de Leuvense universiteit, 7 juni 1692 (gedrukt), nr. 7.

1186. Brief van J.L. Hennebel aan de Raad van State, Rome 6 december 1692, nr. 8.

1187. Decreet van H.G. de Precipiano over oneerbiedigheden in de kerken, 18 februari 1693 (gedrukt), nr. 9.

1188. Getuigenissen van de dominicanen Martinus Harney, Franciscus Jansens-Elinga, Philippus Durandus en Henricus Collins over het jansenisme, 29 mei 1693, nr. 10.

1189. Opheffing door de Raad van Vlaanderen van het edict van 11 augustus 1692 tegen het huwelijk van minderjarigen, 22 augustus 1693, nr. 11.

1190. Decreet van het H. Officie over de interpretatie van de eedformule, 28 januari 1694, 1 maart 1694 (gedrukt), nr. 12.

1191. Decreet van J.F. Van Beughem, bisschop van Antwerpen, naar aanleiding van de breve van 6 februari 1694, 1 maart 1694 (gedrukt), nr. 16.

1192. Decreet van bisschop J.F. Van Beughem betreffende het eedformulier, 4 maart 1694 (gedrukt), nr. 19.

1193. Decreet van aartsbisschop H.G. de Precipiano betreffende het eedformulier, 5 juli 1694 (gedrukt), nr. 20.

1194. Brief van Bartholomaeus d'Andrade aan Jacobus de la Fontaine, jezuïet te Brussel, 8 november 1694, nr. 21.

1195. Casus nopens het decreet van 12 januari 1661 tegen het "Missel Romain" (1660), nr. 22. Cfr. L. WILLAERT, nr. 3088.

1196. Decreet van Innocentius XII over het wijden van niet-onderdanen, 4 november 1694 (gedrukt), nr. 23.

1197. Decreet i.v.m. militaire inkwartiering, 26 april 1695, nr. 24.

1198. Decreet over de Inquisitie van Toledo tegen de boeken van Godefridus Henschenius en Daniël Papebroeck, bollandisten (2 ex.), 8 en 14 november 1695 (gedrukt), nrs. 25 en 26.

1199. Boekenverbod door Petrus Marcelis, vice-rector van de Leuvense universiteit, 29 december 1695 (gedrukt), nr. 27.

1200. Brief van de bisschoppen der Spaanse Nederlanden aan Innocentius XII over het eedformulier, 19 juli 1696 (gedrukt), nr. 28.

1201. Tweede breve van Innocentius XII over het eedformulier, 24 november 1696, met de constitutie van Alexander VII en het eedformulier; regels van het Concilie van Trente over de Index (gedrukt), nr. 29.

1202. Veroordeling door Innocentius XII van het boek *Explication des Maximes des Saints sur la vie intérieure* van François Fénélon, aartsbisschop van Kamerijk, 12 maart 1699 (gedrukt), nr. 30. Cfr. L. WILLAERT, nrs. 6062 en 6206.

1203. Breve van Innocentius XII over het gebruik van het eedformulier, 24 november 1696 (gedrukt); decreten van de Zuidnederlandse bisschoppen voor de uitvoering ervan, 22 april 1697 (gedrukt); decreet over de toediening der sacramenten, 23 april 1697 (gedrukt), nr. 31.

1204. Koninklijke verklaring op aandringen van aartsbisschop en metropolitaan kapittel, dat de stad zich niet mag onttrekken aan haar verplichting t.o.v. de geestelijken, 19 september 1697 (gedrukt), nr. 32.

1205. Decreet van Martinus Steyaert, vicaris-generaal van 's-Hertogenbosch, tegen het *Novum Testamentum Montense*, 10 juli 1698 (gedrukt), nr. 33. Cfr. L. WILLAERT, nr. 5594.

1206. Decreet van Innocentius XII waarin het stilzwijgen over de oorsprong van de orde van de Karmel werd opgelegd, 20 november 1698, nr. 34.

1207. Klad van een brief van een onbekende aan J. de Palazol, jezuïet, over de toestand van het jansenisme in de Zuidelijke Nederlanden, 1699, nr. 37.

1208. Aanmerkingen op "dissertationes" van kardinaal Jozef Saenz de Aguirre, 1699, nr. 38.

1209. Beraadslaging van de Geheime Raad i.v.m. beledigende pamfletten tegen aartsbisschop de Precipiano en Martinus Steyaert, apostolisch vicaris van 's-Hertogenbosch, z.d., nr. 39.

1210. Drie kladden van brieven van een onbekende aan Franciscus Menegatti, biechtvader van Leopold I, over de toestand van het jansenisme in de Zuidelijke Nederlanden, 1699, nrs. 40, 41 en 43.

1211. Schrijven van C.D. Blitterswijck aan een onbekende over de verdediging van theses van norbertijnen van de Sint-Michielsabdij te Antwerpen, 15 september (1699), nr. 42.

1212. Brief van een onbekende aan Suezzi, uit de omgeving van de paus, over de toestand van het jansenisme in de Zuidelijke Nederlanden, 26 november (1699), nr. 44.

1213. Schrijven uit Leuven aan (Innocentius XII), z.d., nr. 45.

1214. Memoriaal over de toestand van het jansenisme in de Zuidelijke Nederlanden en de te treffen maatregelen, z.d., nr. 46.

1215. Middelen, door de koning ter uitroeiïng van het jansenisme aanbevolen, z.d. (Latijnse en Spaanse tekst), nrs. 47 en 48.

Reg. 44 (K8) *Acta janseniana sub Clemente XI*, 1701-1717, 48 doc.

1216. Verklaring van aartsbisschop H.G. de Precipiano aan de paus waarin hij Hendrik Jozef van Susteren deputeert voor de "visitatio ad limina", z.d., nr. 1; verslag met minuut over de toestand van het aartsbisdom (1701), 19 blz., nrs. 2 en 3.

1217. Brief van kardinaal-staatssecretaris Fabrizio Paolucci aan Martinus de Swaen en andere raadsleden van de Hollandse Missie i.v.m. de zaak Petrus Codde, 2 december 1702, nr. 4. Cfr. L. CEYSSENS, *Autour de l'Unigenitus. Le cardinal Charles-Augustin Fabroni (1651-1727)*, in *Bulletin de l'Institut historique belge de Rome*, 52 (1982) 31-82.

1218. Breve i.v.m. de veroordeling van de *Cas de Conscience* door Clemens XI, 12 februari 1703 (gedrukt); mededeling ervan aan Lodewijk XIV, 13 februari 1703 (gedrukt); breve aan kardinaal Louis Antoine de Noailles tot uitvoering van de veroordeling, 13 februari 1703 (gedrukt), nrs. 5, 6 en 8.

1219. Breve van Clemens XI aan de katholieken van Holland i.v.m. P. Codde, 7 april 1703 (gedrukt), nr. 7.

1220. Verbod door de theologische faculteit te Leuven van de theses van Christophorus Frenz, Iers dominicaan, te verdedigen op 22 mei 1703, 21 mei 1703 (gedrukt), nr. 9.

1221. Lijst van jansenistische schuilnamen (uit papieren van Pasquier Quesnel), 1703, nrs. 10-13. Cfr. *Causa Quesnelliana sive motivum juris*, Brussel, 1704, p. 320-327. Cfr. L. WILLAERT, nr. 7096.

1222. Twee lijsten van documenten van Pasquier Quesnel, door Louis de Sabran, jezuïet, van Brussel naar Parijs overgebracht en daar overhandigd aan François de la Chaize, jezuïet en biechtvader van Lodewijk XIV, 29 november 1703 en 2 april 1704, nrs. 14, 15 en 17; ontvangstbewijs van Louis Doucin, jezuïet, z.d., nr. 16. Cfr. L. CEYSSENS, *Les papiers de Quesnel saisis à Bruxelles et transportés à Paris en 1703 et 1704*, in *Revue d'histoire ecclésiastique*, 44 (1949) 508-551 (= *Jansenistica minora*, I, fasc. 5).

1223. Boeken verboden door het H. Officie in 1704, 1711 en 1712 (gedrukt), nrs. 18, 19, 21, 38 (cfr. L. WILLAERT, nr. 7799), 41.

1224. Boeken verboden door Jozef Clemens van Beieren, prins-bisschop van Luik, 15 april en 24 juni 1704, 10 mei 1708 (gedrukt), nrs. 20, 22 en 33.

1225. Vastenbrief van H.G. de Precipiano, 8 januari 1705 (gedrukt), nr. 23.

1226. Brief van een Parijse pastoor aan een doctor van de Sorbonne over de bul *Vineam Domini* (Italiaanse versie), 3 augustus 1705, nr. 24.

1227. Casusoplossing aangaande rubrieken, 20 maart 1706 (gedrukt), nr. 25.

1228. Bul van Clemens XI, waarin het jubileum voor de vrede werd uitgevaardigd, 2 december 1706 (gedrukt), nr. 26; publikatie van de bul door Ph.E. Vander Noot, bisschop van Gent, 10 februari 1707 (gedrukt), nr. 27.

1229. Notitie van 3 maart 1707 i.v.m. het bijwonen van de parochiemis (gedrukt), nr. 28.

1230. Onuitgegeven antwoord van 12 maart 1707 op een Frans schrijven, in de Zuidelijke Nederlanden uitgegeven: "Mémoire touchant le dessein qu'on a d'introduire le formulaire du pape Alexandre VII dans l'Église des Païs-Bas", z.d., 23 pag., nr. 29. Cfr. L. WILLAERT, nr. 7519.

1231. Romeinse decreten voor het onderhouden van de vasten, 5 maart 1707 en 6 maart 1717 (gedrukt), nrs. 30 en 44.

1232. Breve van Clemens XI aan aartsbisschop H.G. de Precipiano i.v.m. Guillielmus Vande Nesse, 3 maart 1708 (gedrukt), nr. 31.

1233. Romeins decreet i.v.m. G. Vande Nesse, 29 maart 1708 (gedrukt), nr. 32.

1234. Geschrift ten gunste van Willem De Potter, bedienaar van de Sint-Catharinakerk te Gent, van jansenisme verdacht, z.d., nr. 34, 1.

1235. Eedformulier door alle kapucijnen, zelfs de lekebroeders, af te leggen, z.d., nr. 34, 2.

1236. Toespraak over het jansenisme door Herman Damen te Leuven ter gelegenheid van een promotie, 6 november 1708, 10 fol., nr. 35.

1237. Constitutie van Clemens XI, die het feest van de Onbevlekte Ontvangenis definitief instelt, 6 december 1708 (gedrukt), nr. 36.

1238. Brief van mevrouw A. Hugo aan de bisschop aangaande dispensatie in bloedverwantschap, 5 juni 1707, nr. 37.

1239. Breve van Clemens XI aan de universiteit van Douai i.v.m. de eed op de bul *Vineam Domini*, 2 april 1712 (gedrukt), nr. 39.

1240. Anoniem schrijven uit Ieper aan een pater over superstitieuze praktijken, door priesters verricht, 22 augustus 1712 (gedrukt), nr. 40.

1241. Getuigschrift van vier norbertijnen ten voordele van Joannes Benedictus Notaire, reguliere kanunnik van de Sint-Michielsabdij te Antwerpen, 23 december 1713, nr. 42.

1242. Verzoek aan de Raad van Vlaanderen vanwege de urbanisten te Gent, in proces met de recoletten te Rome, 29 oktober 1716, nr. 43.

1243. Toneelstuk *Anastasius*, opgedragen aan Petrus Paradanus, abt van Vlierbeek, 2 september 1717, nr. 45.

1244. Lijst van onder Clemens XI verleende aflaten, z.d., nr. 46.

1245. Ordonnantie van Ferdinand de Berlo, bisschop van Namen, tegen spotschriften, 3 november 1717, nr. 47.

Reg. 45 (L2) *Acta in causa Guillielmi Van de Nesse, S. Catharinae Bruxellis et S. Joannis Baptistae in Molenbeek parochi, sub Innocentio XII et Clemente XI; acta in causa Lamberti Baerts, plebani Mechliniensis, occasione canonicatus graduati ad quem electus fuerat Gandavi; scripta aliquae circa personas assumendas ad examen ordinandorum*, 1695-1708, 44 doc., index.

1246. Antwoord van aartsbisschop H.G. de Precipiano aan de Staten van Brabant omtrent de geschriften, in de Zuidelijke Nederlanden tegen de koninklijke decreten verschenen, 28 februari 1696, nr. 1.

1247. Rekwest van Bernard Désirant, augustijn, i.v.m. het geding tussen G. Vande Nesse en H.G. de Precipiano, z.d., nr. 2, en in verband daarmee de nrs. 3-6.

1248. Lijst van aanhangers van G. Vande Nesse uit Brussel, Leuven en Antwerpen, z.d., nr. 7.

1249. Verantwoording van G. Vande Nesse, die in beroep ging tegen de aartsbisschop, 1703, 282 nrs., 42 fol., nr. 8.

1250. Informatie over G. Vande Nesse, 1705, nr. 9.

1251. "Vaderlijk" schrijven van H.G. de Precipiano aan G. Vande Nesse, z.d. (gedrukt), 16 blz., nr. 10.

1252. Processtuk (*déduction sommaire*) in het geding H.G. de Precipiano en G. Vande Nesse, met bewijsstukken, z.d. (gedrukt), 76 blz., nr. 11.

1253. Breve van Clemens XI aan de aartsbisschop over het geval G. Vande Nesse, 3 maart 1708 (gedrukt), nr. 12.

1254. Getuigenis van een onbekende ten laste van Lambertus Baerts, 27 december 1695, nr. 13.

1255. Beschouwingen omtrent het beroep waarin Lambertus Baerts in 1691 tegen de aartsbisschop bij de Grote Raad van Brabant ging t.g.v. het opgelopen verbod lessen in de H. Schrift in de volkstaal te geven, 20 januari 1691, nr. 14.

1256. Inlichtingen over Arnoldus Jacobus De le Becque, onderpastoor van Sint-Bavo te Gent, die weigert zich te richten naar het decreet van de Zuidnederlandse bisschoppen van 23 mei 1697 over het gebruik van het formulier van Alexander VII van 22 april 1697 en naar dat van 23 april 1697 over de toediening van de sacramenten, z.d.; schrijven van de aartsbisschop daaromtrent aan Ph.E. Van der Noot, bisschop van Gent, 14 augustus 1694, nr. 15.

1257. Brief van Karel II aan Maximiliaan-Emmanuel van Beieren, gouverneur-generaal, over het onderhouden der Romeinse decreten, 20 december 1697, nr. 16.

1258. Theologische aanmerkingen op de *Christelijke onderrichtingen* van Lambertus Baerts, tweede verbeterde druk te Keulen in 1691, 13 blz., nr. 17. Cfr. L. WILLAERT, nr. 6170.

1259. Notulen van een vergadering van jansenisten uit Brussel, Mechelen en Leuven, op 12 september 1701 gehouden, nr. 18.

1260. Vijf brieven Lambertus Baerts aan Anselm de Brigode, vriend van P. Quesnel, 1697-1702, nr. 19.

1261. Inlichtingen over Lambertus Baerts, z.d., 11 blz., nr. 20.

1262. Redenen, waarom Ph.E. Van der Noot, bisschop van Gent, zich verzette tegen de verkiezing van Lambertus Baerts tot gegradueerd kanunnik, 5 oktober 1703, nr. 21.

1263. Antwoord van gegradueerde kanunniken van Gent op die redenen, 19 augustus 1704, 8 blz., nr. 22.

1264. Schrijven over de kandidaturen en de verkiezingen van gegradueerde kanunniken te Gent en de kandidaten, z.d., nr. 23.

1265. Over de verkiezing van gegradueerde kanunniken te Gent, z.d., nr. 24.

1266. Inlichting over Lambertus Baerts door Ph.E. Vander Noot, bisschop van Gent, aan Clemens XI, 27 augustus 1704, nr. 25.

1267. Verslag over een onderhoud van Philippe François Baert, proost van het kapittel te Mechelen, met de aartsbisschop over Lambertus Baerts, 6 juni 1704 (2 ex.), nr. 26.

1268. Verantwoording van Ph.E. Vander Noot, bisschop van Gent, tegenover Rome over zijn beroep op het civiel gerecht inzake Lambertus Baerts (1704), nr. 27.

1269. Geschrift over de jansenistische invloed op de vorige benoemingen van kanunniken te Gent, z.d., nr. 28, 1; beroep op de paus inzake benoemingen van gegradueerden te Gent, z.d., nr. 28, 2.

1270. Beschouwingen omtrent de keuze van gegradueerden te Gent, 1704, nr. 29, 1, 2, 3.

1271. Antwoord van de gegradueerde kanunniken op het memoriale, door de bisschop van Gent naar de paus gezonden (1704), 14 blz., nr. 30.

1272. Verhaal over de verkiezing van L. Baerts tot gegradueerd kanunnik te Gent, 7 augustus 1704, nr. 31.

1273. Inlichting door Guillielmus De Catte, fiscaal, namens de kerkelijke rechtbank aan de bisschop van Gent inzake Lambertus Baerts, 8 augustus 1704, nrs. 32 en 35.

1274. Geschrift om de agent te Rome te informeren omtrent Lambertus Baerts, z.d., nr. 33.

1275. Twee processtukken van 1691 in de zaak L. Baerts, nr. 34.

1276. Beroep van L. Baerts tegen de aartsbisschop, 18 juli 1704, nr. 36, 1.

1277. Verklaring van Ferdinand Sigers, oud-secretaris van de bisschop van Gent, over de bewaring van bisschoppelijke archieven, 13 april 1704, nr. 36, 2.

1278. Processtuk van het H. Officie i.v.m. de zaak L. Baerts 1706, 11 blz. (gedrukt), nr. 37.

1279. Inlichting over Lambertus Baerts voor de agent te Rome, 1706, 1708, nr. 38.

1280. Verhaal van de gebeurtenissen ter gelegenheid van de buitengewone vergadering van de pastoors te Mechelen op 15 februari 1708, nr. 39.

1281. Elf stukken in verband met de benoeming van Ferdinand Louis d'Anvaing tot gegradueerd kanunnik van het Sint-Bavokapittel te Gent, 1711, nr. 40.

Reg. 46 (L3) *Decreta, constitutiones, brevia sub Clemente XI*, 1700-1712, 64 doc., index.

1282. Afbeelding van Clemens XI en beschrijving van de 56 dagen vanaf de dood van Innocentius XII (27 september 1700) tot de verkiezing van Clemens XI (23 november 1700) (gedrukt); beschrijving van de kroning van Clemens XI op 8 december 1700 (gedrukt); beschrijving van de cavalcade bij de inbezitneming van de Lateraankerk door Clemens XI, z.d. (gedrukt), nr. 1.

1283. Breve van Clemens XI aan kardinaal Louis Antoine de Noailles, aartsbisschop van Parijs, over de *Cas de conscience*, 13 februari 1703 (gedrukt), nr. 2; idem aan Lodewijk XIV, 13 februari 1703 (gedrukt), nr. 3.

1284. Brief van Clemens XI aan Lodewijk XIV met lofprijzing om zijn optreden tegen Ludovicus Dupin, doctor van de Sorbonne, 10 april 1703 (gedrukt), nr. 4.

1285. Lijst van boeken, verboden door het H. Officie, 11 maart 1704 (gedrukt), nr. 5.

1286. "Acta causae rituum seu ceremoniarum sinensium, Romae Camera apostolica", z.d. (1704), 40 blz. (gedrukt), nr. 6. Cfr. L. WILLAERT, nr. 7078.

1287. Decreet van Clemens XI over de Chinese riten, 20 november 1704 (gedrukt), nr. 7.

1288. Decreet van kardinaal Carolus Thomas Maillard de Tournon, patriarch van Antiochië, over de Chinese riten, 25 januari 1707 (gedrukt en geschreven), resp. nrs. 8 en 16.

1289. Constitutie *Vineam Domini* van Clemens XI (16 juli 1705); bevelbrieven van de bisschoppen van Antwerpen, Atrecht, Doornik en Ieper met publikatie van deze constitutie, juli 1705 - september 1706 (gedrukt), nrs. 9-11, 15/1 en 2; ontwerp van een brief van kardinaal L.A. de Noailles aan Clemens XI omtrent de aanvaarding van die constitutie door de clerus en een nabeschouwing, 1711, nr. 10/4.

1290. Decreet van de Congregatie van de Riten over rubrieken, 20 maart 1706, nr. 12.

1291. Decreet van Carolus Thomas Maillard de Tournon, patriarch van Antiochië, 17 mei 1706; schrijven van een jezuïet uit Rome aan de Engelse penitentier Laureti over de Chinese riten, 30 oktober 1706; brieven uit Peking van Antonius Thomas, substituut-provinciaal in China, aan een kardinaal over de Chinese riten, 28 en 30 oktober 1706, nr. 13.

1292. Jubileumbrief van Clemens XI, 2 december 1706 (gedrukt), 2 ex. (Nederlands en Latijn), nr. 14.

1293. Decreet van Clemens XI tegen Guillielmus Vanden Nesse, 29 maart 1708 (gedrukt), 4 ex. (3 Lat., 1 Nederl.), nr. 17.

1294. Verbod uit Luik iets te publiceren zonder kerkelijke toestemming, 10 mei 1708 (gedrukt), nr. 18.

1295. Veroordeling door Clemens XI van het boek *Le nouveau testament en français* (Parijs, 1699) van Pasquier Quesnel en van de vorige uitgave *Abrégé de la morale de l'Évangile* (Parijs, 1693), 13 juli 1708 (gedrukt, 3 ex.) en bevel tot uitvoering door Philippus Erardus Van der Noot, bisschop van Gent, 31 augustus 1708, nr. 19. Cfr. L. WILLAERT, nrs. 5594, 5739, 5828, 5888, 6432; 5665.

1296. Decreet met verbod van het boek *Instructiones (institutiones) theologicae* (Parijs, 1704) van Gaspar Juenin, oratoriaan en professor in het seminarie te Parijs, 25 september 1708 (gedrukt), 3 ex., nrs. 20 en 22. Cfr. L. WILLAERT, nr. 6083.

1297. Breve van Clemens XI aan Lodewijk XIV met klachten over het Franse optreden in Italië, 28 juli 1708; brief van H. Bolt uit Loreto aan Mattheus Whrigt, jezuïet en rector van het Engels college te Gent, 28 juli 1708, nr. 21.

1298. Decreet, waardoor het feest van Onze-Lieve-Vrouw Onbevlekt Ontvangen heel de Kerk wordt opgelegd, 6 december 1708 (gedrukt), 2 ex., nr. 23.

1299. Brief van Jacques de la Fontaine over de Chinese riten, 16 maart 1709; uittreksel uit een brief van M. Whrigt i.v.m. de Chinese riten, 16 april 1709, nr. 24.

1300. Geschrift i.v.m. een decreet van Carolus Maigrot, apostolisch vicaris in China, en met een Romeins decreet van 20 november 1704, gepubliceerd op 16 maart 1709, nr. 25.

1301. Decreten met lijsten van verboden boeken, 18 januari 1710 en 4 maart 1709 (gedrukt), nrs. 26, 27/1 en 29.

1302. Decreet inzake riten, dat volgens Italiaanse dominicanen zou uitgegeven zijn door het H. Officie op 8 augustus 1709, nr. 27/2.

1303. Decreet met verbod van het boek *Traité de l'origine de la Régale* (Parijs, 1708) van Gaspard Audoul, 18 februari 1710 (gedrukt), nr. 28.

1304. Dagblad *La quintessence des nouvelles historiques, politiques, morales et galantes*, nr. 41 van 22 mei 1710 (te koop in Den Haag), nr. 30.

1305. Romeins decreet over de Chinese riten, 25 september 1710 (gedrukt), nr. 31.

1306. Bekrachtiging van een decreet van 30 december 1710 dat verbiedt Petrus Codde, ex-apostolisch vicaris, kerkelijk te begraven, 14 januari 1711 (gedrukt), nr. 32. Cfr. reg. 49, nr. 29.

1307. Breve van Clemens XI met lof voor de bisschoppen van Luçon en La Rochelle, 4 juli 1711 (gedrukt), nr. 33.

1308. Verklaring van 20 november 1711 van Michaël Angelus Tamburini, generaaloverste van de jezuïeten, aan Clemens XI naar aanleiding van het boek *Artes jesuiticae* (gedrukt); veroordeling door het H. Officie van *Artes jesuiticae*, 2 december 1711 (gedrukt), 2 ex., nrs. 34 en 35. Cfr. L. WILLAERT, nrs. 6953, 7695, 7799, [8602].

1309. Breve van Clemens XI aan de universiteit van Douai i.v.m. de bestrijding van het jansenisme, 2 april 1712 (gedrukt), nr. 36.

1310. Romeins decreet met een lijst van verboden boeken, 22 juni 1722 (gedrukt), 3 ex., nr. 37.

1311. Breve van Clemens XI, waardoor Ernest Ruth d'Ans, priester van het bisdom Luik, *inhabilis* wordt verklaard, 23 juli 1712 (gedrukt), nr. 38.

1312. Romeins decreet met verbod van vier boeken van Franciscus Martin, professor te Leuven, 29 november 1712 (gedrukt), nr. 39.

Reg. 47 (L4) *Acta janseniana in Belgio sub Clemente XI*, 1700-1713,
1313. 72 doc., index; ontbrekende nummers 16: herroeping door Jozef Cle-
mens van Beieren, aartsbisschop van Keulen en prins-bisschop van
1314. Luik, van een decreet m.b.t. Guillaume Vande Nesse, 22 mei 1705; 24:
verbod door de rector van Leuven van het boek *Artes Jesuiticae*, 7
1315. september 1703; 43: lijst van verboden boeken door aartsbisschop
1316. H.G. de Precipiano, 5 november 1707 (Nederlands en Latijn); 48:
verbod door Jozef Clemens van Beieren, aartsbisschop van Keulen en
prins-bisschop van Luik, van het boek *Ethica amoris* van Henricus a
S. Ignatio, karmeliet, 23 oktober 1709, cfr. L. WILLAERT, nr. 7728;
1317. 59: lijkrede van aartsbisschop H.G. de Precipiano, 5 juni 1711.

1318. Opmerkingen op het decreet van de Grote Raad van Mechelen tegen aartsbisschop H.G. de Precipiano op 8 augustus 1700 uitgegeven, 34 blz., nr. 1.

1319. Breve van Clemens XI aan aartsbisschop H.G. de Precipiano met aansporing de kerkelijke immuniteiten te blijven verdedigen, 12 februari 1701, nr. 2.

1320. Schrijven van Filips V, koning van Spanje, aan Maximiliaan-Emmanuel, gouverneur van Beieren, omtrent de zaak J.L. Hennebel, 9 maart 1701, nr. 3.

1321. Brief van kardinaal Fabrizio Paolucci aan doctores van de Leuvense theologische faculteit als antwoord op hun huldebetoon bij het begin van het pontificaat van Clemens XI, 12 maart 1701 (gedrukt), nr. 4.

1322. Inhoud van het boekenpakket, van Rijsel via Marseille naar Rome gezonden in februari 1703, nr. 5.

1323. Brief van juffrouw Barbara De Bondt aangaande sommige jansenisten, Brussel, 13 juli 1701 (2 ex.), nrs. 6 en 9.

1324. Brief van Nicolaus Blanquaert, bogaard, i.v.m. de missionarissen in Holland, Brussel, 13 juli 1701 (2 ex.), nrs. 7 en 8.

1325. Inlichtingen over sommige Leuvense doctores, augustus 1701 (10 blz.), met een brief van S.A. Tanara, nuntius in Keulen, van 14 februari 1690 i.v.m. Leuvense aangelegenheden in de periode dat hij internuntius was te Brussel (1675-1687), nr. 10.

1326. Decreet van de Geheime Raad i.v.m. Leuvense aangelegenheden, 12 september 1701, nr. 11.

1327. Schrijven van H.J. Van Susteren, vicaris-generaal, aan een pater over de toestand in het bisdom Mechelen, 26 september 1701, nr. 12.

1328. Zelfverdediging van Reginald Cools, bisschop van Antwerpen, tegen hetgeen Gabriël Gerberon over hem schreef in het eerste deel van *Histoire Générale du jansénisme* (1700), 19 oktober 1701 (gedrukt), nr. 13. Cfr. L. WILLAERT, nr. 6582.

1329. Schrijven van Joannes Baptista Bussi, internuntius, aan graaf de Bergeijck betreffende verkiezingen in de Leuvense theologische faculteit, 9 februari 1702, nr. 14.

1330. Schrijven van aartsbisschop H.G de Precipiano aan Clemens XI tegen internuntius J.B. Bussi in het geval Martinus De Hondt, oratoriaan, 9 juni 1702, 10 blz. (Frans en Latijn), nrs. 15 en 19.

1331. Antwoord van J.L. Hennebel aan Franciscus Martin, professor te Leuven, op verscheidene hem gestelde vragen (cfr. nr. 18), 11 mei 1702, nr. 17.

1332. Brief van kardinaal Fabrizio Paolucci aan Martinus De Swaen en andere leden van het vicariaat van Holland aangaande de benoeming van Theodorus De Kock tot provicaris, 2 december 1702, 2 ex., nr. 20.

1333. Uittreksels uit 22 brieven (1701-1703) van Carolus Du Cellier, tijdelijk in het pauscollege te Leuven verblijvend, aan Augustinus Kergré (Gabriel Gerberon), nr. 21. Cfr. nr. 26.

1334. Uittreksels uit het reglement van de Leuvense universiteit van 1627, uit het decreet van Alexander Farnèse van 18 juni 1681, en uit dat van Karel II van 7 augustus 1702, nr. 22.

1335. Veroordeling van de theses van Christophorus Frenz, Iers dominicaan, door de Leuvense theologische faculteit, 21 mei 1703 (gedrukt), nr. 23.

1336. Brief uit Rome van Jacques de la Fontaine, jezuïet, aan aartsbisschop H.G. de Precipiano m.b.t. Pasquier Quesnel, 2 oktober 1703, nr. 25.

1337. Uitsluiting van Carolus Du Cellier uit de theologische faculteit, 21 november 1703, nr. 26. Cfr. nr. 21.

1338. Brief van Jacques de la Fontaine, jezuïet, aan een confrater over diverse aangelegenheden, 25 december 1703, nr. 27.

1339. Brief van Filips V aan Isidro, markies van Bedmar, gouverneur-generaal te Brussel, i.v.m. P. Quesnel, 26 december 1703; aantekeningen van een onbekende over de aangeslagen papieren van P. Quesnel, nr. 28.

1340. Verbod door H.G. de Precipiano van het geschrift *Casus conscientiae* en andere, 72 blz. (gedrukt), nr. 29.

1341. Dagvaarding van de voortvluchtige P. Quesnel door H.G. de Precipiano, 13 februari 1704 (gedrukt), nr. 30.

1342. Decreet van H.G. de Precipiano tegen Nicolaus Blanquaert, bogaard, 13 juni 1704, nr. 31,1.

1343. Brief uit Parijs met vermelding van een schrijven van H.G. de Precipiano aan Lodewijk XIV tegen Josephus-Clemens van Beieren, prins-bisschop van Luik, 20 december 1704, nr. 31, 2.

1344. Inlichtingen over de persoon en de opvattingen van J.L. Hennebel, verzameld door H.G. de Precipiano op bevel van de koning (1705), 9 blz., nr. 32.

1345. *Deux formulaires d'actes de contrition*, 1705 (gedrukt), nr. 33.

1346. Schrijven van de Geheime Raad aan de Grote Raad over het belasten van een jezuïet met een cursus in de schriftuur aan het Mechelse Seminarie, 3 april 1705, nr. 34.

1347. Constitutie *Vineam Domini*, 16 juli 1705 (gedrukt), 24 blz., nr. 35.

1348. Lofbrief van Clemens XI voor de Leuvense theologische faculteit om haar ijver tegen het jansenisme, 12 december 1705 (gedrukt), 2 ex., nr. 36.

1349. Anoniem geschrift aan de koning i.v.m. de verbanning van Bernardus Désirant, z.d., nr. 37, 1.

1350. Vastenbrief van H.G. de Precipiano, 8 januari 1705 (gedrukt), nr. 37, 2.

1351. Uittreksel uit de statuten van de Leuvense theologische faculteit, 26 juni 1706, nr. 38.

1352. Breve van Clemens XI aan H.G. de Precipiano nopens het asielrecht, 19 februari 1707, nr. 39.

1353. Decreet van de vicarissen-generaal van Brugge sed. vac. over het asiel dat aan de soldaten in de kerken moet gegeven worden, 21 maart 1707, nr. 40.

1354. Decreet van Philippus Erardus Vander Noot, bisschop van Gent, over het toelaten van soldaten in de kerken, 24 maart 1707 (gedrukt), nr. 41.

1355. Oordeel van de protestantse theologische faculteit van Helmstadt over de ware belijdenis van het christelijk geloof in de katholieke godsdienst, gegeven ter gelegenheid van het huwelijk van Karel III, koning van Spanje, met Elisabeth Christina van Brunswijk-Wolfenbüttel, 28 april 1707 (gedrukt), 16 blz., nr. 42.

1356. Twee breven van Clemens XI aan aartsbisschop H.G. de Precipiano m.b.t. G. Vanden Nesse, 31 december 1707 en 3 maart 1708, nrs. 44 en 45 (geschreven en gedrukt), Latijn en Nederlands; enkele opmerkingen in de breve van 3 maart 1708, nr. 45.

1357. Brief uit Gent van Franciscus Maria, kapucijn, aan de aartsbisschop over het boekje *De quaestione facti jansenii variae quaestiones juris et responsa* van Joannes Opstraet, 19 maart 1708, 8 blz., nr. 46,1. Cfr. L. WILLAERT, nrs. 7487 en 7598.

1358. Decreet van het H. Officie tegen G. Vande Nesse, 29 maart 1708 (gedrukt), nr. 46,2.

1359. Inlichtingen over sommige Leuvense theologen (1708), nr. 47.

1360. Theologische theses *de Ecclesia et eius notis*, te Leuven te verdedigen door Simon Van de Velde, 11 mei 1709 (gedrukt), nr. 49.

1361. Vastenbrief van Ph.E. Vander Noot, bisschop van Gent, 25 februari 1710 (gedrukt), nr. 50.

1362. Antwoord uit Rome van Jacques de la Fontaine aan Ringler, kanunnik, op de hem gestelde vragen, 22 maart 1710, nr. 51.

1363. Schrijven over diverse aangelegenheden van J. de la Fontaine, jezuïet, aan Alexander Maes, jezuïet en biechtvader van H.G. de Precipiano, 11 januari en 22 maart 1710, nrs. 52 en 53.

1364. Brieven van Livinus de Meyer, jezuïet, aan een confrater: een over J.L. Hennebel (24 april 1701) en een over het eedformulier (7 november 1710), nr. 54, 1 en 2.

1365. Grafschrift en lofdicht van Petrus Codde (+ 13 december 1710), ex-vicarius apostolicus van Holland, z.d. (gedrukt), nr. 55.

1366. Drie brieven aan de koning en zijn Raad i.v.m. het eedformulier: een van de Leuvense theologische faculteit (23 oktober 1710) en twee van de Leuvense universiteit, 8 november 1710, 11 blz., nrs. 56 en 57.

1367. Decreet van het H. Officie over de Chinese kwestie, 25 september 1710, nr. 58.

1368. Theses, verdedigd door Antonius Rolliers uit Antwerpen onder voorzitterschap van Willem Renardi, professor, 26 juli 1711 (gedrukt), nr. 60.

1369. Verklaring door de Geheime Raad i.v.m. het eedformulier, 26 juli 1713, nr. 61.

1370. Bewijs van jansenistische inslag in het boek *Ad tirones institutiones theologicae* van Joannes Opstraet, 1710, nr. 62. Cfr. L. WILLAERT, nrs. 7215, 7372, 7373, 7784.

Reg. 48 (L5) *Acta janseniana in Galliis sub Clemente XI*, 1701-1712, 20 doc., index.

1371. Anoniem geschrift omtrent *Cas de conscience* (1701), nr. 1. Cfr. L. WILLAERT, nr. 6951.

1372. Veroordeling door Clemens XI van *Cas de conscience*, 12 februari 1703 (gedrukt), nr. 2.

1373. Breve van Clemens XI aan Lodewijk XIV over *Cas de conscience*, 13 februari 1703 (2 gedrukte en 1 geschreven ex.), nr. 3.

1374. Breve van Clemens XI aan kardinaal Louis Antoine de Noailles, aartsbisschop van Parijs, over *Cas de conscience*, 13 februari 1703 (gedrukt), nr. 4.

1375. Koninklijk decreet met de publikatie van het pauselijke verbod ván *Cas de conscience*, 6 maart 1703 (gedrukt), nr. 5.

1376. Breve van Clemens XI aan Lodewijk XIV i.v.m. Ludovicus Dupin, professor te Parijs, 10 april 1703 (gedrukt), 2 ex., nr. 6.

1377. Verzoek van Guido de Sève de Rochechouart, bisschop van Arras, aan Ferdinandus de Berlo, bisschop van Namen, zijn censuur tegen Georges Gobat, jezuïet, te bekrachtigen, 21 augustus 1703, nr. 7. Cfr. nr. 1408.

1378. Instructie van Anna Tristanus de Beaume de Suze, bisschop van Auch, over *Cas de conscience*, 30 oktober 1703 (gedrukt), 12 blz., nr. 8.

1379. Instructie van Ludovicus de la Vergne Montenard de Tressan, bisschop van Le Mans, 15 november 1703 (gedrukt), 12 blz., nr. 9.

1380. Instructie van Paulus de Godet des Marais, bisschop van Chartres, 30 augustus 1703, met uittreksels uit werken van verdedigers van het jansenisme (gedrukt), 82 blz., nr. 10.

1381. Verklaring van de theologische faculteit van Douai over *Cas de conscience*, 10 februari 1704 (gedrukt), 47 blz., nr. 11.

1382. Verklaring van de theologische faculteit van Parijs, 1 september 1704 (gedrukt), 16 blz., nr. 12.

1383. Breve van Clemens XI aan kardinaal Louis Antoine de Noailles met verzoek het jansenisme volledig uit te roeien, 20 oktober 1705 (gedrukt), nr. 13.

1384. Aankondiging door de dominicanen van Port Sainte-Marie, bisdom Agen, van een nieuwe cursus van thomistische filosofie, die begint op 3 november 1705 (gedrukt), nr. 14.

1385. Breve van Clemens XI aan de bisschoppen van Frankrijk, te Parijs vergaderd, i.v.m. de bul *Vineam Domini*, 7 januari 1706, 12 blz., nr. 15.

1386. Brief van kardinaal Louis Antoine de Noailles, aartsbisschop van Parijs, waarin hij publieke gebeden voor de koninklijke legers voorschrijft, 4 augustus 1707 (gedrukt), nr. 16.

1387. Breve van Clemens XI aan Lodewijk XIV i.v.m. de ontvangst van de bul *Vineam Domini*, 31 augustus 1706, 5 blz., 2 ex., nr. 17.

1388. Lijkrede van Louis Marcel de Coetlogon, bisschop van Doornik, in de kerk van het jezuïetencollege te Doornik op 21 juni 1707 door Robert Philippe, jezuïet (gedrukt), 36 blz., nr. 18.

1389. Verslag van de onderwerping van Gabriël Gerberon, benedictijn, door Jean Vinant en R. Marclandt, vicarissen-generaal van Parijs, 18 april 1710, nr. 19.

1390. Brief van Louis de Bourgogne, dauphin, aan Clemens XI over het geschil tussen de bisschoppen van Luçon en La Rochelle en kardinaal de Noailles, 1712, 2 ex., nr. 20. Cfr. reg. 49, nr. 33.

Reg. 49 (L6) *Acta janseniana sub Clemente XI*, 1700-1716, 53 doc., index.

1391. Verslag van de plechtige cavalcade bij de inbezitneming van de H. Stoel door Clemens XI en epigrammen te zijner ere, 1701 (gedrukt), nr. 1.

1392. Breve van Clemens XI aan Frederic August II, koning van Polen, i.v.m. het onderwijs van diens zoon, 30 juli 1700, nr. 2.

1393. Negatief antwoord van de Congregatie van het Concilie omtrent de nieuwe aanstelling van kanunnik Joannes Leonardus tot rector van het Seminarie van Novara, 11 juni 1695, nr. 3.

1394. Schrijven van internuntius J.B. Bussi aan aartsbisschop H.G. de Precipiano over de excommunicatie van Philippe Du Jardin, procureur-generaal van de Grote Raad, 16 augustus 1700, nr. 4. Cfr. nrs. 6 en 10.

1395. *Ius asyli laesum*, 1700 (gedrukt), 39 en 99 blz.; decreet van H.G. de Precipiano van 10 oktober 1692 daaromtrent (gedrukt), nr. 5.

1396. Vraagstellingen aangaande de excommunicatie van Ph. Du Jardin, procureur-generaal (1700), 2 ex., nr. 6. Cfr. nrs. 4 aan 10.

1397. Oordeel van een groot aantal doctores van de universiteiten van Castilië en Aragon (Spanje) als antwoord op het boek *Défense de la censure de la Faculté de théologie de Paris* van Ludovicus Dupin, 18 oktober 1700 (gedrukt), 16 blz., nr. 7. Cfr. L. WILLAERT, nr. 6748.

1398. Brief van Jacques de la Fontaine, jezuïet, aan François Martin i.v.m. J.L. Hennebel, 23 april 1701, nr. 8.

1399. Brief aan Clemens XI van jezuïeten-missionarissen uit China met het antwoord van de Chinese keizer omtrent de Chinese riten, 1701, nr. 9.

1400. Excommunicatie van Philippus Du Jardin door aartsbisschop H.G. de Precipiano, 23 juli 1700, nr. 10. Cfr. nrs. 4 en 6.

1401. Opmerkingen bij het decreet van de Grote Raad van 8 augustus 1700 tegen de aartsbisschop (1700), 33 blz., en decreet van de Grote Raad, nr. 11.

1402. Brief van de aarsbisschop aan een raadslid van de Grote Raad ter gelegenheid van het edict van de Grote Raad (1700), nr. 12.

1403. Verscheidene verzoekschriften van Leuvense doctores aan Filips V i.v.m. de opvolging van de overleden Martinus Steyaert, 1701; uittreksels uit de akten van de Leuvense theologische faculteit van 1691, 1692 en 1694, nr. 13.

1404. Brief van de aartsbisschop aan een onbekende prelaat (internuntius?) i.v.m. de apostolinnen, 24 juni 1701, nr. 14.

1405. Breve van Clemens XI aan Lodewijk XIV over *Cas de conscience*, 13 februari 1703, nr. 15. Cfr. L. WILLAERT, nr. 6951.

1406. Brief van Jacob van Catz, provicaris van het Hollandse Vicariaat, aan alle bewoners van de Verenigde Nederlandse Provinciën i.v.m. zijn excommunicatie, 24 maart 1703, nr. 16.

1407. Veroordeling door de Leuvense theologische faculteit van de theses van Christophorus Frenz, Iers dominicaan, 21 mei 1703 (gedrukt), nr. 17.

1408. Nr. 18. Cfr. reg. 48, nr. 7.

1409. Instelling van de aartsbroederschap van de christelijke lering in de kathedraal en vier andere parochiekerken van de stad Antwerpen door Reginald Cools, bisschop van Antwerpen, 17 februari 1703 (gedrukt), nr. 19.

1410. Onderwerping en geloofsbelijdenis van Arnould Joseph de Brigode aan de aartsbisschop en absolutie op 1 december 1703, nr. 20.

1411. Schrijven uit Gent van François d'Enghien, dominicaan, i.v.m. Norbert Delbecque, dominicaan, 24 april 1704, nr. 21.

1412. Getuigenis van de aartsbisschop dat hij nooit een smeekbrief van G. Vanden Nesse heeft ontvangen, 18 juni 1706, nr. 22.

1413. Drie getuigschriften i.v.m. Franciscus Van Afferdem, proost van de collegiale Onze-Lieve-Vrouwekerk te Brugge, 1706-1707 (gedrukt), 60 blz.; vrijspraak door Ph.E. Vander Noot, bisschop van Gent, in tweede instantie, 8 mei 1708 (gedrukt), nr. 23. Cfr. reg. 57, fol. 87.

1414. Berisping van Carolus Brulart, aartsbisschop van Embrun, door Clemens XI, 27 augustus 1707 (gedrukt), nr. 24.

1415. Schrijven van Clemens XI aan Ph.E. Vander Noot, bisschop van Gent, i.v.m. de eventuele benoeming van Thomas Philippus de Boussu, proost van de Sint-Baafskathedraal te Gent, tot bisschop van Brugge of Antwerpen, 19 maart 1707, nr. 25/1.

1416. Gevolg van de lijst van de gepubliceerde geschriften ter gelegenheid van de constitutie *Unigenitus*, die zich bevinden te Amsterdam, Den Haag en Utrecht; lijst van geschriften van Petrus Codde, apostolisch vicaris (1715), nr. 25/2.

1417. Verbod door Antonius Parmentier, rector van de Leuvense universiteit, van het geschrift *De quaestione facti Jansenii variae quaestiones juris et responsa* van Joannes Opstraet, 3 april 1708 (gedrukt), nr. 26. Cfr. L. WILLAERT, nr. 7598.

1418. Verslag van de doctores van Parijs over Gabriel Gerberon, benedictijn, 18 april 1908, nr. 27.

1419. *Lettre touchant la prétendue rétractation de dom Gabriel Gerberon*, Parijs, 26 mei 1710 (gedrukt), nr. 28. Cfr. L. WILLAERT, nr. 7841.

1420. Decreet van het H. Officie met bekrachtiging van een decreet van 30 december 1710 en over de weigering van de kerkelijke begrafenis aan Petrus Codde (+ 13 december 1710), 14 januari 1711 (gedrukt), nr. 29. Cfr. reg. 46, nr. 32.

1421. Lijkrede voor Carolus Thomas Maillard de Tournon, legaat in China en Oost-Indië, door Carolus Majelli, prefect van de Vaticaanse Bibliotheek, 27 november 1711 (gedrukt), 12 blz., nr. 30.

1422. Schrijven uit Oudenaarde van Jacobus de Croes, jezuïet, aan Alfons Huylenbroucq, jezuïet te Gent, over aanklachten tegen zijn catechismusonderricht, 3 januari 1712; geschrift over het catechismusonderricht van Jacobus de Croes in Saint-Géry te Brussel, juli 1711, nr. 31/1 en 2.

1423. Breve van Clemens XI aan de kapittelheren van de kathedraal van Doornik i.v.m. promoties en prebenden, 25 december 1711; brief van internuntius Girolami Grimaldi aan de kapittelheren daarover, 12 april 1711, nr. 32/1 en 2.

1424. Brief van Louis de Bourgogne, dauphin, aan paus Clemens XI over het geschil tussen de bisschoppen van Luçon en la Rochelle en kardinaal de Noailles, 1712 (gedrukt), nr. 33, cfr. reg. 48, nr. 20.

1425. Breve van Clemens XI aan Lodewijk XIV over de brief van de Dauphin, 4 juni 1712 (gedrukt); breve van Clemens XI aan de universiteit van Douai over het eedformulier, 30 april 1712 (gedrukt) en lijst van verboden boeken, 22 juni 1712 (gedrukt), nr. 34.

1426. Breve van Clemens XI aan het kapittel van Doornik over het afwijzen van Jean Charles Cuppers en Ernest Ruth d'Ans als kapittelheren, 24 december 1712 (gedrukt), nr. 35.

1427. Benoeming door de Staten-Generaal der Verenigde Nederlanden van Johan Carel de Cuijpere tot bisschop van Ieper, 7 september 1713, 2 ex., nr. 36; schrijven van de internuntius over die benoeming, 27 oktober 1713, nr. 37; eedformulier voor de magistraat van Ieper, 7 september 1713, 2 ex., nr. 38.

1428. Brief van internuntius J.B. Bussi en anderen aan de provicarii van Holland i.v.m. moeilijkheden in de Hollandse Missie, 8 en 11 maart 1711, nr. 39.

1429. Brief van Michael Tamburini, generaal van de jezuïeten, aan J.B. Arents, provinciaal, over de heiligverklaring van Stanislas Kostka, 2 mei 1711, nr. 40.

1430. Uittreksel uit het boek *De inconstantia in jure admittenda vel non* van kardinaal Franciscus Albizzi van 1683 i.v.m. de Chinese riten, nr. 41.

1431. Decreet van de vicarissen-generaal van Saint-Omer i.v.m. gebeden voor de keizer, 1 september 1713 (gedrukt), nr. 42.

1432. Censuur van de theologische faculteit van Reims tegen negen proposities uit het traktaat *de paenitentia* van D. Le Roux, professor in de theologie, 14 januari 1716 (gedrukt), nr. 43.

1433. Decreet van het Vicariaat-generaal sed. vac. van Ieper met instructies aan de biechtvaders, 5 januari 1714 (gedrukt), nr. 44.

Reg. 50 (M1) *Acta in causa Aegidii De Witte, parochi ecclesiae B. Mariae Virginis trans Dyliam Mechliniae et in causa Joannis Martini De Hondt, Oratorii Berullani presbyteris*, 1679-1703, 78 doc., index.

1434. Brief van E. de Witte aan J.M. de Hondt in Brussel, 30 januari 1686, nr. 1.

1435. Stellingen van E. de Witte, 2 ex., nrs. 1 en 9.

1436. Brief van Henricus Ignatius Vander Laen, officiaal, aan aartsbisschop A. de Berghes, 25 juli 1685, nr. 1.

1437. Verdediging door E. de Witte van zijn stellingen, 26 juli 1685, nr. 2.

1438. Brieven van E. de Witte aan J.M. de Hondt, aan internuntius S.A. Tanara, aan kanunnik Joannes De Cuyper, 22 augustus - 20 oktober 1685; een brief van Joannes Lacman, 10 oktober 1685, nr. 3.

1439. Verbod van aartsbisschop A. de Berghes woordentwisten bij het preken uit te lokken, 27 oktober 1685 (gedrukt), nr. 4.

1440. Vier brieven van E. de Witte aan een kanunnik en oordeel van de dominicanen over zijn stellingen, november 1685, nr. 5; oordeel van de Leuvense theologische faculteit, 3 november 1685, nr. 6.

1441. Brief van Henricus Ignatius Vander Laen, aartsdiaken en officiaal, aan een "illustrissimus" over E. de Witte, 25 november 1685, nr. 7.

1442. "Jugement équitable sur la censure faite par une partie de la Faculté étroite de théologie de Louvain", 3 november 1685 (gedrukt), 8 blz., nr. 8. Cfr. L. WILLAERT, nr. 4685.

1443. Twee brieven van H.I. Vander Laen aan geestelijken, 30 november en 5 december 1685; antwoord van E. de Witte, 7 oktober 1685, nr. 9.

1444. Processtukken in de zaak E. de Witte, november-december 1685, nr. 10.

1445. Een brief van internuntius S.A. Tanara aan Albert de Sclessin, officiaal te Brussel, en een brief van zijn auditeur Pigliardi over E. de Witte, 18 januari en 7 februari 1686; brief van Amatus Ignatius de Coriache over de minuut van de sententie, 22 oktober 1686, nr. 11.

1446. Vier stukken aangaande de veroordeling van E. de Witte, uitgesproken door A.I. de Coriache op 31 oktober 1686, nr. 12.

1447. Bezwaren van E. de Witte, in hoger beroep gegaan tegen de sententie (1687), nr. 13.

1448. Brief van A.I. de Coriache uit Mechelen, 24 juli 1687, en brief van kanunnik P.V. Halmale uit Antwerpen over het hoger beroep van E. de Witte, 8 november 1687, nr. 14.

1449. Brief van Joannes Cornelius Claessens, pastoor van het grootbegijnhof te Leuven, tegen *De goude Mijne* van Marcus a S. Francisco, ongeschoeid karmeliet, z.d., 2 ex., nr. 15. Cfr. L. WILLAERT, nr. 4783.

1450. *Werderlegging der requeste* van Marcus a S. Francisco door E. de Witte (1688) (gedrukt), 16 blz., nr. 16,1; *Verbiedinge van de Goude Mijne* door aartsbisschop A. de Berghes, 2 april 1688 (gedrukt), 3 blz., nr. 16,2; *Goude mijne ondergraven ende inde locht gesprongen*, Leuven 1688 (gedrukt), 60 blz., nr. 16,3. Cfr. L. WILLAERT, nrs. 4954 en 4952.

1451. *Disquisitio quis sit sensus ... loci Matth. 16 "Tu es Petrus"*, z.d. (gedrukt), 4 blz.; *Prosecutio disquisitionis*, z.d. (gedrukt), 4 blz., nr. 17.

1452. Verklaring van Marcus a S. Francisco aan medebroeders-getuigen i.v.m. zijn boek, 1688, nr. 18.

1453. Volmacht van Hubertus a S. Joanne Baptista, provinciaal van de ongeschoeide karmelieten, aan Agath Angelus a S. Clemente, definitor, om op te treden tegen de *Goude Mijne ondergraeven*, 27 april 1688; verzoek van A.A. a S. Clemente aan de Grote Raad van Mechelen om de *Goude Mijne* te verbieden (1688), 2 ex. (Nederlands en Latijn), nr. 19. Cfr. L. WILLAERT, nrs. 4952 en 4783.

1454. Minuut van een schrijven van aartsbisschop A. de Berghes aan kardinaal A. Cibo over E. de Witte, Leuven, 27 augustus 1686; antwoord van de kardinaal, 9 oktober 1688, nr. 20.

1455. Brief van Joannes Lacman, aartsdiaken, over de moeilijkheden te Mechelen i.v.m. E. de Witte, Leuven, 9 augustus 1688; uittreksels uit het procesverbaal, 11 stukken, 1688, nr. 21.

1456. Decreet van A. de Berghes ter vermijding van alle theologische discussies naar aanleiding van het decreet van het H. Officie van 2 maart 1679, 4 november 1679 (gedrukt), nr. 22.

1457. Tussenvonnis door de Grote Raad van Mechelen in de zaak E. de Witte, december 1688, 20 blz., nr. 23.

1458. Tweede vonnis in de zaak E. de Witte, 7 april 1689, nr. 24.

1459. Brief van François Valentin, zaakgelastigde, aan aartsbisschop H.G. de Precipiano inzake E. de Witte, Rome 31 maart 1691; idem van Julius Piazza, internuntius, 9 maart 1691; brief aan en tegen E. de Witte door een onbekende, 1697, nr. 25.

1460. Vonnis van de Grote Raad van Mechelen in de zaak E. de Witte, 23 november 1697 (gedrukt), 2 ex., en begeleidingsbrief aan de aartsbisschop, 28 november 1697, nr. 26.

1461. Levensloop van E. de Witte, te Leuven opgemaakt op 15 mei 1703, nr. 27.

1462. Uiteenzetting van de zaak Joannes Martinus de Hondt, 23 november 1696, en uittreksels uit de constituties van het oratorium der Mechelse provincie; goedkeuring door aartsbisschop H.G. de Precipiano van de akten bij de driejaarlijkse vergadering van de oversten en de gedeputeerden van de Congregatie van het oratorium, gehouden te Brussel op 8 en 9 augustus 1696, nr. 28.

1463. Geschrift van een onbekende aan een kardinaal tegen J.M. de Hondt, 1696, 17 blz., nr. 29.

1464. Verklaring van het H. Officie dat J.M. de Hondt als proost van het oratorium mag verkozen worden, 6 januari 1697, nr. 30.

1465. *Declaratio* door J.M. de Hondt, Brussel 21 juni 1697 (gedrukt), 4 blz., nr. 31.

1466. Verslag over het optreden van J.M. de Hondt bij de verdediging van een thesis bij de recollecten te Mechelen, april-mei 1675, nrs. 32 en 35.

1467. Anonieme aanmerkingen op de zelfverdediging van J.M. de Hondt, z.d., 10 blz., nr. 33.

1468. Smeekbrief van de procurator der Mechelse Curie aan het H. Officie tot uitstel van het proces, z.d., nr. 34.

1469. Brief van J.M. de Hondt aan een kardinaal, z.d.

1470. Geschiedkundig overzicht van de congregatie van het oratorium door J.M. de Hondt, 24 mei 1696, 2 ex.; brief van J.M. de Hondt aan een kardinaal, 29 mei 1696, nr. 36.

1471. Anoniem geschrift uit 1689 i.v.m. de karmelieten van Namen, nr. 36.

1472. Bedenkingen van aartsbisschop H.G. de Precipiano bij de brief van J.M. de Hondt aan de internuntius, z.d., 6 blz., nr. 37.

1473. *Oratio funebris* van kardinaal Joannes Bona, cisterciënzer, gehouden in de cisterciënzerabdij Sint-Salvator te Antwerpen door Andreas Goethals, monnik van de abdij Baudelo, 25 februari 1675 (gedrukt), nr. 38; twee anonieme aanmerkingen op die lijkrede, z.d., nr. 39.

1474. Rondschrijven van de Privé Raad over misbruiken in de abdijen, 6 februari 1683, nr. 40.

1475. Negentig leerstellingen van Joannes Richart, prior van de cisterciënzerpriorij van Waarschoot te Gent, z.d., nr. 41. Cfr. L. CEYSSENS, *Het jansenisme van Joannes Richart, prior van het cisterciënzerklooster van Waarschoot te Gent (1675-1691)*, in *Cîteaux in de Nederlanden*, 4 (1953) 5-28, 77-100 (= *Jansenistica minora*, II, nr. 16).

Reg. 51 (M3) *Difficultates subortae Gandavi occasione sententiae de*
1476. *attritione*, 1659-1697, 117 doc., index, ontbreken nr. 13,1: François
Vande Venne, proost van de kathedraal te Mechelen, aan Eugenius
Albertus d'Allamont, bisschop van Gent, 24 juli 1669, cfr. *Sources*
1477. VI, nr. 372; nr. 29: instructies betreffende het beroep te Mechelen,
z.d.

1478. Verslag van het college van de jezuïeten te Gent over het geschil met de pastoors van Gent, 1661 en 1662, nr. 1. Cfr. *Sources* VI, nrs. 55 en 119.

1479. Schrijven van de pastoors van Gent aan Carolus Van den Bosch, bisschop van Gent, tegen het sermoen van Pieter van Liere, jezuïet, 2 november 1661, nr. 2. Cfr. *Sources* VI, nr. 40.

1480. Schrijven van Pieter van Liere, jezuïet, aan C. Van den Bosch, bisschop van Gent, over zijn sermoen van 28 oktober, na 28 oktober 1661, nr. 3. Cfr. *Sources* VI, nr. 39.

1481. Relaas van een preek, door een jezuïet gehouden in de Sint-Niklaaskerk te Gent, 19 oktober 1687 (sic) (is eigenlijk 1667), nr. 4.

1482. Schrijven van de pastoors van Gent aan C. Van den Bosch, bisschop, aangaande zijn decreet betreffende het geschil te Gent, 27 februari 1662, nr. 5. Cfr. *Sources* VI, nr. 70.

1483. Brief van Guillaume Hesius, rector van de jezuïeten te Gent, aan François de Cleyn, jezuïet en provinciaal van de Zuidnederlandse provincie, in het geschil te Gent, 9 februari 1662, nr. 6. Cfr. *Sources* VI, nr. 66.

1484. Jansenistisch getinte stellingen van Alexius Lannoy, minderbroeder te Gent, getrokken uit de aantekeningen van zijn leerlingen aangaande de toestand van de mens in de staat der loutere natuur en de genoegzame genade, z.d., nr. 7.

1485. Brief, waarin Dorothée Loeffius, jezuïet, aan de provinciaal Jean-Baptiste Van Renterghem schrijft dat met internuntius H. de Vecchiis moest onderhandeld worden over de proposities van Alexius Lannoy, 20 juni 1659, met postscriptum over het antwoord aan Alphonsus Sarassa, jezuïet, i.v.m. moeilijkheden, opgelopen n.a.v. preken over de onbevlekte ontvangenis, nr. 8. Cfr. *Sources* V, nr. 980.

1486. Schrijven van Guillaume Hesius, rector, aan François de Cleyn, provinciaal, over het geschil te Gent, 22 januari 1662, nr. 9. Cfr. *Sources* VI, nr. 62.

1487. Brief van Josse Ignace Ranst, kanunnik te Doornik, aan François l'Hermite, jezuïet, over de aan te nemen houding in het geschil te Gent, 7 februari 1662, nr. 9,2. Cfr. *Sources* VI, nr. 65.

1488. Decreet van C. Van den Bosch, bisschop van Gent, aangaande het geschil over het onvolmaakt berouw, 14 februari 1662, nr. 10. Cfr. *Sources* VI, nr. 67.

1489. Brief van G. Hesius, rector, aan F. de Cleyn, provinciaal, over brieven van de pastoors van Gent en van Jean (Van) Blocklandt, jezuïet, 17 maart 1662, nr. 10,2. Cfr. *Sources* VI, nr. 74.

1490. Brief van Charles de Breuil, jezuïet, aan Franciscus Xaverius Perez, rector, van de jezuïeten te Gent, over een mededeling van internuntius G. Rospigliosi betreffende het geschil te Gent, 24 november 1665, nr. 10,3. Cfr. *Sources* VI, nr. 172ter.

1491. Geschrift van de negen pastoors van Gent over hun leer betreffende de *contritio*, 12 april 1669, met goedkeuring van Ignatius Gillemans, aartspriester, 19 april 1669, 18 fol., nr. 11.

1492. Eerste overeenkomst in het geschil te Gent, door de bisschop opgelegd aan de jezuïeten en door G. Hesius ondertekend, 18 december 1661, nr. 12. Cfr. *Sources* VI, nr. 52.

1493. Schrijven van Eugène Albert d'Allamont, bisschop van Gent, aan Giacomo Rospigliosi, internuntius, over de controverse i.v.m. *attritio*, en vraag om tussenkomst van Rome, 4 april 1667, nr. 13. Cfr. *Sources* VI, nr. 253.

1494. Keuze van een predikant voor advent en vasten door het kapittel van Sint-Bavo te Gent, 15 juli 1667, nr. 13,2. Cfr. *Sources* VI, nr. 280.

1495. Verhaal door een jezuïet van Gent van het verloop der controverse te Gent (einde 1669), nr. 14. Cfr. *Sources* VI, nr. 430.

1496. Antwoord van Arnold Spillebeen, jezuïet, op opwerpingen tegen zijn predikaties, na 3 april 1669 (7 blz.), nrs. 15 en 17. Cfr. *Sources* VI, nr. 324.

1497. Schrijven van de pastoors van Gent aan E.A. d'Allamont, bisschop, over het geschil met de jezuïeten, 15 mei 1669, nr. 16. Cfr. *Sources* VI, nr. 331.

1498. Casusvraag: Overtreden de pastoors van Gent het decreet van 5 mei 1667 met de uitgave van hun boekje "Oordeel van de doctoren in de Godtheijt der universiteijt van Loven"?, 10 juni 1669 (14 blz.), 2 ex., nr. 18. Cfr. L. WILLAERT, nr. 3427.

1499. "Schilt der Waerheyt" of beoordeling door een onbekende jezuïet van het oordeel van de Leuvense theologische faculteit m.b.t. het geschil te Gent, z.d., 67 fol., nr. 19.

1500. Oordeel van Jacques Van Caloen en Louis de Carmargo, jezuïeten, over het verzoekschrift van de pastoors van Gent en over het antwoord voor Arnold Spillebeen, z.d., nr. 20, 1 en 2.

1501. Thomas Dekens, jezuïet en provinciaal van de Zuidelijke Nederlanden aan Jan Baptist Van Hollandt, rector te Gent, over de aanmerkingen van Maximiliaan Le Dent, jezuïet, op "Schilt der Waerheyt", 15 augustus 1669, nr. 21. Cfr. *Sources* VI, nr. 397.

1502. Decreet van E.A. d'Allamont, bisschop van Gent, i.v.m. het geschil te Gent, 10 juni 1669 (3 ex. waarvan 1 gedrukt), nr. 22,1-3. Cfr. *Sources* VI, nr. 340.

1503. Notarisakte van Pierre De Caesmaeker, apostolisch notaris, over de pastoors van Gent die in beroep gaan tegen het decreet, 27 juni 1669, nr. 23. Cfr. *Sources* VI, nr. 349.

1504. Een schrijven van de pastoors van Gent bij de vicarissen van Mechelen in beroep gegaan tegen het decreet van de bisschop van Gent, 19 juli 1669, nr. 24. Cfr. *Sources* VI, nr. 366.

1505. Een schrijven van het Vicariaat van Mechelen aan bisschop E.A. d'Allamont over de pastoors van Gent die in beroep gaan, 24 juli 1669, nr. 24,2. Cfr. *Sources* VI, nr. 370.

1506. Brief van de pastoors van Gent aan hun bisschop voor een overeenkomst en zijn antwoord, 18 februari 1670, nr. 24,3. Cfr. *Sources* VI, nr. 445.

1507. Ontwerp van een verklaring die de pastoors van Gent moeten ondertekenen, begin 1670, nr. 25. Cfr. *Sources* VI, nr. 432.

1508. Casusvraag: Is vrees voor de straf voldoende voor de absolutie ?, 3 november 1661, nr. 26.

1509. Dertien brieven vooral van Charles-François Airoldi, internuntius, en Eugène Albert d'Allamont over het geschil te Gent, januari-september 1669, nr. 27. Cfr. *Sources* VI, nrs. 309, 312, 358, 359, 363, 371, 376, 377, 384, 400, 407, 412, 413.

1510. Proces-verbaal van de vergadering van het vicariaat van Mechelen betreffende het beroep op Mechelen, 24 juli 1669, nr. 27,11. Cfr. *Sources* VI, nr. 371.

1511. Advies van Nicolaus Du Bois, professor te Leuven, over het geschil, (2 juli 1669), nr. 27,12b. Cfr. *Sources* VI, nr. 357.

1512. Instructie van Nicolaus Du Bois, aan E.A. d'Allamont, omstreeks 1 augustus 1669, nr. 28. Cfr. *Sources* VI, nr. 379; dergelijke geschriften bv. van Philippe de Villenfaigne, jezuïet, en van twee advokaten, z.d., nr. 28.

1513. Getuigenissen omtrent de sermoenen van Arnold Spillebeen, jezuïet, 24 juni 1669, 2 ex., nr. 30. Cfr. *Sources* VI, nr. 344.

1514. Verklaring van E.A. d'Allamont over het sermoen van A. Spillebeen, jezuïet, 21 juni 1669, nr. 30,2. Cfr. *Sources* VI, nr. 343.

1515. Brief van Thomas Dekens, jezuïet en provinciaal van de Zuidnederlandse provincie, aan J.B. Van Hollandt, rector, over het geschil, 11 augustus 1669, nr. 30,8. Cfr. *Sources* VI, nr. 395.

1516. Onderzoek van het voorwoord van het gedrukte geschrift: "Oordeel van de doctoren van Leuven", z.d., nr. 31. Cfr. L. WILLAERT, nr. 3427.

1517. Brief van Ignace Gillemans, aartspriester van Gent, aan E.A. d'Allamont over het geschil, nr. 31,2. Cfr. *Sources* VI, nr. 330.

1518. Briefwisseling tussen jezuïeten, meestal tussen G. Hesius en rector J.B. Van Hollandt, over het geschil, 26 juni 1669 - 28 oktober 1669, nr. 32/ 1, 2, 4, 5, 6, 8, 9, 10, 11, 12. Cfr. *Sources* VI, nrs. 345, 356, 360, 361, 362, 391, 401, 402, 418, 420.

1519. Brief van Pierre van Liere, jezuïet, aan C. Van den Bosch, bisschop, over de bedoeling van de preken, 9 november 1661, nr. 32,3. Cfr. *Sources* VI, nr. 42.

1520. Schrijven van Charles de Breuil, jezuïet te Brussel, aan François Xavier Perez, rector te Gent, over het geschil, 4 februari 1666, nr. 32,7. Cfr. *Sources* VI, nr. 183.

1521. Relaas over het sermoen, door een jezuïet gehouden in de Sint-Niklaaskerk te Gent op 26 oktober 1687 (= 1667), 2 ex., nrs. 33 en 34,2. Cfr. *Sources* VI, nr. 286.

1522. Beslissing van het kapittel van Sint-Baafs een jezuïet te vragen voor advent- en vastenpreken, 15 juli 1667; beslissing op 12 augustus 1667 dat pater Nonnius, kapucijn, dat zou doen, nr. 34,1.

1523. Decreet van Eugenius Albertus d'Allamont, bisschop van Gent, met maatregelen tegen Pierre van Buscum en Ignace Gillemans, 29 april 1672, betekend op 30 april 1672, nr. 35. Cfr. *Sources* VI, nr. 490.

1524. Ontneming van jurisdictie aan Lambertus van Buren, onderpastoor van Sint-Bavo te Gent, 29 februari 1672, 3 ex., nrs. 36 en 41. Cfr. *Sources* VI, nr. 481.

1525. Uitspraak van François de Baillencourt, bisschop van Brugge en gedelegeerd rechter, in het geschil tussen de bisschop van Gent en Ignace Gillemans met Pierre van Buscum, kanunniken te Gent, 31 oktober 1672, nr. 37. Cfr. *Sources* VI, nr. 547.

1526. Verklaring van notaris Pierre de Caesmaker dat de pastoors van Gent in beroep zijn gegaan, 28 juni 1669, nr. 38.

1527. Grafschrift van E.A. d'Allamont, overleden op 28 augustus 1673, 2 ex., nr. 38,1.

1528. Verklaring van E.A. d'Allamont omtrent zijn decreet van 10 juni 1669 (cfr. nrs. 22 en 39, gedrukt), z.d., nrs. 38,2 en 42.

1529. Getuigenissen van jezuïeten van Gent over een sermoen van Arnold Spillebeen, jezuïet, 9 augustus 1669, nrs. 40 en 43. Cfr. *Sources* VI, nr. 387.

1530. Getuigenis over een sermoen van Lambert van Buren, onderpastoor van Sint-Baafs te Gent, 7 februari 1672, nr. 44. Cfr. *Sources* VI, nr. 477.

1531. Getuigenis over een preek van Paulus (?) van Buscum op 21 juli 1669, nr. 44,1.

1532. Uittreksel uit decreten van het Concilie van Trente, i.v.m. het preken (Sessio V, cap. 2, *de reformatione*, 17 juni 1546), nr. 44,2.

1533. Beschouwing over veroordeelde proposities, z.d., nr. 45.

1534. Getuigenissen over predikaties (1669), nr. 45,1 en 2.

1535. "Antwoordt en bondige Wederlegginghe van een boeckxken ... van pater Suarez", 1697, 10 blz., nr. 46. Cfr. L. WILLAERT, nr. 6019.

1536. "Antwoordt op de twee misslaghen ... thegen de bondighe wederlegginghe over het ghevoelen van Pater Suarez", 1697, 10 blz., nr. 47. Cfr. L. WILLAERT, nr. 6021.

1537. "Leeringe ende gevoelen van Franciscus Suarez ... aengaende de bovennaturelijcke attritie", z.d., 16 blz., nr. 47,2. Cfr. L. WILLAERT, nr. 6089.

1538. "De leeringe ende het gevoelen van ... Fr. Suares ... aengaende de ... attritie" (1696), 4 blz., nr. 48. Cfr. L. WILLAERT, nr. 5978.

1539. "Twee misslaegen die ... bewijsen dat de antwoorde op het tweede schrift tot bescherminge van ... Suarez ... geen wederlegginge ... en is", 1697, 4 blz., nr. 49. Cfr. L. WILLAERT, nr. 6152.

1540. "Antwoort tegen antwoort; dat is de twee misslagen van de ... wederlegginge voor de tweede reyse ... bewesen, tot ... bescherminge van ... Suarez", 1697, 15 blz. (gedrukt). Cfr. L. WILLAERT, nr. 6020.

Reg. 52 (M4) *Acta et allegata ab Universitate Lovaniensi contra PP. Societatis Jesu in causa Seminarii Leodiensis et aliis eo adductis*, 16de-17de eeuw, 45 doc., index.

1541. Klaagbrief van Luik aan Innocentius XII over de leer van de jezuïeten in het seminarie van Luik, z.d., 15 blz., nr. 1.

1542. Vertoog van de Leuvense Universiteit tot de Keurvorst van Beieren, gouverneur-generaal, inzake het seminarie van Luik, met ingeleverde bewijsstukken, z.d., 34 blz., nr. 2.

1543. Klaagbrief van de Leuvense theologische faculteit aan de koning op de door de jezuïeten van Luik gegeven publieke lessen, met vele bijgaande stukken, 16de-17de eeuw, nrs. 3 en 4.

Reg. 53 (M5) *Apologetica Societatis Jesu*, 1626-1675, 31 doc., index.

1544. Bul van Urbanus VIII van 6 augustus 1623 betreffende de heiligverklaring van Sint-Ignatius van Loyola, stichter van de Sociëteit van Jezus (gedrukt), 15 blz., nr. 1.

1545. Syllabus van de privilegies van de Sociëteit van Jezus vanaf 1540 tot 1666, opgesteld door P. Van Achlen te Brussel op 5 november 1667, 7 blz., nr. 2.

1546. Redevoering, gehouden door Joannes Rho, jezuïet, in de achtste algemene vergadering van de Sociëteit van Jezus (1645-1646) naar aanleiding van de keuze van de nieuwe generaal overste, 16 blz., nr. 3.

1547. Antwoord op geschriften van enkele lekebroeders van de Sociëteit van Jezus tegen een decreet van de achtste algemene vergadering dat hen verbood de baret te dragen, 1647 (gedrukt), 20 blz., nr. 4.

1548. Klachten van twee karmelieten tegen het boek *Gloria S. Ignatii* m.b.t. de jezuïeten, 16 mei 1650, nr. 5.

1549. Pleidooi voor Petrus de Aviles, provinciaal der jezuïeten van Andalusië, tegen het betoog van Ivan del Espino, priester, gevangen genomen door het H. Officie van Granada, z.d. (gedrukt), 709 nummers met index en korte inhoudsopgave, nr. 6. Cfr. C. SOMMERVOGEL, *Bibliothèque*, I, col. 700, nr. 1.

1550. Twee sententies ten voordele van de jezuïeten i.v.m. de zaak "de goude mijne" (1658) (gedrukt), 11 blz., nr. 7.

1551. Relaas van de veroordeling van de *Litterae Provinciales* van Blaise Pascal door de Geheime Raad te Brussel, 1658, 11 blz., nr. 8. Cfr. *Sources* V, nr. 941.

1552. Clausule uit het testament van keizer Ferdinand II ten voordele van de Sociëteit van Jezus, 10 mei 1631, nr. 9; uittreksel uit het leven van Ferdinand II; clausule uit het testament van koningin Margaretha, echtgenote van Filips III (1631), nr. 10.

1553. Oordelen, te Parijs uitgesproken door de Raad van State en de theologische faculteit, over de *Litterae provinciales* van Ludovicus Montaltius (Blaise Pascal), 1660 (gedrukt), 2 ex., nr. 11.

1554. Arresten over de *Litterae provinciales* van Blaise Pascal van de Raad van State, 23 september 1660 (gedrukt), nr. 12, en van het parlement van de Provence, 9 februari 1657 (gedrukt), nr. 13.

1555. Veroordeling van het boek *La Morale pratique des jésuites*, 1669 (gedrukt), nr. 14.

1556. Koninklijke arresten over het boek *La Morale des jésuites*, 13 mei 1670 (gedrukt), nr. 15, tegen *La Morale des jésuites* en *La morale pratique des jésuites*, 19 juni 1670 (gedrukt), nr. 16.

1557. Uittreksel uit de registers van het parlement van Metz i.v.m. boosaardige beschuldigingen van drie jezuïeten door een Amsterdams dagblad, 23 mei 1670 (gedrukt), nr. 17.

1558. Klaagbrief van de procureur van de Vlaamse provincie van de jezuïeten aan de gouverneur tegen het anonieme boekje *Alexipharmacum*, te Parijs gedrukt in 1675, 1675, 2 ex., nr. 18. Cfr. L. WILLAERT, nr. 3720.

1559. Klaagbrief over het boek *Novus Ismaeleer*, z.d., nr. 19.

1560. Uitspraak door de procureur van de Zuidnederlandse provincie over *Alexipharmacum*, 12 juni 1675 (gedrukt), nr. 20.

1561. Brief van Mattheus de Moya, jezuïet, aan Innocentius XI, over verkeerde leerstellingen (1681), 8 blz. (gedrukt), nr. 21.

1562. Decreten van Gregorius XIII (1582), Innocentius XII (1695) en van de Romeinse Congregaties, waarvan sommige betrekking hebben op de jezuïeten (gedrukt), 2 ex., nr. 22.

1563. Decreten van de H. Stoel aangaande het onderhoud van de weggezonden jezuïeten, 1696 (gedrukt), 6 blz., nr. 23.

1564. Lijst van de jezuïeten die in dienst van de pestlijders gestorven zijn in 1708, 1709 en 1710 (gedrukt), nr. 24.

1565. Memorie van de klachten over het in 1700 te Parijs uitgegeven werk *Historiae Societatis Jesu pars V* van Joseph de Jouvancy, jezuïet, (cfr. C. SOMMERVOGEL, *o.c.*, IV, col. 853, nr. 66), aan het Parlement van Parijs, z.d., 26 p., nr. 25.

1566. Oordelen over de *praedestinatio physica*; verscheidene brieven daaromtrent, 1701, 24 doc., nr. 26.

1567. Lijst van de werken over *de auxiliis*, door Ferdinandus de Bastida, jezuïet, aan Bernardus de Angelis, secretaris van de Sociëteit, overgelaten; verklaring van Michaël Angelus Tamburini dat die lijst zich in het archief van de Sociëteit bevindt, 13 april 1701; vier brieven gericht aan A. Huylenbroecq, resp. van Joseph Schalletari (Graz), Aimo Maggio (Bologna), Henri Dücker (Würzburg), Giovanni Scarlatti (Firenze) i.v.m. *Historia Congregationum de auxiliis* van Hyacinthe Serry, dominicaan, 1700, nr. 27.

1568. Spotschrift op het overlijden van Pasquier Quesnel (+ 2 december 1719), nr. 28.

1569. Eigenhandig geschreven brief van Pasquier Quesnel aan Franciscus Marchezio, priester van het Romeinse oratorium, i.v.m. zijn uitgave van de werken van Gregorius de Grote, 5 mei 1677, 27 blz., nr. 28. Cfr. J.A.G. TANS, H. SCHMITZ DU MOULIN, *Pasquier Quesnel devant la Congrégation de l'Index* (Archives internationales d'histoire des idées, nr. 71), Den Haag, 1974, nr. 24, p. 82-108.

1570. Geschrift van een antijansenist over de uitroeiing van het jansenisme te Leuven, na 15 oktober 1672, nr. 29 (fol. 355-358). Cfr. *Sources* VI, nr. 541.

1571. Spotschrift op de jansenisten onder de titel *Funus novae doctrinae*, z.d., nr. 30.

1572. Extract uit een onbekend boek met twee brieven van Joannes de Palafox et Mendoza, bisschop van Osma (Spanje), aan de provinciaal (Blaise Pascal), oktober 1658 en 22 oktober 1624 (sic), (gedrukt), nr. 31.

Reg. 54 (M6) *Acta in causis Petri Panne, o.f.m. cap. et Evrardi Nitard, s.j.*, 1595-1707, met index, 25 doc.

1573. Verscheidene documenten m.b.t. Peter Panne uit Ieper die kwaadwillige beschuldigingen richtte tegen de jezuïeten i.v.m. een aanslag op Mauritius van Nassau, en getuigschriften ter verontschuldiging van de Sociëteit van Jezus, 1595-1598, 15 stukken, nr. 1.

1574. Brief van Jacobus de Codt, jezuïet, aan Carolus Scribani, provinciaal-overste van de Zuidnederlandse provincie, over moeilijkheden met kapucijnen, 23 mei 1614, nr. 2.

1575. Klacht van Cyprianus Van Antwerpen, provinciaal van de Zuidnederlandse kapucijnen, aan een Rev. Pater over het kwaad dat de jezuïeten over zijn orde rondstrooien, 20 maart 1614, nr. 3.

1576. Schrijven van Claudius Aquaviva, generaal van de jezuïeten, aan C. Scribani over de klachten van de kapucijnen, 26 april 1614, nr. 4.

1577. Zes brieven aan C. Scribani met bezwaren tegen de kapucijnen, 1614-1615, nr. 5.

1578. Antwoord op de bezwaren, z.d., nr. 6.

1579. Beroep van Andreas Van Antwerpen, kapucijn, op aartsbisschop Jacobus Boonen, z.d.; uitspraak van de aartsbisschop, 12 september 1624, nr. 7.

1580. Decreet van Joannes Franciscus Guido del Bagno, nuntius, ten voordele van de jezuïeten, 19 oktober 1624, nr. 8.

1581. Brief van kardinaal Francisco Barberini over de moeilijkheden met de kapucijnen, 7 september 1624, nr. 9.

1582. Getuigenis van verscheidene jezuïeten ten voordele van de kapucijnen, mede ondertekend door Andreas Van Antwerpen, kapucijn, 28 oktober 1624, nr. 10.

1583. Verklaring van drie jezuïeten i.v.m. de bezwaren tegen de Zuidnederlandse jezuïeten, 19 maart 1650; antwoord op de bezwaren, nrs. 11 en 12.

1584. Schrijven van een onbekende aan J.B. Van Hollandt ten gunste van mevrouw de Authieville, Lotharingse, 1 september 1651, nr. 12,1.

1585. Uiteenzetting door Joannes Baptista Palafox et Mendoza, bisschop van Osma, aan Filips IV en zijn raad over de kerkelijke immuniteit (Latijn en Spaans), 29 augustus 1656; briefje van de koning van Spanje i.v.m. J.B. Palafox, z.d., nr. 13.

1586. "Processus, et finis causae Angelopolitanae cum brevi Innocentii X petito a Joanne de Palafox, episcopo Angelopolitano, etc." (gedrukt op 5 november 1653), 36 blz., nr. 14.

1587. "Relation de la sortie d'Espagne du père Everard Nitard jésuite, confesseur de la reine et inquisiteur général", met toelating van Maria-Anna van Oostenrijk, koningin-moeder, om te vertrekken, 25 februari 1669 (gedrukt), 31 blz., nr. 15.

1588. Kopie van een advies van Everard Nitard over een brief van don Juan van Oostenrijk aan Maria-Anna van Oostenrijk, koninginmoeder, 21 oktober 1668, 18 fol., nr. 16.

1589. Antwoord van de minister van de junta over de uitdrijving van E. Nitard, 25 november 1668, 9 blz., nr. 17.

1590. Spaans gedicht tegen E. Nitard, 1669, nr. 18.

1591. Decreet van Maria-Anna van Oostenrijk, koningin-moeder i.v.m. de terugkeer van E. Nitard, 25 februari 1669, nr. 19.

1592. "Relacion puntual, y verdadera de la salida del Padre Iuan Everardo, confessor de la Reyna muestra Señora", 25 februari 1669 (gedrukt, 4 blz.), nr. 20.

1593. Verscheidene geschriften i.v.m. de moeilijkheden tussen Everard Nitard en Don Juan van Oostenrijk, 1668-1669, nr. 21-24.

1594. Geschil tussen de magistraat van Kortrijk en de jezuïeten met uitspraak van de Raad van Vlaanderen te Gent op 25 februari 1699, nr. 25.

Reg. 55 (M7) *Acta varia sub Innocentio XII et Clemente XI*, 1692-1697, 3 doc.; 1701-1708, 43 doc.

1595. Gravure van Clemens XI door Arnold van Westerhout uit Antwerpen, 1702.

1596. J. de Jouvancy: "Clementi XI seminarium Romanum ex universa doctrina litterarum obsequium", Rome, 1702 (gedrukt), 68 blz., nr. 1. Cfr. C. SOMMERVOGEL, *Bibliothèque*, IV, col. 846, nr. 62.

1597. "Collegii Romani obsequia Clementi undecimo exhibita", Rome, 1703 (gedrukt), 8 en 72 blz., nr. 2. Cfr. C. SOMMERVOGEL, *o.c.*, VII, col. 56-57, nr. 163.

1598. 34 homilieën gehouden door Clemens XI (1701-1709), (gedrukte en geschreven), nrs. 3-28, 30-37.

1599. Redevoering van Clemens XI tot de kardinalen in geheim consistorie, 1 augustus 1707, nr. 29.

1600. "Il dominio temporale della Sede apostolica sopra la Città di Comacchio per lo spazio continuato di dieci secoli esposto a un ministro d'un principe", 1708 (gedrukt), 45 blz., nr. 38.

1601. Preek voor de paus op Allerheiligen, z.d., nr. 39.

1602. *De S. Spiritus adventu oratio*, in tegenwoordigheid van Clemens XI gehouden in de pauselijke kapel door Ignatius Riario, student aan het Romeins Seminarie, 1702 (gedrukt), nr. 40.

1603. Preek door Petrus Franciscus Tarlo, student aan het Romeins Seminarie, in tegenwoordigheid van Innocentius XII, 1692 (gedrukt), nr. 41. Cfr. C. SOMMERVOGEL, *o.c.*, VII, col. 91.

1604. Preek door Bernardus Capetanus Guadagni, student aan het Romeins Seminarie, 1693 (gedrukt), nr. 42. Cfr. *ibid.*

1605. Preek door Julius Imperiali, student aan het Romeins Seminarie, 1697 (gedrukt), nr. 43.

Reg. 56 (N1) *Acta janseniana* (1553-1682), 68 doc. (vele folios ontbreken)

1606. Constitutie *Inter Curas* Van Clemens VII, 21 februari 1531 (gedrukt), 10 blz., fol. 1-5.

1607. Verklaring van de Congregatie van het Concilie over het *De non evocando*, 23 juni 1615, fol. 8.

1608. Aflaten, verleend door Gregorius XV aan godsdienstige voorwerpen, op aanvraag van Ana Henriquez, gezant van Spanje te Rome, 13 april 1621, fol. 9-10.

1609. Decreet van de Congregatie van de Index met verbod de decreten van de Congregaite van het Concilie te vertalen, 15 november 1629 (gedrukt); decreet van de Congregatie der Riten met bevel bij het preken het hoofd te ontbloten voor het H. Sacrament, 16 februari 1630 (gedrukt), fol. 11.

1610. Schrijven van kardinaal Mauritius de Savoia uit Albi aan Alessandro Castracani, nuntius te Turijn, over persoonlijke aangelegenheden, 4 september 1630, fol. 12-13.

1611. Nieuws uit Rome van een onbekende aan een prelaat, 14 februari 1632, fol. 14-15.

1612. Verzen bij de dood van Georges Chamberlain, bisschop van Ieper (+ 19 december 1634), voorgedragen in het jezuïetencollege te Ieper (gedrukt), 24 blz., nr. 15. Cfr. C. SOMMERVOGEL, *o.c.*, VIII, col. 1362, nr. 14.

1613. Afkondiging van het "Jubileum universale" door Urbanus VIII, 18 maart 1641 (gedrukt), fol. 16.

1614. Decreet van Antonius Triest, bisschop van Gent, i.v.m. de nodige jurisdictie van de priesters, 9 november 1643 (gedrukt), fol. 18.

1615. Treurdicht bij het overlijden van Maximilien Villain de Gand, bisschop van Doornik (+ 28 november 1644), z.d. (gedrukt), fol. 31.

1616. Toelating, gegeven door Filips IV aan Emmanuel Castelrodrigo, gouverneur-generaal, om de bul *In Eminenti* te publiceren, 30 januari 1646, fol. 32ro. Cfr. *Sources* II, nr. 356.

1617. Brief van Filips IV, koning van Spanje, aan Leopold-Willem, gouverneur-generaal, getekend door zijn secretaris, Petrus Coloma, met bevel de bul *In Eminenti* te publiceren en uit te voeren, 14 mei 1647, fol. 32vo. Cfr. *Sources* II, nr. 519.

1618. "Les véritables causes de la condamnation de Pierre Jarrige, apostat", uitgegeven te Bordeaux in 1648 (gedrukt), 8 blz., fol. 33-36.

1619. Directieven van Filips IV aan Leopold-Willem, gouverneur-generaal, over het jansenisme, 28 december 1652, 2 ex., fol. 43-44. Cfr. *Sources* III, nr. 1330.

1620. Lijkrede voor Jacobus Sirmondus, jezuïet, door Henri de Valois (Valesius) (gedrukt te Rome, 1652, met portret), 25 blz., fol. 45-59.

1621. Zending van de bul *Cum occasione* aan Leopold-Willem, 31 mei 1653, fol. 60. Cfr. *Sources* III, nr. 1383.

1622. Schrijven van Innocentius X aan de kanunniken van de kapittels van Brussel (Sint-Goedele), Gent, Mechelen ter uitvoering van de censuren tegen de aartsbisschop en de bisschop van Gent, 28 juni 1653, fol. 62-63. Cfr. *Sources* III, nr. 1407.

1623. Decreet van Leopold-Willem aan de Raad van Financiën waardoor Petrus Roose uit alle ambten wordt ontzet, 3 juli 1653. Cfr. *Sources* III, nr. 1412.

1624. Verweer van de Leuvense theologische faculteit tegen de verdenking van jansenisme en de weigering van de bul *Cum Occasione*, 29 september 1653 (gedrukt), fol. 64. Cfr. *Sources* III, nr. 1556.

1625. Rechtvaardiging door Libert Fromond van de thesissen, te Leuven in zijn naam verdedigd, 6 oktober 1653 (gedrukt), fol. 65. Cfr. *Sources* III, nr. 1569.

1626. Schrijven van Andreas Mangelli, internuntius, aan Antonius Dave, professor te Leuven, over de verkiezing van de nieuwe deken van het kapittel te Leuven; kandidaten voor de prelatuur te Vlierbeek; schriftelijk bevel van de Universiteit tot de publikatie van de bul *Cum occasione*, 2 november 1653, fol. 66, cfr. *Sources* III, nr. 1609; verkiezing van Jacques Speecq tot nieuwe deken van het kapittel, 31 oktober 1653, fol. 66. Cfr. *Sources* III, nr. 1604.

1627. Tussenvonnis van de Raad van Brabant in de zaak Jacques Speecq, professor te Leuven, 29 november 1653, fol. 67. Cfr. L. CEYSSENS, *L'accession de Jacques Speecq au décanat de Saint-Pierre à Louvain (1653-1654)*, in *Bijdragen tot de geschiedenis inzonderheid van het oud hertogdom Brabant*, 3de reeks, 11 (1959) 157-176 (= *Jansenistica minora*, VII, fasc. 55).

1628. Schrijven van Andreas Mangelli, internuntius, aan Antonius Dave, professor te Leuven, over het jansenisme van de Leuvense professoren en van aartsbisschop Jacobus Boonen, 30 december 1653, fol. 68. Cfr. *Sources* III, nr. 1650.

1629. Lijkrede voor aartsbisschop Jacobus Boonen, gehouden door Godefridus Wreys, kanunnik, in de Metropolitane kerk te Mechelen op 3 augustus 1655 (gedrukt), 22 blz., fol. 70-80.

1630. "Disputatio theologica ... pro canonizatione sanctorum" omtrent de onfeilbaarheid van de paus, onder voorzitterschap van Michaël Van Hecke, augustijn, verdedigd door Mathias Agolla, augustijn, 24 februari 1660 (gedrukt), 8 blz., fol. 90-93. Cfr. L. WILLAERT, nr. 3085.

1631. Doodsbericht van Judocus Gillis, abt van de Sint-Bernardusabdij aan de Schelde te Hemiksem, 25 februari 1660, fol. 94.

1632. Bevel van de Geheime Kamer op 18 maart 1660 het Te Deum te zingen wegens de vrede, 15 maart 1660; schrijven van de Grote Raad aan het kapittel van Sint-Rombouts over het verplaatsen van het Te Deum, 17 maart 1660, fol. 95-96.

1633. Schrijven uit Luik van Petrus Vedastus Godscalk, jezuïet, aan Dorothée Louffius, jezuïet te Brussel, over de twee breven van Alexander VII aan de universiteit van Leuven, 29 december 1660, fol. 97. Cfr. *Sources* II, nr. 1142.

1634. Brief van Joannes Wernerus Toten, pastoor te Veghel in Peelland, aan een jezuïet i.v.m. Lambertus Vincent, president van het Vigliuscollege te Leuven (1661), fol. 98.

1635. Excommunicatie door Remi du Laury, vicaris-generaal en officiaal van Namen en gedelegeerd rechter van de leden van de strikte Leuvense theologische faculteit, 26 september 1661, fol. 99.

1636. Brief van Michel Seneschal, jezuïet, aan Louis De Schildere, jezuïet te Leuven, over de theses van Jacques Coret, jezuïet, verdedigd te Parijs, 20 april 1662, fol. 100-101. Cfr. *Sources* VI, nr. 83.

1637. "Le procès verbal faiet par ordonnance de la court de parlement, de l'exécution de l'arrest donné le sixiesme jour de juin dernier passé, touchant les articles et la profession de foy d'icelle court", Paris, 1658 (gedrukt), 28 blz., fol. 102-117.

1638. Drie brieven van Guillaume Le Maire, pastoor te Flobecq (Vloesberg), aan een onbekende kanunnik i.v.m. het jansenisme, z.d. (1663), fol. 118-121.

1639. Informatief proces, geleid door Jacobus Rospigliosi, internuntius, over de benoeming van Albert Eugène d'Allamont, bisschop van Roermond, tot bisschop van Gent, 2 april 1666, fol. 122-144. Cfr. L. JADIN, *Procès d'information pour la nomination des évêques et abbés des*

Pays-Bas, de Liège et de Franche-Comté d'après les Archives de la Congrégation Consistoriale, tweede deel, 1637-1709, in *Bulletin de l'Institut historique belge de Rome*, fasc. 9, Rome, 1929, p. 126-134.

1640. Bevelschrift van aartsbisschop Jacobus Boonen met de brief van de H. Carolus Borromaeus aangaande de kerkgang, 26 oktober 1666 (gedrukt), 11 blz., fol. 146-151.

1641. Schrijven uit Bergen van Guillielmus Dardenne, oratoriaan, aan Nicolaus Du Bois, professor te Leuven, over diens moeilijkheden, 17 april 1667, fol. 152.

1642. Breve van Alexander VII inzake *attritio et contritio*, 5 mei 1667 (gedrukt), fol. 154. Cfr. *Sources* VI, nr. 268.

1643. Arrest van de *Conseil d'estat du Roy* tegen de brief van vier Franse bisschoppen, 4 juli 1668, fol. 155-156.

1644. Aanmerkingen op een decreet van Amatus Coriache, vicaris-generaal sed. vac., i.v.m. de biechtpraktijk, gepubliceerd op 25 juli 1668 (10 blz.), fol. 156-160.

1645. Lijkrede van aartsbisschop Joannes de Wachtendonck door Judocus Van der Linden, gegradueerd kanunnik van Sint-Rombouts en proost van de oratorianen, gehouden op 31 juli 1668 (gedrukt), 32 blz., fol. 163-178.

1646. "Arrest du Conseil d'Estat du Roy pour la pacification des troubles causés dans l'Église au sujet du livre de Jansenius", 23 oktober 1668 (gedrukt), fol. 179-180.

1647. Drie brieven van een onbekende uit Parijs aan Servatius Montfort, jezuïet, met nieuwtjes, januari-februari 1669, fol. 181-182.

1648. Korte inhoud van de toespraak van de nuntius te Parijs tot Lodewijk XIV i.v.m. *La paix de l'Église Clémentine*, op 3 februari 1669 gehouden, fol. 182.

1649. Schrijven van Aegidius Estrix over de *attritio* die voldoet voor het sacrament, 14 juli 1669, fol. 183-189.

1650. Schrijven van Guillaume Le Maire, pastoor te Vloesberg, aan Laurent Van Schoone, provinciaal van de jezuïeten, over een boek, 9 juli 1672, fol. 191.

1651. Thesis: "Doctrina Lovaniensium super gratuita electorum praedestinatione et efficaci per se Christi gratia, propugnata in collegio romano Societatis Jesu", 1674, fol. 192. Cfr. C. SOMMERVOGEL, *o.c.*, VII, col. 54, nr. 138.

1652. Lijkrede van kardinaal Joannes Bona, gehouden te Antwerpen in de Sint-Salvatorabdij door Andreas Goethals, monnik van de abdij Baudelo, op 15 februari 1675 (gedrukt), 15 blz., fol. 193-200.

1653. Relaas van François Callenberghe, jezuïet te Leuven, over de woordenwisseling die onder het voorzitterschap van pater Regnier Payez bij de minderbroeders plaats had n.a.v. een verdediging van een thesis door Petrus Schot, 16 juli 1675, fol. 201-204. Cfr. *Sources* VII, nr. 424.

1654. Schrijven van François Van Callenberg, jezuïet te Leuven, over een preek, te Leuven in het Nederlands gehouden door een oratoriaan op 25 januari 1676, na 25 januari 1676, fol. 205-206. Cfr. *Sources* VII, nr. 507.

1655. Aantekeningen over een passiepreek, gehouden in de Sint-Michielskerk te Brussel door een kapucijn (met latere aanduiding van de naam van de auteur: Joannes de Meulder (Muylders) (jezuïet)), na 18 maart 1676, fol. 207-208. Cfr. *Sources* VII, nr. 529.

1656. Doodsbericht van Augustinus Beghin, augustijn, z.d. (gedrukt), fol. 210.

1657. Gedicht bij het doctoraat te Leuven van Ferdinand Joseph Navaeus uit Viemme (Faimes, bisdom Luik), leraar van de poësis aan het Drievuldigheidscollege te Leuven, 1676 (gedrukt), fol. 211.

1658. "Testamentum quo se continuo praeparavit ad mortem Joannis Bona ... cardinalis", uitgegeven door Franciscus Diericx, abt van de Sint-Salvatorabdij te Antwerpen, na verbetering van de fouten, 1676 (gedrukt), 16 blz., fol. 212-223.

1659. Onderzoek over een thesis, verdedigd door Gommaar Huygens, professor te Leuven, op 18 februari 1677, fol. 224-225.

1660. Briefwisseling tussen Jean De Brier, rector van de jezuïeten te Kortrijk, en Gilbert de Choiseul, bisschop van Doornik, over het geschil tussen Jacques Gilbert, pastoor te Kortrijk, en de jezuïeten aldaar en over de tussenkomst van de bisschop i.v.m. de onwetendheid van het natuurrecht, 1677, 45 blz., fol. 226-248. Cfr. C. SOMMERVOGEL, *o.c.*, II, col. 156 A.

1661. Nieuws uit Rome door Michel van Hecke, augustijn, 3 januari 1678, fol. 249. Cfr. *Sources* VIII, nr. 251.

1662. Instructie aan de pastoors en de biechtvaders betreffende de gevallen voorbehouden voor de H. Penitentiarie of de H. Stoel (1678) (gedrukt), fol. 250.

1663. Doodsbericht van Joannes van Heymissen, cisterciënzerabt van Sint-Bernards aan de Schelde, overleden in de cisterciënzenabdij Porcetum bij Aken op 6 oktober 1678 (gedrukt), fol. 251.

1664. Lijkrede van Franciscus Van Horenbeke, bisschop van Gent, overleden op 4 januari 1679, gehouden door Joannes Antonius D'Aubermont, dominicaan (gedrukt), 23 blz., fol. 252-263.

1665. Uittreksel uit de lijst van theses, gevraagd door de Congregatie van het H. Officie te Rome en op 27 september 1679 naar Rome gezonden door bemiddeling van Sebastianus Antonius Tanara, internuntius, fol. 265. Cfr. *Sources* VIII, nr. 721.

1666. Lijkrede voor Christianus Lupus, augustijn, op 12 juli 1681 te Leuven gehouden door Franciscus Farvacques, augustijn (gedrukt), 12 blz., fol. 267-272.

1667. Antwoord op vragen door J. Wolf aan J.B. van Hollandt, jezuïet en procurator te Brussel, Praag 9 augustus 1681, fol. 273.

1668. Plakbrief met de twaalf artikelen van het geloof, z.d. (gedrukt te Ieper), fol. 273.

1669. Decreet van de Spaanse inquisitie met verbod van de boeken van Gilles Gabriëlis, bogaard, en Gommaire Huygens, professor te Leuven, Toledo 28 augustus 1681, fol. 274. Cfr. *Sources* IX, nr. 407.

1670. Aanvraag van Bonaventura Keon, minderbroeder en gardiaan van het Iers college te Leuven, om jurisdictie voor Patricius Gonnelly, 11 september 1681, fol. 275. Cfr. *Sources* IX, nr. 411.

1671. Schrijven van Ignatius Diertins, jezuïet te Leuven, aan J.B. Van Hollandt, jezuïet te Brussel, over het gezag van de inquisitie in Spanje, 22 novmeber 1681, fol. 276. Cfr. *Sources* IX, nr. 466.

1672. Fragment over het misprijzen van de studenten van G. Huygens voor de leer van hun meester (1681), fol. 278-281.

1673. *Musa funebris* van Libertus de Pape, abt van 't Park, op 29 augustus 1682 (gedrukt), 20 blz., fol. 283-297.

Reg. 57 (N3) *Acta varia sub Clemente XI*, 1695, 1701-1719, 72 doc.; fol. 98 ontbreekt.

1674. Brief van de overste van het ursulinenklooster te Bourg-St.-Andéol in het bisdom Viviers aan Martin de Ratabon, bisschop aldaar, betreffende de miraculeuze genezing van een ursuline, 21 maart 1703; brief van de genezen religieuze aan abbé Cottin, sorbonist, 24 maart 1703, fol. 1-4.

1675. Schrijven uit Antwerpen van Daniël Papenbroeck, jezuïet, aan aartsbisschop H.G. de Precipiano over de uitgave van de *Acta Sanctorum*, 23 juni 1701, fol. 5-6.

1676. *Monitorium* van Ragnutis Pallavicinus, referendaris van de Apostolische Signatuur, 27 februari 1702 (gedrukt), fol. 7-8.

1677. "Tegenspiegel voor de paters jesuiten en hunne aenhangers of sendbrief van Johannes Neercassel", 1703 (gedrukt), 26 blz., fol. 11-22. Cfr. L. WILLAERT, nr. 7052[a].

1678. Decreet van Philippus Erardus Vander Noot, bisschop van Gent, met de dispensatie van Clemens XI voor de Spaanse Nederlanden i.v.m. het vlees derven, 14 december 1703 (gedrukt), fol. 23.

1679. Getuigenis van Petrus Govaerts, apostolisch vicaris van 's-Hertogenbosch, aan P.E. Vander Noot, bisschop van Gent, i.v.m. zijn geschrift *Certamen immunitatis sacerdotum Belgii*, 25 januari 1705, fol. 24. Cfr. L. WILLAERT, nr. 9116.

1680. Toelating door de provicarii van de Hollandse Missie tot publikatie van het *Jubileum Clementis XI*, z.d. (1704) (gedrukt), fol. 26.

1681. Schrijven van H.G. de Precipiano aan paus Clemens XI over de toestand van het jansenisme in zijn bisdom (1704), fol. 27-29.

1682. Brief van Pierre-Joan-François van Mongaillard, bisschop van Saint Pons de Thomiers, en van zijn clerus aan Clemens XI aangaande het strafvonnis van het H. Officie over verscheidene boeken van de bisschop, 1705 (gedrukt), 27 blz., fol. 31-43.

1683. Brief om hulp van Ernest Ruth d'Ans aan een pater en een brief om vergeving aan de aartsbisschop, 8 november 1705, fol. 44 en 46.

1684. Verzoek van Gerardus Potcamp, apostolisch vicaris van de Verenigde Nederlanden, om gebeden voor zijn taak, 14 december 1705 (gedrukt), fol. 48-49.

1685. Reglement voor het seminarie van Gent, opgesteld door Ph.E. Vander Noot, bisschop van Gent, 6 februari 1706 (gedrukt), fol. 50.

1686. Overlijdensbericht van Antonius Spanoghe, 31ste abt van Sint-Bernards-aan-de-Schelde, overleden in het refugiehuis te Antwerpen, 21 september 1706 (gedrukt), fol. 51.

1687. *Oratio funebris* van Reginaldus Cools, premonstratenzer en bisschop van Antwerpen, door Hyacinthus van Huysen, premonstratenzer, gehouden in de kathedraal van Antwerpen op 14 december 1706 (gedrukt), 12 blz., fol. 52-57.

1688. Decreet van aartsbisschop H.G. de Precipiano over het asielrecht, 16 maart 1707 (gedrukt), fol. 58.

1689. Overlijdensbericht van Ludovicus Marcellus de Coëtlogon, bisschop van Doornik, 18 april 1707 (gedrukt), fol. 59.

1690. Brief uit Brussel van frater Tranquillinus, provinciaal van de kapucijnen, aan een confrater over moeilijkheden inzake het jansenisme, 18 mei 1707, fol. 60.

1691. Lijkrede van Louis Marcel de Coëtlogon, bisschop van Doornik, op 21 juni 1707 te Doornik uitgesproken in het college van de jezuïeten door Robertus Philippe, jezuïet (gedrukt), 36 blz., fol. 61-78.

1692. Schrijven van de raadsleden van de Hoge Raad van Artesië aan Lodewijk XIV over de schending van het biechtgeheim (1708) (gedrukt); antwoord aan de raadsleden door Guy de Sève de Rochechouart, bisschop van Arras, (1707) (gedrukt), fol. 79-86; schrijven van de raadsleden aan Lodewijk XIV over het geschil met hun bisschop, 6 juni 1708 (gedrukt), 8 blz., fol. 90-93.

1693. Vrijspraak in beroep van Franciscus van Afferdem, proost van de collegiale Onze-Lieve-Vrouwekerk te Brugge, door het bisdom Gent, 8 mei 1708 (gedrukt), fol. 87.

1694. Samenvatting van de brief van Claudio de Gsispesse aan een onbekende in de zaak G. Vanden Nesse, 9 april 1708, fol. 88.

1695. Ander schrijven van de raadsleden van de Hoge Raad van Artesië aan de koning over de schending van het biechtgeheim, 6 juni 1708 (gedrukt), 8 blz., fol. 90-93.

1696. "Suplement à la Gazette de Rotterdam", over de zaak H.G. de Precipiano - G. Vanden Nesse, 7 juni 1708 (gedrukt), fol. 94.

1697. Vastendispensatie, Gent 9 februari 1709 (gedrukt), fol. 95.

1698. Toelating, gegeven door nuntius J.B. Bussi tot het uitgeven van het boek *Troost-Schrift voor de Roomsche catholicken* van Bernard Désirant, augustijn, 4 december 1709 (gedrukt), fol. 96. Cfr. L. WILLAERT, nr. 7763.

1699. Vraag om gebeden voor regen, Gent 29 mei 1710 (gedrukt), nr. 97.

1700. Vastendispensatie, Gent 19 februari 1711 (gedrukt), fol. 98.

1701. Schrijven van Andreas de Basere, jezuïet en procurator van de Zuidnederlandse provincie, aan een kanunik over de uitgave van het anonieme boek "Apologia pro Huberto Gautio Sacrae theologiae in Antverpiensi seminario professore contra jesuitarum calumnias" van 1610, z.d., 19 blz., fol. 100-108. Cfr. L. WILLAERT, nr. 7788.

1702. Brief van Zegerus Bernardus Van Espen uit Leuven, omtrent de schending van het biechtgeheim door een pastoor van het bisdom Doornik, 16 juni 1710. - Casusoplossing, 16 november 1710, fol. 110-112.

1703. Klaagbrief van Michaël Angelus Tamburini, algemeen overste van de Sociëteit van Jezus, aan Clemens XI over het boek van Laurentius Branchati de Laurea, conventueel, i.v.m. de *attritio*, 20 en 24 november 1711 (gedrukt en geschreven); decreet van het H. Officie van 2 december 1711, fol. 114-119.

1704. Zeventig proposities uit de boeken *De jure ecclesiastico universo* en *De placito regio* van Z.B. Van Espen, fol. 120-121. Cfr. L. WILLAERT, nr. 10804.

1705. Twee kopies van een sententie: een van de Raad van Vlaanderen (22 oktober 1712) en een van de Grote Raad van Mechelen (23 december 1713), fol. 122 en 124.

1706. Kort chronologisch overzicht van de gebeurtenissen in Frankrijk i.v.m. de bul *Unigenitus* in de jaren 1713-1714, fol. 125-131.

1707. *Bulla novitia ... Clementis XI ... contra P. Quesnel eiusque novum testamentum* van Joannes Wolfgang Jaeger, uitgegeven te Tübingen in 1713 (gedrukt), 56 blz. (fol. 148-159, 132-147). Cfr. L. WILLAERT, nr. 8351.

1708. Casusoplossing door diverse religieuzen in de zaak Jan Frans Kerremans, pastoor van Eeklo en landdeken, benoemd tot gegradueerd kanunnik, 14 april 1714, fol. 160.

1709. Lijkrede voor Jacobus Catz, pastoor te Utrecht en aartspriester, 18 mei 1712 (gedrukt), fol. 162-163.

1710. Patentbrief van Lodewijk XIV ter uitvaardiging van de bul *Unigenitus*, Versailles 14 februari 1714; patentbrief van het parlement, 15 februari 1714; breve van Clemens XI aan de koning, 21 augustus 1714, fol. 165-170.

1711. Mandement voor de uitvaardiging van de bul *Unigenitus* door Jean Ernest de Löwenstein-Wertheim, bisschop van Doornik, 2 juli 1714 (gedrukt), fol. 713.

1712. *Elogium funebre* van Fénélon, 7 januari 1715 (gedrukt), fol. 174-175.

1713. Veroordeling door het Parlement van het boek *Du témoignage de la vérité dans l'Église* van Vivien de la Borde, oratoriaan, 21 februari 1715 (gedrukt), fol. 176-179. Cfr. L. WILLAERT, nr. 8337.

1714. Lijkrede voor Lodewijk XIV door Ignace de Laubrussel, jezuïet, gehouden te Straatsburg in de jezuïetenkerk Saint-Louis op 16 november 1715 (gedrukt), 44 blz., fol. 180-201; idem door Louis Laguille, jezuïet, uitgesproken in de kathedraal te Straatsburg, 18 november 1715 (gedrukt), 44 blz., fol. 182-203.

1715. Breve van Clemens XI, 3 februari 1716, fol. 204.

1716. Theses, door Joannes Jacobus Van Hoonacker uit Gent te Leuven verdedigd op 24 februari 1716 (gedrukt), fol. 206.

1717. Vastenbrief van aartsbisschop Th.Ph. d'Alsace, 24 februari 1716 (gedrukt), fol. 207.

1718. Twee uittreksels uit de akten van het kapittel van Mechelen, 27 februari en 2 maart 1716, fol. 208-209.

1719. Schrijven van Joannes Ferdinandus Keyaerts, raadsheer van Mechelen, aan Henri Joseph Van Susteren, gekozen bisschop van Brugge, over de kerkelijke begrafenis van Guillielmus Vanden Nesse, pastoor van de Sint-Kathelijnekerk te Brussel; antwoord op 8 maart 1716, fol. 210.

1720. Bevel van aartsbisschop Th.Ph. d'Alsace in het publiek voor de keizerlijke familie te bidden, 13 mei 1716 (gedrukt), fol. 212.

1721. "Conclusiones theologicae de gratia Dei et libero hominis arbitrio", verdedigd in het jezuïetencollege te Caën van 19 tot 23 juni 1716 (gedrukt), 12 blz., fol. 213-218. Cfr. C. SOMMERVOGEL, *o.c.*, II, col. 509, nr. 22.

1722. Uitspraak in het proces tussen Petrus Josephus von Franken-Sierstorpff, bisschop van Antwerpen, en supplianten enerzijds en de provisoren van de fundatie van bisschop Marius Ambrosius Capello anderzijds, 18 juli 1716 (gedrukt), fol. 219-220.

1723. Instructie van aartsbisschop Th.Ph. d'Alsace ter voorbereiding van de bisschoppelijke visitaties, 23 november 1716 (gedrukt), fol. 221.

1724. *Epistola B. Petri Apostoli ad Clementem Papam XI* en *Epistola II B. Pauli Apostoli ad Romanos* (twee gedichten), gericht tot Joannes Baptista Bussi, internuntius (gedrukt), fol. 222-223.

1725. *Conclusiones theologicae de scientia media*, verdedigd te Caën, 18 juni 1717 (gedrukt), fol. 224-227. Cfr. C. SOMMERVOGEL, *o.c.*, II, col. 509, nr. 23.

1726. *Oratio panygerica et moralis* ter ere van de H. Carolus Borromaeus door H.J. Van Susteren, bisschop van Brugge, gehouden in de Sint-

Donaaskerk te Brugge, 4 november 1717 (gedrukt), 16 blz., fol. 228-235.

1727. *Chronica appensa trophaeo sepulchrali in Ecclesia abbatiali Grimbergensi*, aangebracht op 6 september 1717 in de abdijkerk te Grimbergen (gedrukt), fol. 236-237.

1728. Latijns gedicht (ἐπιωδιον) (1719), fol. 239.

1729. Brief uit Gent van Antonius Bettonville, jezuïet, aan een onbekende pater i.v.m. een casusoplossing van Douai, 3 februari 1719, fol. 241.

1730. Lijkdicht ter nagedachtenis van Hugo van Heussen, pastoor te Leiden, overleden op 14 februari 1719 (gedrukt), fol. 243.

1731. Doodsbericht van Maximilianus Liborius de Jonghe, gegradueerd kanunnik te Gent, 4 augustus 1719 (gedrukt), fol. 244.

1732. Doodsbericht van Henricus a S. Ignatio (Mius), karmeliet en exprovinciaal, 1 augustus 1719 (gedrukt), fol. 245.

1733. Doodsbericht van Petrus van Ginderdeuren, kanunnik van de Sint-Michielsabdij te Antwerpen, 5 mei 1719 (gedrukt), fol. 247.

1734. Doodsbericht van Benedictus Muël, cisterciënzermonnik van de abdij Sint-Bernards-aan-de-Schelde, 16 augustus 1719 (gedrukt), fol. 248.

1735. Doodbericht van Norbertina van Diependael, abdis van Rozendaal te Walem, 16 augustus 1719 (gedrukt), fol. 249.

1736. Twee doodsberichten: een van Vincentius Van Severen, dominicaan te Gent, 6 september 1719, en een van Isidorus a S. Maria Magdalena de Pazza te Brussel, 28 september 1719 (gedrukt), fol. 250.

1737. Doodsbericht van Nicolaus Jacobus Slaets, gegradueerd kanunnik van het Sint-Romboutskapittel, 26 december 1719 (gedrukt), fol. 251.

1738. *Epiniciis chronicis interjunctum chrono-epicedium ... de Qusnello sociisque...*, door pater Januarius, kapucijn, 1719, fol. 252.

Reg. 58 (N5) *Acta varia sub Clemente XI*, 1703-1719, 73 doc.

1739. Ontwerp van de veroordeling van Pasquier Quesnel door aartsbisschop H.G. de Precipiano, 24 september 1704, fol. 1-4.

1740. Omzendbrief van Antonius Cloche, generaal van de orde der predikheren, naar aanleiding van de zaligverklaring van Pius V, 7 augustus 1710 (gedrukt), fol. 10-11.

1741. Lijkrede voor Carolus Thomas Maillard de Tournon, legaat in China en Oost-Indië, gehouden in de pauselijke kapel door Carolus Majelli op 28 november 1711 (gedrukt), 12 blz., fol. 18-23.

1742. Verbod van het boek *Artes Jesuiticae* van Henricus a S. Ignatio, karmeliet, door Oswald Fréderic Crabeels, rector te Leuven, 7 september 1703 (gedrukt), fol. 24/1. Cfr. L. WILLAERT, nr. 6953.

1743. Bevelbrief van kardinaal Louis Antoine de Noailles, aartsbisschop van Parijs, i.v.m. *Les Réflexions morales* van P. Quesnel, 28 september 1713 (gedrukt), fol. 31. Cfr. L. WILLAERT, nrs. 3511 en 4881.

1744. Exemplaar van de bul *Unigenitus* van Clemens XI van 13 september 1713, te Gent gedrukt door Joannes Eton, en waaromtrent moeilijkheden gemaakt werden door de Raad van Vlaanderen, fol. 32-38.

1745. Lijsten van de raadsheren van diverse faculteiten te Leuven in 1714, fol. 42-43.

1746. "Votum sex in Sacra theologia magistrorum. Discutiuntur causae, rationes, et monumenta, quibus nonnulli siculos ab obligatione servandi interdictum authoritate Sedis Apostolicae in Sicilia latum libros asserunt", Keulen, 1714 (gedrukt, 22 blz.), fol. 44-55.

1747. "Arrest de la Cour souveraine de Lorraine et Barrois pour l'enregistrement de la Constitution de N.S.P. le Pape du 8 septembre 1713", Nancy, 8 maart (gedrukt, 8 blz.), fol. 60-63.

1748. Brief van Vincentius Santini, internuntius, aan heer de Boussu de Gand (voorgedragen als aartsbisschop van Mechelen) i.v.m. de publikatie van de bul (Italiaanse (2 ex.) en Latijnse versie), 27 juni 1714, fol. 89-90.

1749. Uitspraak van Leonardus de Coninck, officiaal van Doornik, tegen Clemens Wattreloop, pastoor van Carvin Epinoy, m.b.t. de constitutie van Clemens XI en het mandement van Jean-Ernest de Löwenstein-Wertheim, bisschop van Doornik, 2 en 4 juli 1714 (gedrukt, 8 blz.), fol. 93-96.

1750. Mandement van Jean Ernest de Löwenstein-Wertheim, bisschop van Doornik, voor de publikatie van de bul, 2 juli 1714 (gedrukt, 2 blz.), fol. 97-98.

1751. Brief van Aloysius Spaen, jezuïet, aan Alfons Huylenbroeck, jezuïet te Gent, en diens confraters over de promulgatie van de bul *Unigenitus*, 7 juli 1714, fol. 100.

1752. Verklaring van de Leuvense theologische faculteit omtrent de bul *Unigenitus*, 8 juli 1715 (gedrukt, 8 blz.), fol. 105-108.

1753. Redevoering van Clemens XI over het overlijden van Lodewijk XIV, gehouden op 23 september 1715 (gedrukt, 8 blz.), fol. 109-112.

1754. Decreet van de theologische faculteit van de jezuïeten te Pont-à-Mousson voor de aanvaarding van de bul *Unigenitus*, 20 juli 1716, met een eedformulier, ondertekend door rector en professoren, fol. 113-121.

1755. Pauselijk arrest met afschaffing, veroordeling van verschillende arresten van het parlement van Parijs m.b.t. de bul *Unigenitus*, 11 juni 1716, fol. 126-127.

1756. Brief van de academie van Salamanca aan Clemens XI m.b.t. de bul *Unigenitus*, 19 augustus 1716 (gedrukt, 8 blz.), fol. 128-131.

1757. Anonieme brieven aan kardinaal Jacobus Benignus Bossuet (sic) (eigenlijk Henricus Thiard de Bissy), bisschop van Meaux, aan Jacobus de Forbin de Janson, aartsbisschop van Arles, aan de Sorbonne, 19 augustus 1716 (gedrukt), fol. 132-137.

1758. Redevoering over de bul *Unigenitus*, gehouden bij de promotie van de heren Dewaux en Jean François Stoupy, 2 december 1716, fol. 138-141.

1759. Over de bevoegdheden van de paus, fol. 142-143.

1760. Lijst van appellerende en niet appellerende aartsbisschoppen, bisschoppen, kapittels, kloosters, congregaties en universiteiten, z.d., fol. 146-147.

1761. De eedformule van de universiteit van Coïmbra betreffende de bul *Unigenitus* met talrijke ondertekeningen, 6 februari 1717, fol. 148vo-157.

1762. Rondschrijven van Antoninus Cloche, generaal van de predikheren, i.v.m. de bul *Unigenitus*, 26 februari 1717 (gedrukt, 2 ex.), fol. 159-162.

1763. Notitie i.v.m. een manuscript van Eustache de Saint-Paul, feuillant en biechtvader van Port-Royal, gevonden in de *Papiers de P. Quesnel*, fol. 164/1.

1764. "Suite des nouvelles d'Amsterdam" van 26 maart 1717 (gedrukt), fol. 165.

1765. Casus van de Leuvense theologische faculteit, voorgelegd aan die van Douai i.v.m. de bul *Unigenitus*, 20 april 1717, fol. 166.

1766. Brief van Jacobus Deschamps, studieprefect van de jezuïeten te Douai, aan Antonius Bettonville, rector van het jezuïetencollege te Leuven, omtrent twee te Douai voorgelegde casussen, 21 april 1717; antwoord van Antonius Bettonville, z.d., fol. 167-168.

1767. Theologische stelling omtrent het onfeilbare leergezag van de paus, Coimbra, 24 mei 1717 (gedrukt, 4 blz.), fol. 169-170.

1768. Anonieme aantekeningen op de brief van kardinaal Louis Antoine de Noailles van 2 juni 1717 aan Clemens XI, 30 blz., fol. 171-185.

1769. Anoniem schrijven van Théodore Laloux, procurator van het seminarie van de jezuïeten te Bergen aan Alphonsus Huylenbroeck te Mechelen over jansenistische aangelegenheden, 23 oktober 1717, fol. 193.

1770. Schrijven van het kapittel van Toledo aan Clemens XI i.v.m. de bul, 25 oktober 1717 (gedrukt), fol. 194.

1771. Schrijven van Michel Le Tellier, jezuïet, aan Alphonsus Huylenbroeck te Mechelen i.v.m. jansenistische aangelegenheden, 6 november 1717, fol. 195-196.

1772. Twee brieven uit Parijs i.v.m. de vier appellanten, 18 en 26 november 1717, fol. 197-199.

1773. Anonieme brief uit Parijs i.v.m. de appellanten, 4 december 1717, fol. 200-201.

1774. Mandement van aartsbisschop Thomas-Philippus d'Alsace tegen de vier Franse bisschoppen-appellanten, 17 december 1717, fol. 202-203.

1775. Getuigenis van verscheidene landen, nl. Hongarije, Italië, Polen, Portugal, Spanje, de Nederlanden, ten gunste van de bul *Unigenitus*, z.d., fol. 204-208.

1776. Lijst van de bisschoppen van Frankrijk die de bul *Unigenitus* ontvingen, met datum van hun publikatiemandement, fol. 209-210.

1777. Brief van Petrus Franciscus Levanto, bisschop van Badajoz (Spanje), aan Clemens XI i.v.m. de bul *Unigenitus*, 31 december 1717 (gedrukt), fol. 211-212.

1778. *Nouvelles particulières* i.v.m. L.A. de Noailles, aartsbisschop van Parijs, nr. 1 van 1 januari 1718 (gedrukt), fol. 213.

1779. Met de hand geschreven nieuwtjes uit Parijs en Rome, 1718, fol. 214-218.

1780. Brief van een benedictijn aan de prior van de benedictijnenabdij Saint-Melaine te Rennes i.v.m. de bul *Unigenitus*, 10 januari 1718, fol. 219-222.

1781. Over de vier appellanten uit Frankrijk, 13 januari 1718, fol. 223.

1782. Nicolson aan een pater, 6 februari 1718, fol. 239-240.

1783. Mandement van kardinaal Th.-Ph. d'Alsace over de gegeven toelating tot publikatie van *Traité du schisme* van Jacques Longueval, jezuïet, 10 mei 1718, fol. 249. Cfr. L. WILLAERT, nr. 8796.

1784. Getuigenis van Jacobus Van Eyl en Joannes Backerus, jezuïeten, over Alessandro Lorenzo Saccagni, custos van de Vaticaanse bibliotheek, 28 mei 1701, fol. 251/2.

1785. Pastorale brief van aartsbisschop Th.-Ph. d'Alsace met aansporing tot onderwerping aan de bul *Unigenitus*, 17 oktober 1718 (gedrukt), fol. 274-277.

1786. Theses, verdedigd door Joannes ô Reilly onder leiding van Joannes Libertus Hennebel, 5 november 1718 (gedrukt), fol. 278.

1787. Theses over de macht van de paus, verdedigd door Joannes ô Reilly uit Kilmore (Ierland) onder leiding van Herman Damen, 1 december 1718 (gedrukt), fol. 285.

1788. Theses, verdedigd door Emmanuel Pimentel, jezuïet, in tegenwoordigheid van Cyprianus Ribeyro, professor aan het koninklijk college der *Artes* van de jezuïeten te Coimbra (Portugal). Onderwerp: verplicht de bul *Unigenitus* waar ze niet is gepromulgeerd?, 1718 (gedrukt), fol. 294.

1789. Lijst voor het jaar 1718 van doopsels, huwelijken en overlijdens van de zes parochies en van de overlijdens van het Onze-Lieve-Vrouwgasthuis van de stad Mechelen (gedrukt), fol. 295vo; "Protestation du prétendu sieur Heli Joseph de la Fatigue", Douai 1 januari 1719, fol. 295ro.

1790. Breve van Clemens XI aan de *facultas artium* van Leuven, 15 januari 1719 (gedrukt), fol. 297.

1791. Theses over de macht van de paus, verdedigd door Josephus Ignatius De Prez uit Namen, o.l.v. Herman Damen, 21 maart 1719 (gedrukt), fol. 314.

1792. Verbod door de Raad van Vlaanderen van het boekje "Onfeijlbaerhijt toegeschreven aen de h. kerck", 6 mei 1719, fol. 319. Cfr. L. WILLAERT, nr. 8919.

1793. Brief van een onbekende jezuïet aan een onbekende collega i.v.m. de vier gallicaanse artikelen van 1682, december 1719, fol. 320.

1794. Twee brieven aan Innocentius XII naar aanleiding van zijn pauskeuze: een van de bisschoppen van Frankrijk (1692) en een van Lodewijk XIV, 14 september 1693, fol. 323-324.

1795. Uittreksels uit theses van 1698 tot 1719 te Douai, fol. 325.

1796. Geschrift *Préservatif contre le feu du schisme*, 1719 (gedrukt), fol. 326. Cfr. L. WILLAERT, nr. 12770.

1797. Epitaaf in verzen door Louis Gensse, 1719 (gedrukt), fol. 328.

1798. Brief van Pasquier Quesnel aan François Martin, professor te Leuven, 30 oktober 1719, fol. 329. Cfr. J.A.G. TANS, *Pasquier Quesnel et les Pays-Bas*, Parijs, 1690, nr. 304, p. 568-571.

1799. Brief aan Vincentius Santini, nuntius te Brussel, door onbekenden geschreven te Saint-Omer op 19 november 1719, fol. 331.

1800. Portret van Pasquier Quesnel in 1677, fol. 333-334.

1801. *Encomiasticon pro efficie Quenelliana* (4 Latijnse ex. en 1 Frans ex., gedrukt), fol. 337-339.

1802. Decreet van de bisschoppen van de Zuidelijke Nederlanden over het gebruik van het formulier van Alexander VII, 22 april 1697 (gedrukt), fol. 340-341.

1803. Decreet van de bisschoppen van de Zuidelijke Nederlanden over de toediening van de sacramenten, 23 april 1697 (gedrukt), fol. 342-345.

1804. Verzoek van Innocentius XII tot aartsbisschop H.G. de Precipiano zich te houden aan de decreten van Innocentius XI, 9 januari 1692, fol. 346.

II. LIASSEN

805. 1. Klachten over een preek van Petrus Ariëns, kapelaan van de kapelanie van het markizaat van Lede, 1671, 2 doc.

806. 2a. Schrijven van Armand-Jean Le Bouthillier de Rancé, abt en hervormer van de abdij La Trappe, aan de monialenabdij *Les Clairets* betreffende hetgeen in de oorkonde over het regulier bezoek aan de abdij moet aangetekend worden, 11 september 1690; antwoord van een moniale.

807. Schrijven van een vriend van de abt van La Trappe betreffende de *carta visitationis* van de abdij *Les Clairets*, z.d.

808. Notities aangaande Angélique de Valancey, abdis van *Les Clairets*, 11 september 1690.

809. b. Schrijven van abt de Rancé aan maarschalk de Beffons over het bezoek van Willem III, koning van Engeland, aan de abdij La Trappe, 29 november 1690.

810. c. Twee brieven van abt de Rancé gericht tot de bisschop van Meaux (Bossuet), een ongedateerde (doch te Parijs ontvangen in maart 1697) en een gedateerde van 14 april 1697, beide i.v.m. een boek (*Maximes des saints*) van de aartsbisschop van Kamerijk (Fénélon), dat dwaalleringen bevat.

811. d. Schrijven van abt de Rancé over Antoine Arnauld en opmerkingen daaromtrent, 1694-1695. Cfr. E. JACQUES, *Les années d'exil d'Antoine Arnould (1679-1694)*, (Bibliothèque de la Revue d'histoire ecclésiastique, fasc. 63), Leuven, 1976, p. 713-715.

812. e. Enkele brieven van A.J. de Rancé, 1694-1696.

813. 3. Proces van Nicolaus Blanckaert van het bogaardenklooster te Brussel, 1703-1704, 15 doc.

814. 4. Redenen waarom, in 1653 de Raad van Brabant het naar Rome roepen van aartsbisschop Jacobus Boonen en Antonius Triest, bisschop van Gent, niet annuleerde, z.d.; decreet van de Raad van Brabant tegen het aanplakken van het Romeins decreet op de deur van Sint-Goedele te Brussel, 1653; brieven van J. Boonen aan de Congregatie van het Concilie in 1654 en aan de gelovigen van zijn bisdom in 1655 en van A. Triest aan de theologische faculteit in 1657.

1815. 5. Documenten van en voor Arnould Joseph de Brigode, huisgenoot van Pasquier Quesnel, in verband met zijn proces, 1698-1703, 27 doc.

1816. 6. Stukken van en over Henricus Calenus, vicaris-generaal, naar aanleiding van zijn benoeming tot bisschop van Roermond, 1646, 6 doc. Cfr. L. CEYSSENS, *Henri Calénus, évêque manqué (1644-1648)*, in *Bulletin de la Commission royale d'histoire*, 127 (1961) 33-128 (= *Jansenistica minora*, VIII, 2, fasc. 67).

1817. 7. Bedenkingen betreffende het boek "Exposition du symbole des apôtres et de l'oraison dominicale" van Blaise Aladenise de Chavignie, te Brussel uitgegeven in 1704, 1705, 17 doc. Cfr. *Bibliotheca catholica Neerlandica impressa*, nr. 16277.

1818. 8. Weigering van Antonius Cinck, professor te Leuven, en van Theodorus Van Hecke, regent van het college van de H. Drievuldigheid te Leuven, de anti-jansenistische eed af te leggen, 1710, 8 doc.

1819. 9. Processtukken aangaande Joannes De Hooghe en Hieronymus Zegers, oratorianen van het klooster te Mechelen, 1717, 32 doc.

1820. 10. Italiaanse en Spaanse briefwisseling van en aan Guillielmus Humbertus de Precipiano, aartsbisschop van Mechelen, 1693-1699.

1821. 11. Dagboek uit Rome van Bernardus Désirant, augustijn. Cfr. L. CEYSSENS, *Diarium romanum van P. Bernardus Désirant, O.E.S.A., anti-jansenistisch gedeputeerde van de Belgische bisschoppen in Rome (1692-1696)*, in *Bulletin de l'Institut historique belge de Rome*, 20 (1940) 237-326. - Briefwisseling en documenten in verband met zijn proces, 1690-1707, 20 doc. Cfr. L. CEYSSENS, *P. Bernard Désirant en de 'Fourberie' van Leuven, 1707-1708*, in *Jansenistica. Studiën in verband met de geschiedenis van het Jansenisme*, II, Mechelen, 1953, p. 231-304.

1822. 12. Schrijven van Joachim de Velasco, Spaans jezuïet, aan Philippus Regaus, s.j., en een memoriale van hem aan Karel II over het jansenisme in Vlaanderen, 1693, 3 doc.

1823. 13. Stukken van en over Aegidius de Witte, deken van Onze-Lieve-Vrouw-over-de-Dijle te Mechelen, vooral in verband met zijn proces, 1683-1689, 1695, 70 doc.

1824. 14a. Originele brieven van Louis du Vaucel (Wallonius), agent te Rome, aan Pasquier Quesnel, Ernest Ruth d'Ans, Antoine Arnauld, en anderen, 1683-1701 (zeer omvangrijke bundel).

825. b. Uittreksels uit de briefwisseling van Louis du Vaucel, agent te Rome, met Antoine Arnauld, Ernest Ruth d'Ans en anderen, 1683-1695, 1700.

826. 15. Decreet van kardinaal Thomas-Philippus d'Alsace van 13 januari 1727 met de veroordeling van het boek "Kort verhael wegens teckeninge der bul Unigenitus" van Leonardus Ferron, pastoor van Sint-Jan-Evangelist te Mechelen, en twee andere oratorianen.

827. 16. Briefwisseling in verband met het proces van Joannes Fontaine, gegradueerd kanunnik van de kathedraal Sint-Aubin te Namen en president van het seminarie, tegen Ignatius Malfroyd, abt van de cisterdiënzerabdij *Le Jardinet* te Walcourt, 1720-1721, 17 doc.

828. 17. Briefwisseling aangaande de veroordeling van Gabriël Gerberon, benedictijn, 1700-1706, 132 doc.

829. 18. Twee brieven van Thyrsus Gonzalez de Santalla, generaal van de jezuïeten: een aan Karel II betreffende de middelen om het jansenisme in de Zuidelijke Nederlanden uit te roeien en de universiteit van Leuven te reformeren; een aan de bisschop van Siguënza (Thomas Carbonel, o.p.) over het jansenisme, vooral tegen Gummarus Huyghens, Aegidius de Witte en Franciscus van Vianen, 1685.

830. 19. Twee stukken in verband met de eedaflegging van Joannes Hagaerts, pastoor van Bonheiden, 1729.

831. 20. Brief van Martinus Harney, dominicaan en pastoor te Leuven, aan Lodewijk XIV, 1692; twee brieven van Innocentius XI aan de bisschoppen over M. Harney, 1692 en 1694.

832. 21. Drie documenten in verband met de verdachtmaking van Cornelius Jansenius door Cornelius Hazard, s.j., in zijn *Triomf des Pausen*, 1686.

833. 22. Stukken van en over Joannes Libertus Hennebel, professor te Leuven, 1682-1716, 194 doc.

834. 23. Moeilijkheden van Gillis Huygens, s.j. naar aanleiding van een preek te Mechelen, 1690-1693, 40 doc.

835. 24. Moeilijkheden van Gummarus Huygens, professor te Leuven, omwille van zijn jansenistische opvattingen, 1685-1695, 65 doc.

836. 25. Stukken aangaande Cornelius Jansenius, bisschop van Ieper; kopies van brieven van C. Jansenius door o.a. G. Gerberon, benedictijn, 17de-18de eeuw, 10 doc.

1837. 26. Verdachtmaking van het jansenisme en vervolging van de broers Adrianus Josephus, geneesheer, en Carolus Philippus Lebrun, inwoners van Ronse, 1732, 14 doc.

1838. 27. Veroordeling van Joannes Carolus Leydecker, onderpastoor van de Sint-Rombouts parochie te Mechelen, 1721-1722, 105 doc.

1839. 28. Brieven in verband met de jansenistische opvattingen van Philippus Luyckx, pastoor te Leefdaal, en zijn onderwerping, 1722-1728, 23 doc.

1840. 29. Aanklachten tegen Franciscus Martin, professor te Leuven, 1690-1703, 14 doc.

1841. 30. Twee brieven van Franciscus Menegatti, jezuïet en biechtvader van keizer Leopold I, aan Philippus Regaus, jezuïet en provinciaal van de Zuidnederlandse provincie van de jezuïeten, 1692.

1842. 31. Aantekeningen van Gabriël Gerberon, o.s.b., in verband met geschriften van Marius Mercator, omstreeks 1700, 8 doc.

1843. 32. Preek van Petrus Moens, pastoor van Onze-Lieve-Vrouwkerk te Brugge, en aanklachten tegen hem, 1682, 3 doc.

1844. 33. Akten uit het proces van Claude Monett, ex-jezuïet, protonotarius apostolicus, predikant en biechtvader te Brussel sinds 1632, 1656, 32 doc.

1845. 34. Moeilijkheden van Joannes Opstraet, lector aan het seminarie te Mechelen en aan de universiteit te Leuven, tengevolge van zijn jansenistische opvattingen, 1689-1720, 86 doc.

1846. 35. Verzoekschrift van Guillaume Quesnel en Anselme de Brigode, priesters, aan de burgerlijke overheid voor de bevrijding uit de bisschoppelijke gevangenis van hun resp. broers Pasquier Quesnel, oratoriaan, en Joseph Arnoul de Brigode, handelaar, 1703, 7 doc.

1847. Inventaris van de voor te leggen akten in het proces van Pasquier Quesnel, oratoriaan, 3 doc., en 20 andere stukken, o.a. i.v.m. Anselme de Brigode en Antoine Arnauld, 1696-1705.

1848. Proces van Pasquier Quesnel vóór de officialiteit van Brussel, 1703, 3 doc.

1849. Inlichtingen betreffende de ontvluchting van Pasquier Quesnel, 1703-1704, 22 doc.

1850. Inventaris van de meubelen van Pasquier Quesnel, gevonden in de refugie van Vorst, 1704, 2 doc.

851. Stukken i.v.m. het verzoek van Pasquier Quesnel aan de Hoge Raad van Brabant de uitvoering van het testament van aartsbisschop H.G. de Precipiano tegen te houden, 1712-1714, 8 doc.

852. *Varia Quesnelliana*, 100 doc.

853. 36. Procesbundel van Willem Renardi, seculier priester en professor aan de Leuvense theologische faculteit, 1693, 18 doc.

854. 37. Briefwisseling van en over Ernest Ruth d'Ans, kanunnik van Sint-Goedele te Brussel, 1695-1728, 85 doc.

855. 38. Brief van Joannes Sullivane, seculier priester en professor te Leuven, 1692; verklaring van en vijf stukken over Florentius Sullivane, doctor in de theologie en president van het Ierse college te Leuven, 1690-1701, 9 doc.

856. 39. Varia o.a. i.v.m. de universiteit van Leuven, het boek *Augustinus* van Jansenius, het *peccatum philosophicum*, *de auxiliis*, de *attritio*, de benoeming van gegradueerde kanunniken te Gent, het gallicaans jansenisme, Romeinse decreten, briefwisseling met Rome, publikaties en wijdingen, 17de-18de eeuw, bundel.

857. 40. Varia i.v.m. de bisschoppelijke cleresie te Utrecht en Zeger Van Espen, 17de-18de eeuw, omvangrijke bundel.

858. 41. Briefwisseling uit Rome van Franciscus Valentini, agent te Rome, en anderen met Alphonsus de Berghes en Humbertus Guillielmus de Precipiano, aartsbisschoppen van Mechelen, 1668-1699, 4 delen, resp. 307, 201, 207 fol., en 149 brieven.

859. 42. Documenten i.v.m. Guillielmus Vanden Nesse, pastoor van de Sint-Katelijnekerk te Brussel, vooral van 1700 tot 1715, 3 bundels.

860. 43. Inventaris van de boeken van Henricus Van den Zijpe, stadssecretaris te Mechelen, die in beslag genomen werden op het stadssecretariaat en in zijn huis op Nekkerspoel ingevolge het koninklijke decreet van 24 maart 1741; verklaring over H. Van den Zijpe, z.d.

861. 44. Stukken over Zeger Bernard Van Espen, professor te Leuven, i.v.m. zijn kritiek op de jezuïeten, 1676, 1727, 4 doc.

862. 45. Procedure tegen Petrus Van Hamme, oratoriaan van het klooster van Brussel, 1701-1702, 16 doc.

863. 46. Procesakten betreffende Guillielmus Van Roost, plebaan van de Sint-Romboutskerk te Mechelen, 1ste helft 18de eeuw.

364. 47. Briefwisseling van Petrus Marcelis, pastoor van de Sint-Michielskerk te Leuven en van Franciscus Van Vianen, seculier priester en professor te Leuven, 1675-1687, 27 doc.

365. 48. Zendbrief van Adriaan Van Woelwijck, aartspriester, aan Constantino Constantini over de uitverkiezing Gods, Zijn genade en de vrije wil van de mens, Brussel, 1691 (gedrukt en geschreven); enkele verklaringen van de schrijver uit 1699. Cfr. L. WILLAERT, nr. 5285.

366. 49. Dossier van Jacobus Vercouwen en Henricus Witten, onderpastoors van de Sint-Katelijneparochie te Brussel, 1685-1691, 9 doc.

367. 50. Dossier van Joannes Vernimmen, oratoriaan, 1657-1667, 11 doc.

368. 51. Dossier van Franciscus Verschueren, seculier priester en professor te Leuven, 1697-1698, 13 doc.; bericht over zijn dood en begrafenis, 1723, 2 doc.

369. 52. Dossier van Georgius Verschueren, onderpastoor van de Sint-Katelijneparochie te Brussel, 1696-1703, 6 doc.

370. 53. Ondertekeningen van de bul *Unigenitus* naar aanleiding van het herderlijke schrijven van aartsbisschop Thomas-Philippus d'Alsace in 1718 door kapittels, dekens en pastoors, kloostergemeenschappen (eremieten van Sint-augustinus, jezuïeten, kanunniken van Sint-Augustinus, kapucijnen, karmelieten, miniemen, norbertijnen en predikheren); antijansenistische kandidaten voor de wijdingen, 1713-1752.

371. 54. Varia, 17de-18de eeuw.

III VERZAMELINGEN

1. VERZAMELING *EPISCOPALIA MECHLINIENSIA*

1872. Verzoek van aartsbisschop Jacobus Boonen aan Corneille de Pape, oratoriaan en professor te Leuven, om te onderzoeken of de voorschriften, gegeven door Urbanus VIII op 5 juli 1641, onderhouden werden bij het informatieve proces over leven en mirakels van Leonardus Lessius, tussen 7 en 9 oktober 1641 (reg. 12, fol. 170). Cfr. *Sources* I, nr. 216.

1873. Gunstig getuigenis van Jacobus Boonen over de norbertijnenabdijen in het aartsbisdom, 5 december 1650, (reg. 16, fol. 240ro-vo). Cfr. *Sources* III, nr. 940.

1874. Publikatie door Jacobus Boonen van de bul *In Eminenti* (1643), waarin *Augustinus* van C. Jansenius en de theses der jezuïeten veroordeeld worden, 29 maart 1651 (reg. 17, p. 13-16). Cfr. *Sources* III, nr. 999.

1875. Verbod van de boeken van Joannes Caramuel Lobkowitz door Jacobus Boonen, 18 februari 1655 (reg. 17, p. 408-409). Cfr. *Sources* IV, nr. 317.

1876. Verzoek van de Privé Raad namens Don Juan van Oostenrijk, gouverneur-generaal, aan aartsbisschop Andreas Cruesen om de Romeinse beslissingen aangaande het jansenisme te doen onderhouden, 28 januari 1658 (reg. 17, p. 563-564). Cfr. *Sources* V, nr. 834.

1877. Leesverbod van het boekje *Monita salutaria*, 2 april 1674 (reg. 25, p. 414). Zie ook reg. 26, p. 63-64.

1878. Verbod van het boekje *De goude Mijne* door aartsbisschop Alphonsus de Berghes, 2 april 1688 (reg. 31, p. 488).

1879. Veroordeling van de theses van Joannes Opstraet, professor aan het seminarie te Mechelen, d.d. 16 februari, 17 en 19 juli 1690 (reg. 33, fol. 262vo-265ro, fol. 266vo).

1880. Belofte van keizer Leopold I te helpen bij de uitroeiing van het jansenisme en lof voor aartsbisschop H.G. de Precipiano om zijn ijver, 16 december 1692 (reg. 35, p. 43).

1881. Bevel van aartsbisschop H.G. de Precipiano het werk van François Martin te onderzoeken, 24 januari 1693 (reg. 35, p. 50).

1882. Publikatie van de pauselijke veroordeling op 16 april 1699 van het boek "Explication des maximes des saints sur la vie intérieure" van J.Cl. Fénélon, aartsbisschop van Kamerijk (reg. 36, p. 187).

1883. Brief van Orazio Filipo Spada, internuntius, i.v.m. jansenistische aangelegenheden, 7 juni 1697 (reg. 39, nr. 35).

1884. *Suspensio a divinis* van Petrus Paulus Borrekens, kanunnik van het Sint-Romboutskapittel, 11 maart 1717 (reg. 43, fol. 45^{ro-vo}).

1885. Brieven waarin Joannes de Hooghe en Hieronymus Seghers, oratorianen te Mechelen van jansenisme verdacht worden, mei-september 1717 (reg. 43, fol. 55, 57^{ro-vo}, 63ro-64vo, 68vo-72vo, 78vo, 101^{ro-vo}).

1886. Verbod mis te lezen aan drie van jansenisme verdachte priesters in Brussel, 18 december 1719 (reg. 43, fol. 157ro).

1887. Moeilijkheden, gemaakt door de jezuïeten van Leuven, omtrent de door ongeschoeide karmelieten te verdedigen stellingen; oordeel van Hieronymus Stevaert, koordeken van het Sint-Romboutskapittel en Jozef Ignatius Barbiers, president van het seminarie te Mechelen; verbod van publieke verdediging (24-26 maart 1724) (reg. 43, fol. 311ro-313ro).

1888. Getuigenis van aartsbisschop Th.Ph. d'Alsace dat aartsbisschop A. de Berghes op 13 december 1673 de bul *Commissa nobis divinitus* (gericht tot de karmilietenorde) van 8 mei 1673 publiceerde, 21 november 1728 (reg. 45, fol. 246ro).

1889. Zes decreten van aartsbisschop Th.Ph. d'Alsace tegen sommige kanunniken van Sint-Goedele te Brussel en van Onze-Lieve-Vrouw over de Dijle te Mechelen, tegen sommige priesters en leken van Leuven en sommige priesters van Mechelen, die de constitutie *Unigenitus* niet willen aanvaarden, 1-7 april 1729 (reg. 45, fol. 257ro-258vo, 260vo-263ro); ondertekening van de eedformulieren van Alexander VII en aanvaarding van de constitutie *Unigenitus*, maart-april 1729 (reg. 45, fol. 264vo-266ro, 267ro, 268ro).

1890. Vraag om inlichtingen over priester Renier, te Brussel woonachtig, en de twee gebroeders Lebrun uit Ronse, verdacht van jansenisme, resp. 29 januari en 9 juni 1732 (reg. 46, fol. 82vo en 101^{ro-vo}).

1891. Onderwerping en absolutie voor Bernardus Alexander Vanden Zijpe, stads- en provinciesecretaris van Mechelen, 26-30 maart 1736 (reg. 47, fol. 84vo-85vo).

1892. Losse aantekeningen over het jansenisme, 18de eeuw, (reg. 189, fol. 230-248).

2. VERZAMELING AARTSBISSCHOPPEN

1893. "Rationes ob quas Archiepiscopus Mechliniensis a promulgatione bullae abstinuit, ex mandato regio allegatae ac catholicae Majestati exhibitae, e gallico in latinum translatae", 5 augustus 1647 (gedrukt, 1649, 27 blz.) (J. Boonen, 5, 1). Cfr. *Sources* II, nr. 525.

1894. "Rationes motivae" van Antonius Triest, bisschop van Gent, 20 maart 1647 (gedrukt, 1650, 26 blz.) (J. Boonen, 5, 2). Cfr. *Sources* II, nr. 501.

1895. Koninklijk decreet tegen degenen die de veroordeling van aartsbisschop J. Boonen op de kerkdeur van Sint-Goedele hebben aangeplakt, 12 mei 1653 (gedrukt) (J. Boonen, 5, 3). Cfr. *Sources* III, nr. 1368.

1896. Breve van Innocentius X, gericht tot de deken en het kapittel van Sint-Goedele, met bevel de toegang tot de kathedralen van Sint-Goedele en Sint-Bavo te verbieden aan de respectievelijke bisschoppen, 28 juni 1653 (J. Boonen, 5, 4). Cfr. *Sources* III, nr. 1407.

1897. Bekendmaking van de kwijtschelding van de censuren van J. Boonen door internuntius Andreas Mangelli aan het kapittel van Sint-Goedele te Brussel, 21 oktober 1653 (J. Boonen, 5, 5). Cfr. *Sources* III, nr. 1592.

1898. Verhaal over de opheffing van de straffen en de censuren opgelopen door aartsbisschop J. Boonen, 1653 (3 ex.) (J. Boonen, 5, 6).

1899. Verbod van aartshertog Leopold-Willem aan de Raad van Brabant het Romeinse decreet van 12 mei 1653 te laten uitvoeren, 21 december 1653 (J. Boonen, 5, 7). Cfr. *Sources* III, nr. 1645.

1900. Verbod van de boeken van Joannes Caramuel Lobkowitz door J. Boonen, 18 februari 1655, zie *Mechliniensia*, reg. 17, p. 408-409 (J. Boonen, 5, 8). Cfr. *Sources* III, nr. 317.

1901. Brief van Jacobus Boonen aan de congregatie van het Concilie, 17 juli 1654 (gedrukt), en instructie aan de biechtvaders van zijn diocees, 3 oktober 1654 (gedrukt); brief met casussen van Antonius Triest aan de Leuvense theologische faculteit, 9 april 1657 (gedrukt) (J. Boonen, 5, 9).

1902. Schrijven van Ambrosius Capello, bisschop van Antwerpen, aan Leopold-Willem, gouverneur-generaal, over de mogelijke kandidaten voor de aartsbisschoppelijke zetel van Mechelen, 6 augustus 1655 (A. Cruesen, 2, 1). Cfr. *Sources* IV, nr. 399.

1903. Schrijven van Ferdinand Nyphus, secretaris van de nuntiatuur te Brussel, aan Andreas Cruesen, benoemd aartsbisschop van Mechelen, over de tegenstand te Rome tegen diens confirmatie, 15 januari 1657 (A. Cruesen, 2, 3). Cfr. *Sources* V, nr. 581.

1904. Verzoek van aartsbisschop A. Cruesen aan Alexander VII om faculteiten voor het bestuur van zijn bisdom, omstreeks februari 1657 (A. Cruesen, 2, 6). Cfr. *Sources* V, nr. 587.

1905. Brief waarin Goswin Nickel, generaal van de jezuïeten, aan A. Cruesen meedeelt dat de jezuïeten te Rome het voor de aartsbisschop opnemen, 10 februari 1657 (A. Cruesen, 2, 7). Cfr. *Sources* V, nr. 597.

1906. Klachten over aartsbisschop Alphonsus de Berghes i.v.m. processies, biechthoren door regulieren enz. (beschuldingen, weerleggingen), 1677-1681 (A. de Berghes, XIII, 3, 4, 6, 7, 8; XIV, 3, 12). Cfr. *Sources* VIII, nrs. 61, 109, 172, 179, 204, 213, 221, 244, (278), 340, 468, 505, 512, 532, 570, (589), 644, 645, 654; IX, nrs. 89, 113, 162, 181, 198, 199, 365, 657, 664-665, 759. Zie L. CEYSSENS, *La citation à Rome d'Alphonse de Berghes, archevêque de Malines (1679-1680)*, in *Jansenistica. Studiën* II, Mechelen, 1953, p. 125-192.

1907. Klacht van de regulieren van de Spaanse Nederlanden aangaande de belofte van gehoorzaamheid die de aartsbisschop bij hun priesterwijding zou eisen, wat strijdig was met de exemptie (vóór 12 februari 1678); antwoord van aartsbisschop A. de Berghes, 12 februari 1678 (A. de Berghes, XIV, 7). Cfr. *Sources* VIII, nr. 278.

1908. Schrijven van Joannes Buycx, pastoor van Sint-Kwinten en deken van het district Leuven, aan A. de Berghes over de moeilijkheden tussen hem en de geschoeide karmelieten, 12 juni 1679 (A. de Berghes XIV, 8). Cfr. *Sources* VIII, nr. 589.

1909. Akte van notaris Jacques Vrecq met weerlegging van de aantijging van J. Buycx door de geschoeide karmelieten, 10 en 12 juni 1679 (A. de Berghes XIV, 8).

1910. Twee brieven van Gillis Gabrielis, commissaris-generaal van de bogaarden en agent van de aartsbisschop te Rome, aan aartsbisschop A. de Berghes omtrent beider aangelegenheden, 1680 (A. de Berghes XIII, 8). Cfr. *Sources* IX, nrs. 43, 74, 78, 82, 93, 95, 103, 113, 162,

181. Zie L. CEYSSENS, *Gilis Gabrielis à Rome (1679-1683). Episode de la lutte entre rigorisme et laxisme*, in *Antonianum*, 34 (1959) 73-110 (= *Jansenistica minora*, V, fasc. 40).

1911. Klacht van Michaël Van Oudenbosch, provinciaal van de Vlaamse kapucijnen, aan de Vlaamse kapucijnen tegen Franciscus Van de Venne, officiaal en proost van het Sint-Romboutskapittel, om diens aantijgingen van jansenisme, misbruik van de kansel, enz., 1684-1687 (A. de Berghes X). Cfr. HILDEBRAND, *De kapucijnen in de Nederlanden en het prinsbisdom Luik*, t. VI: *De Vlaamse provincie*, Antwerpen, 1951, p. 398-401.

1912. Bericht van A. Huberti, agent te Rome, dat de Zuidnederlanders te Rome kwaad aangeschreven staan, omdat zij de bul *In Eminenti* tegen C. Jansenius niet willen aanvaarden, z.d. (A. de Berghes XIII, 16).

1913. Klacht van aartsbisschop Humbertus Guillielmus de Precipiano aan Karel II over de onenigheid bij zijn priesters m.b.t. het jansenisme, het verzet van Lambertus Baerts, plebaan van Sint-Rombouts, en van Joannes Audenrogghe, deken van Onze-Lieve-Vrouw over de Dijle te Mechelen, tegen zijn decreet (1695) ter veroordeling van het jansenisme, z.d. (H.G. de Precipiano IX, 1).

1914. Vraag van Karel II om inlichtingen omtrent de valse leerstellingen die onrust veroorzaken en middelen ter bestrijding ervan, 28 april 1690 (H.G. de Precipiano IX, 2).

1915. Drie brieven van Franciscus Valentin uit Rome, waarbij hij aartsbisschop de Precipiano op de hoogte houdt van wat er in de congregatie van de bisschoppen gebeurt ter bestrijding van het jansenisme, 1696 (H.G. de Precipiano, IX, 3).

1916. N.B. Nog vijf andere documenten m.b.t. het jansenisme uit de jaren 1675 i.v.m. processies bevonden zich in het fonds aartsbisschop A. de Berghes. Cfr. *Bulletin de l'Institut historique belge de Rome*, fasc. 46-47, 1976-1977, p. 260 (nr. 98), p. 260-262 (nr. 99), p. 262-263 (nr. 100), p. 264 (nr. 103) en p. 264-265 (nr. 104). We vonden ze echter niet meer.

1917. Antwoord van Filips V aan de universiteit van Leuven, die hem verweet zich bij zijn benoemingen door "verdenkingen" te laten beïnvloeden, 1701 (H.G. de Precipiano, IX, 4).

1918. Circulaire van de Geheime Raad aan de Raden omtrent de kerkelijke immuniteit, 29 oktober 1691 (H.G. de Precipiano, IX, 5).

1919. Anoniem pleidooi ter verdediging van de Franse bisschoppen die de bullen tegen Baius en Molinos niet zouden onderschreven hebben, 1710 (H.G. de Precipiano, IX, 6).

1920. Briefwisseling (kopies) van aartsbisschop Thomas-Philippus d'Alsace vooral met hogere instanties inzake de bul *Unigenitus*, 1718-1719 (Th.Ph. d'Alsace, VII).

1921. Schrijven van Th.Ph. d'Alsace aan Vitus Tonneman, jezuïet en biechtvader van Karel VI, waarin hij de keizer vraagt, nl. degenen die de bul *Unigenitus* weigeren te ondertekenen niet te steunen, en hem te helpen in zijn lastige strijd tegen het jansenisme, 31 oktober 1718; schrijven van de aartsbisschop aan prins Eugeen van Savoie, gouverneur-generaal, waarin hij om diens bescherming verzoekt i.v.m. een zaak (waarschijnlijk het jansenisme) waarin de kerkelijke jurisdictie, het welzijn en de rust van het land en de gehoorzaamheid aan het huis van Oostenrijk in de Nederlanden betrokken zijn, 19 december 1718 (Th.Ph. d'Alsace, XIX, 3/3-4).

1922. Drie breven van Innocentius XIII: een aan keizer Karel VI, een aan keizerin Elisabeth-Christina en een aan keizerin-weduwe Aemilia, waarin steun gevraagd wordt voor de actie van Th.Ph. d'Alsace tegen het jansenisme, 26 maart 1722 (Th.Ph. d'Alsace, XVIII, 5).

1923. Mededeling van Karel van Lorreinen, gouverneur, aan de bisschoppen: de Franse geestelijken die in onze streken asiel hebben gezocht, mogen blijven indien ze geen onrust zaaien i.v.m. de bul *Unigenitus* en de "biechtbriefjes", zoniet zullen ze streng gestraft worden. De bisschoppen moeten daarover verslag uibrengen bij de burgerlijke overheid, 14 mei 1755 (Th.Ph. d'Alsace, XX, 26).

1924. Onleesbaar ondertekende brief uit Rome aan aartsbisschop Joannes Henricus de Franckenberg: paus Pius VI is tevreden over de herroeping van Johann Nikolaus van Hontheim (Justinus Febronius), hulpbisschop van Trier, 6 februari 1779 (J.H. de Franckenberg, X, 1).

1925. Verzoek van aartsbisschop J.H. de Franckenberg aan Clemens Wenceslaus von Saksen, keurvorst-aartsbisschop van Trier, om een bewijsstuk over de betrekkingen van J.N. von Hontheim met de jansenisten van Holland, z.d. (J.H. de Franckenberg, X, 2).

1926. Door Clemens Wenceslaus von Saksen, aartsbisschop van Trier, eigenhandig opgezonden antwoord van J.N. von Hontheim aan de aartsbisschop van Mechelen, waarin die ontkent ooit betrekkingen met de Hollandse jansenisten te hebben gehad, 28 februari 1779 (J.H. de Franckenberg, X, 3).

1927. Schrijven van Lorenzo Caleppi, auditor bij de nuntiatuur te Wenen, i.v.m. J.N. von Hontheim, 27 maart 1779 (J.H. de Franckenberg, X, 5).

1928. Schrijven van aartsbisschop J.H. de Franckenberg aan François, graaf van Metternich Winneburg, gevolmachtigd minister van de Oostenrijkse Nederlanden onder Leopold II, over het eedformulier van Alexander VII en de aanvaarding van de bul *Unigenitus*, 2 september 1791 (J.H. de Franckenberg, XXVI, 47).

3. VERZAMELING VICARIAAT

1929. Over de cultus van Onze-Lieve-Vrouw onbevlekt ontvangen, 1654-1682. Cfr. *Sources* IV, nrs. 289, 290, 433, 448; V, nrs. 709, 710, 849, 891; VIII, nrs. 450, 524, 562, 669; IX, nr. 678. Zie L. CEYSSENS, *Le Petit Office de l'Immaculée Conception: prétendue approbation, condamnation (1678), tolérance (1679)*, in *Academia Mariana Internationalis, Virgo Immaculata*, XVII, Roma 1957, 47-124 (= *Jansenistica minora*, IV, fasc. 39).

1930. Historische verhandeling over de veroordeling van het *Nouveau testament de Mons* met lijst van dwaalleringen die erin voorkomen, 19 juni 1739 (VIII, 1, f).

1931. Briefwisseling omtrent het boekje *Monita salutaria B.V. Mariae ad cultores suos indiscretos* van Adam Widenfeld, uitgegeven te Gent in 1673 tegen sommige misbruiken bij de verering van Onze-Lieve-Vrouw, 1671-1674 (VIII, 1, l). Cfr. *Sources* VII, nrs. 107, 109, 114, 116, 118-120, 123, 125, 128, 149-151, 173, 174. Zie P. HOFFER, *La dévotion à Marie au déclin du XVIIe siècle. Autour du Jansénisme et des Avis salutaires de la B.V. Marie à ses Dévots indiscrets*, Parijs, 1938; L. CEYSSENS, *Joannes van Neercassel en de Mariadevotie*, in *Archief voor de geschiedenis van het aartsbisdom Utrecht*, 64 (1940) 1-49; ID., *Le sort des "Monita salutaria" en Espagne*, in *Marianum*, 14 (1952) 451-456 (= *Jansenistica minora*, II, fasc. 17).

Betreffende Zeger Van Espen (VIII, 8,a-j):

1932. a. dossier ter inzage gestuurd naar aartsbisschop H.G. de Precipiano voor inzage van *Traité de la vénération des Saints, leurs réliques et images* geschreven door Zeger Van Espen; antwoord en twee getuigenissen, 1692.

1933. b. getuigenis van Norbert Delbecque, dominicaan, dat hij het boek van Zeger Van Espen had gelezen en niets had gevonden *quod censuram mereatur*, 9 september 1702 (2 ex.).

1934. c. getuigenis dat Petrus Nicolaus Torteau op zijn sterfbed zijn beschuldigingen van ketterij tegen sommige personen terugtrok, o.a. tegen Zeger Van Espen, 1713. Cfr. L. CEYSSENS, *P. Bernard Désirant en de "Fourberie" van Leuven, 1707-1708*, in *Jansenistica. Studiën in verband met de geschiedenis van het jansenisme*, II, Mechelen 1953, p. 231-304.

1935. d. aanmerkingen van Carolus Leodegarius De Deckere, deken van het Sint-Romboutskapittel, op het "Tractatus de promulgatione legum ecclesiasticarum ac speciatim bullarum et rescriptorum Curiae Romanae" van Zeger Van Espen (gedrukt, 1716).

1936. e. verhandeling over de zaak Petrus Govaerts, apostolisch vicaris van 's-Hertogenbosch, die de theorieën van Zeger Van Espen in drie dialogen laakt, z.d.

1937. f. protest van Zeger Van Espen tegen Petrus Govaerts, 1718 en 1722.

1938. g. verklaring van de universiteit van Leuven over de tijdelijke suspensie van Zeger Van Espen *tam a divinis quam a sua lectione*, 7 februari 1728.

1939. h. brieven van Herman Damen aangaande het beroep van Zeger Van Espen op vijf rechters om zijn zaak te beslechten, februari-maart 1728.

1940. i. brieven van Guillielmus Delvaux, professor te Leuven, aangaande de onderwerping van Zeger Van Espen, maart-december 1728.

1941. j. lovend doodsbericht over Zeger Van Espen vanuit Amersfoort, 2 oktober 1728.

4. VERZAMELING AMATUS CORIACHE

1942. Twee eigenhandig geschreven brieven van C. Jansenius aan Amatus Coriache, secretaris van het aartsbisdom, over de benoeming van Amatus Coriache tot kanunnik te Ieper, 17 oktober 1637 en 10 januari 1638 (reg. 3, fol. 340-341). Cfr. J. ORCIBAL, *Correspondance de Jansénius*, Leuven-Parijs, 1947 (Bibliothèque de la Revue d'histoire ecclésiastique, fasc. 25), p. 611 en 613.

1943. Constitutie *In Eminenti* van Urbanus VIII van 6 maart 1642 (gedrukt) (reg. 3, fol. 11-16).

1944. Over de rechterlijke macht van de nuntius, 1634, 1642; advies van de Privé Raad aan Leopold-Willem: een tweede publikatie van de bul *In Eminenti* tegen C. Jansenius blijkt niet nodig, 10 maart 1648 (reg. 11, fol. 5-7). Cfr. *Sources* II, nr. 599.

1945. Bedreiging met censuren tegen de beide bisschoppen, alsook een tegen de vicarissen-generaal van Ieper, sede vacante, maart 1651 (reg. 1, fol. 160).

1946. Bevel van gouverneur-generaal Leopold-Willem m.b.t. de publikatie van de bul *In Eminenti*, 23 juni 1651 (2 ex.) (reg. 1, fol. 423-426). Cfr. *Sources* III, nr. 1043.

1947. Bevel van paus Innocentius X aan aartsbisschop J. Boonen en bisschop A. Triest persoonlijk voor hem te verschijnen omwille van hun houding i.v.m. de vijf veroordeelde proposities van C. Jansenius, 18 november 1651 (reg. 1, fol. 158-159). Cfr. *Sources* III, nr. 1107.

1948. Vier brieven van aartsbisschop J. Boonen en bisschop A. Triest aan paus Innocentius X, 1651-1652 (reg. 1, fol. 174-181).

1949. Sententie van Innocentius X tegen de bisschoppen van Mechelen en Gent met oplegging van kerkelijke straffen en verbod van het gebruik van *pontificalia*, 19 december 1652 (reg. 1, fol. 169). Cfr. *Sources* III, nr. 1326.

1950. Verslag over een onderzoek van de aanklacht tegen Libert Froidmont, professor te Leuven: op 4 februari 1653, ter gelegenheid van de promotie van Christianus Lupus, augustijn, zou hij beweerd hebben dat de jonge thomisten afweken van de leer van Sint-Thomas en van diens leermeester Augustinus, 1653 (reg. 13, fol. 1119-1171).

Cfr. L. CEYSSENS, *Chrétien Lupus. Sa période janséniste (1640-1660)*, in *Augustiniana*, 15 (1965) 294-314, 629-660; 16 (1966) 264-312 (= *Jansenistica minora*, X, fasc. 84).

1951. Opmerkingen uit Gent op de citatie van Rome, 8 mei 1653 (reg. 1, fol. 170-172).

1952. Breve van Innocentius X, gericht tot de kapittels van Brussel, Mechelen en Gent, met het bevel de toegang van de kathedralen aan de respectievelijke bisschoppen te verbieden, 28 juni 1653, (reg. 1, fol. 197-198). Cfr. *Sources* III, nr. 1407.

1953. Schrijven van Leopold-Willem aan aartsbisschop J. Boonen en bisschop A. Triest waarin hij meldt dat hij acht dagen tijd krijgt om zich te onderwerpen aan de bevelen van Rome, 18 juli 1653 (reg. 1, fol. 183-184). Cfr. *Sources* III, nr. 1425.

1954. Schrijven van Leopold-willem, gouverneur-generaal, aan de Raad van Brabant in verband met de moeilijkheden waarin de aartsbisschop en de bisschop van Gent betrokken zijn, 18 juli 1653 (reg. 1, fol. 186-187, 427). Cfr. *Sources* III, nr. 1426.

1955. Vraag aan aartsdiaken Amatus Coriache of het verbod van het gebruik van *pontificalia* (cfr. reg. 1, fol. 169) ook de opheffing van de jurisdictiemacht van de bisschop insluit, 8 augustus 1653 (reg. 1, fol. 166).

1956. Brief van Andreas Mangelli, internuntius, waarin hij aandringt tot ruimere publikatie van de vijf proposities, vnl. te Brussel, 23 augustus 1653 (reg. A, fol. 162), cfr. *Sources* III, nr. 1498; antwoord van het kapittel van Mechelen aan de aartspriester van Brussel, 30 augustus 1653 (*ibid*., fol. 163).

1957. Protest uit Gent tegen de beschuldiging dat men niet voldoende gedaan had voor de publikatie van de vijf proposities, 3 september 1653 (reg. 1, fol. 165).

1958. Verbod van de Raad van Brabant aan de aartsbisschop en de bisschop van Gent zich naar Rome te begeven, 12 september 1653 (gedrukt) (reg. 1, fol. 429).

1959. Notariële akte waarbij aartsbisschop J. Boonen Henricus d'Othenin, priester en doctor in de beide rechten, aanstelt tot zijn vertegenwoordiger te Rome, 20 oktober 1653 (reg. 1, fol. 201). Cfr. *Sources* III, nr. 1587.

1960. Extract uit de bul *Ad Sacram* van Alexander VII, 16 oktober 1656 (2 ex.) (reg. 3, fol. 8-9).

1961. Overzending van de bul *Ad Sacram* van Alexander VII aan de vicarissen te Mechelen, 31 maart 1657, cfr. *Sources* IV, nr. 625; schrijven van bisschop A. Triest aan aartsbisschop J. Boonen aangaande de publikatie van die bul, 17 april 1657 (reg. 3, fol. 64-65).

1962. Breven van Alexander VII aan de universiteit en aan de theologische faculteit te Leuven, 7 augustus 1660, (reg. 3, fol. 60-61). Cfr. *Sources* IV, nrs. 1099 en 1100.

1963. Oordeel van Antoine Vermeulen, kanunnik te Mechelen, over het boekje *Monita salutaria*, 9 december 1673 (reg. 3, fol. 92); idem van Josse Vanderlinden en Laurent Neesen, gegradueerde kanunniken te Mechelen, 10 december 1673 (*ibid.*, fol. 91). Cfr. *Sources* VII, nrs. 112-113.

1964. Veroordeling van een thesis van Joannes Opstraet, professor aan het seminarie te Mechelen, door Amatus Ignatius Coriache, officiaal, 18 februari 1690; handhaving van de veroordeling niettegenstaande de uitleg door Joannes Opstraet in zijn lessen gegeven, 17 september 1690; mededeling door internuntius G.A. Davia aan aartsbisschop H.G. de Precipiano van het oordeel van de Congregatie der Inquisitie, 23 augustus 1690; belofte van Joannes Opstraet in het vervolg alle verkeerde uitdrukkingen te verwijderen, 26 september 1690 (losse bundel, fol. 80-81).

1965. Oordeel op 26 april 1667 van François Van Vianen, professor te Leuven, over het decreet van Amatus Coriache (te publiceren op 28 april 1667), waarbij het krachtens een decreet van Jacobus Boonen (26 maart 1637) verboden wordt in het publiek over de *attritio* te handelen; item van Antoine Vermeulen, kanunnik te Mechelen (omstreeks 26 april 1637) (*Diarium actorum A. Coriache*, losse bundel, nr. 8). Cfr. *Sources* VI, nr. 263 bis en ter.

1966. Decreet van Amatus Coriache, sed. vac., tegen de werken van Joannes Caramuel Lobkowitz, 20 april 1656 (*Diarium actorum per A. Coriache*, register, p. 4).

1967. Verbod aan de predikanten te handelen over de onder katholieken betwiste kwesties, 28 april 1667 (*Diarium actorum*, p. 217-219; losse stukken, nr. 8).

1968. Veroordeling door Alexander VII van 45 proposities van C. Jansenius, 24 september 1665 (gedrukt) (*ibid*, tussen p. 184 en 185).

1969. Decreet van het H. Officie m.b.t. de *attritio*, 5 mei 1667 (gedrukt) (*Diarium actorum*, reg. p. 217-219 en losse stukken, nr. 8).

1970. Decreet van Clemens IX met veroordeling van *Le nouveau testament*, gedrukt te Bergen, 20 april 1668 (*Diarium actorum*, tussen p. 456 en 457, p. 460 en 461); oppositie van de Grote Raad tegen de publikatie van dat decreet, 11 juli 1668 (*ibid*., p. 461).

1970a. Twee ongetekende Italiaanse brieven, Brussel 21 en 25 november 1718, van dezelfde hand, vermoedelijk de Brusselse internuntius Vincenzo Santini (1713-1719) aan een *Vostra Signoria Illustrissima*, vermoedelijk (er is sprake van religieuzen van Oosterhout) de apostolische vicaris van Den Bosch, Petrus Govaerts, over administratieve aangelegenheden, o.m. de bul *Unigenitus* (12 blz.).

1970b. Ongetekende Italiaanse brief, Vienna 3 december 1718, aan een *Vostra Signoria Illustrissima* (een bisschop die een *lettera pastorale* heeft uitgegeven; Hendrik van Susteren van Brugge?) hoofdzakelijk over jansenistische aangelegenheden, meer bepaaldelijk in verband met de bul *Unigenitus* (3 blz.).

5. VERZAMELING DOMINICANEN

1971. Theses, verdedigd door Joannes Verhees op 3 maart 1712 onder het voorzitterschap van François Martin en aangeklaagd bij de vicaris-generaal, sed. vac., (*generalia*, nr. 3).

1972. Suspensie van de dominicanen van Brussel m.b.t. de predikatie aan de prior medegedeeld door Joannes de Maeyere, secretaris van het aartsbisdom, 24 april 1674 (Brussel, nr. 2). Cfr. *Sources* VII, nr. 196.

1973. Jean Antoine d'Aubermont, dominicaan, aan Augustin Cleppelius, prior van de dominicanen te Gent, over het geschil tussen seculieren en regulieren te Leuven, 22 maart 1673 (Leuven, nr. 5). Cfr. *Sources* VII, nr. 59.

1974. Joannes Buycx, pastoor van Sint-Kwinten en deken van het district Leuven, aan kanunnik Ignace Gillemans te Gent over hetzelfde geschil, 8 september 1673 (Leuven, nr. 5). Cfr. *Sources* VII, nr. 90.

1975. Verdediging van theologische theses op 22 mei 1703 onder voorzitterschap van Christophorus Frenz, die door aartsbisschop H.G. de Precipiano gesuspendeerd werd (1703-1707), en op 4 juli 1735 onder voorzitterschap van Dominicus ô Kelly (beiden Ierse dominicanen te Leuven) (Leuven, nr. 2).

6. VERZAMELING JEZUIETEN

1976. Schrijven van Andreas Judoci, provinciaal van de Zuidnederlandse provincie van de jezuïeten, aan Henricus Nobelaer, rector van het jezuïetencollege te Gent, met bevel al de boeken van C. Jansenius en zijn volgelingen uit de bibliotheken te verwijderen, 21 oktober 1641 (reg. 4, nr. 49).

1977. Moeilijkheden i.v.m. thesissen van jezuïeten, 1645-1761 (34 stukken) (klooster Leuven, nr. 3).

1978. Bevestiging door Georgius Poth vanuit Mainz aan Laurentius van Schoone, proost van het professiehuis der jezuïeten te Antwerpen, dat er te Mainz geen gevaar is voor jansenisme, 3 april 1677 (reg. 4, nr. 23).

1979. Vraag van Joannes de Brier, rector van het jezuïetencollege te Kortrijk, aan Gilbertus de Choiseul, bisschop van Doornik, om een verklaring over de *ignorantia invincibilis*, 15 april 1677; antwoord van de bisschop op 1 juni 1677 (19 fol.), (reg. 4, nr. 75).

1980. Uittreksels uit drie brieven van Louis du Vaucel, die beweert dat de jezuïeten wegens hun antijansenisme slecht in aanzien staan bij paus Innocentius XI, 14 en 21 november, 19 december 1682, (reg. 8, nr. 5).

1981. Vier documenten van Thyrsus Gonzalez, generaal-overste van de jezuïeten, m.b.t. het *peccatum philosophicum*, begin juni - 31 augustus 1690 (*generalia*, nr. 13). Cfr. L. CEYSSENS, *Autour du péché philosophique*, in *Augustiniana*, 14 (1964) 392-404 (378-425), zie *Jansenistica minora*, IX, nr. 71.

1982. Protest van de parochianen van Sint-Gaugerius te Brussel, gericht tot hun pastoor Ambrosius de Vrese, tegen de catechismuspredikaties van Godefridus Croes, jezuïet, z.d. (1711) (gedrukt); twee klachten van de Sint-Katelijneparochie te Brussel tegen de predikaties van Godefridus Croes, jezuïet, 29-30 juli 1711 (klooster Brussel, nr. 4).

1983. Verzoek van Emmanuël da Silva uit Malabar aan een pater geen jansenistisch gezinde religieuzen of seculieren te zenden, daar zij de evangelisatie bemoeilijken en de aanwezige karmelieten al genoeg herrie veroorzaken, 25 februari 1720 (reg. 4, nr. 32).

1984. Brief op 21 augustus 1613 van Franciscus van Sales, bisschop van Genève, aan Leonardus Lessius, jezuïet, met lof om zijn boek *de Justitia et de Jure* (gedrukt ex.); bevestiging van de authenticiteit ervan in 1727-1729 (*generalia*, nr. 18,6).

7. VERZAMELING MARICOLEN

1985. Lijst van 24 vragen die aan de maricolen moeten voorgelegd worden (klooster Leuven, nr. 11).

1986. Vier antwoordbrieven aan aartsbisschop Thomas-Philippus d'Alsace van Guillielmus Delvaux, aartspriester te Leuven, door de aartsbisschop aangesteld om inlichtingen over de maricolen in te winnen, 7 augustus en 6-10 oktober 1721 (*ibid.*).

1987. Ondervraging van Anna Maria Corthout, gewezen maricole, uitgetreden wegens "ketterse" strekkingen, 23 februari 1722 (*ibid.*).

1988. Verslagen van de civiele overheid omtrent het jansenisme in het klooster der maricolen en het weeshuis van Zandvoort te Leuven nl. onder de invloed van Zeger Van Espen, oktober 1734; schrijven van aartsbisschop Th.Ph. d'Alsace aan Maria Elisabeth, gouvernante van de Nederlanden, met een uiteenzetting van de feiten en het verzoek om van staatswege in die kloosters een visitatie te houden, november 1734 (*ibid.*).

Cfr. J. CALBRECHT, *De marollen te Leuven en de jansenisten*, in *Mededelingen van de geschied- en oudheidkundige kring voor Leuven en omgeving*, 12 (1972) 54-70.

8. VERZAMELING ORATORIANEN

1989. Eigenhandig geschreven brief van Cornelius Jansenius aan Henricus Calenus, aartspriester van Brussel en pastoor van de Sint-Katelijnekerk aldaar, 23 januari 1626, (*generalia*, nr. 5). Cfr. C. VAN AKEN, *Une lettre inédite de C. Jansénius, évêque d'Ypres*, in *Précis historique*, 33 (1884) 459-461; J. ORCIBAL, *Correspondance de Jansénius*, Leuven-Parijs, 1947, p. 288-292.

1990. Zaak Guillielmus Willemans, oratoriaan van het klooster te Leuven, ervan beschuldigd schandaal te hebben gegeven door zijn predikatie vooral tegen de jezuïeten, januari-februari 1676 (klooster Leuven, nr. 4).

1991. Protest van de magistraat van Bergen tegen Antonius Ryssack, aartspriester van Brussel, die toelating gaf tot het drukken van een verdediging van de oratorianen, die door de magistraat van Bergen beschuldigd waren van jansenisme; verdediging van Antonius Ryssack, 1690-1691, 14 doc. (*generalia*, nr. 7).

Cfr. *supra*, verzameling *Mechliniensia*, reg. 43, fol. 55, 57^{ro-vo}, 63ro-64ro, 68vo-72vo, 78vo, 101^{ro-vo}.

9. VERZAMELING *NUNTII - INTERNUNTII*

1992. Begeleidend schrijven van Antonius Bichi, internuntius, aan aartsbisschop Jacobus Boonen bij de toezending van het decreet van Innocentius X van 24 januari 1647, dat de verspreiding van ketterse geschriften verbood, 6 april 1647.

1993. Gelukwensen van Jacobus Rospigliosi, internuntius, aan aartsbisschop A. de Berghes voor zijn optreden tegen de lakse sententies, 1 februari 1667.

1994. Aanmaning van Jacobus Rospigliosi, internuntius, aan Eugenius Albertus d'Allamont, bisschop van Gent, er op te letten dat de kwestie van de *attritio* van op de kansel nog wordt behandeld, 11 mei en 27 juni 1667. Cfr. *Sources* VI, nrs. 271 en 276.

1995. Toezending door Sebastianus Antonius Tanara, internuntius, aan de bisschoppen van de 65 lakse moraalproposities, door Innocentius XI veroordeeld op 2 maart 1679, 20 juli 1679. Cfr. *Sources* VIII, nr. 638.

1996. Bericht door internuntius S.A. Tanara aan aartsbisschop A. de Berghes over de verzending van de lijst van door Rome verboden boeken, 25 november 1682.

1997. Schrijven van S.A. Tanara aan aartsbisschop A. de Berghes aangaande de publikatie van de pauselijke documenten in de universiteit van Leuven, 4 februari 1683.

1998. Toezending aan aartsbisschop A. de Berghes van het decreet waardoor de boeken van Natalis Alexander, dominicaan, verboden werden, 12 mei 1685.

IV GEDRUKTE WERKEN

Janseniana I

1999. "Recueil de quelques mémoires concernant les affaires de la constitution du pape touchant la morale du P. Quesnel", 2 parties, chez Estienne le véritable 1717, 128 en 144 pag. Cfr. L. WILLAERT, nr. 8679.

2000. "L'Innocence reconuë et la vérité découverte, par Anthoinette Bourignon pour la justification de Mr Christien de Cort, jadis supérieur de la Congrégation l'Oratiore en la ville de Malines en Brabant, et pasteur de l'église paroissialle de Saint Jean en icelle, sur diverses fausses accusations et calomnies faites à sa personne à grand tort, suivies de l'emprisonnement d'icelle en la ville d'Amsterdam ce 12 mars 1669", Amsterdam, 30 mei 1669, 4 blz.; sommaire des pièces contenues en ce présent traitté, 2 blz.

2001. "Une lettre éscrite par Anthoinette Bourignon à un prêtre de la Congrégation de l'Oratoire en la ville de Malines..., laquelle répond aux allégations des pères de cette province sur le sujet de la sortie de Mr Christien de Cort...", Amsterdam, 25 april 1669, 64 blz.

2002. Brief van Anthoinette Bourignon aan "Monsieur" over Christien de Cort, Amsterdam, 30 mei 1669, 24 blz.

2003. Brieven en akten m.b.t. Christien de Cort, 1667-1669, 15 blz.

Janseniana II

2004. "Lettre de M. Clément Waterloop, curé de Carvin-Epinoy à M. de Coninck, curé de S. Jacque à Tournay et vice-gérent de l'officialité où il se justifie contre la sentence rendue par le dit vice-gérent sur le refus de publier la constitution *Unigenitus*, avec une autre lettre du même curé à Monseigneur l'Évêque de Tournay, et un mémoire où l'on examine s'il est permis à des curés ou autres de publier en quelque manière que ce soit la ditte constitution", 1715, 92 blz. Cfr. L. WILLAERT, nr. 8475.

2005. "Délibérations de l'assemblée des cardinaux, archevêques et évêques, tenue à Paris en l'année 1713 et 1714, sur l'acceptation de la constitution en forme de bulle de Notre Saint Père le Pape Clément XI portant condamnation de plusieurs propositions extraites d'un livre imprimé en français et divisé en plusieurs tomes, intitulé *Le nouveau testament en français avec des réflexions morales sur chaque verset à Paris 1699...* avec des observations sur les actes concernant son exécution et sa publication", 1714, 216 blz. Cfr. L. WILLAERT, nr. 8214; L. CEYSSENS, *Autour de la bul "Unigenitus". Son acceptation par l'Assemblée du clergé*, in *Revue d'histoire ecclésiastique*, 80 (1985) 369-414, 732-759.

2006. "Lettre circulaire de l'évêque de Montpellier aux évêques de France à l'occasion de ce qui s'est passé contre lui, dans l'Assemblée Provinciale de Languedoc", Montpellier, 2 mei 1725, 23 blz. Cfr. L. WILLAERT, nr. 9540.

2007. "Motivum juris in causa thesium de fide, spe et charitate Lovanii in schola PP. Societatis Jesu defensarum 24 et 25 novembris 1711, oblatum Sanctae Sedi", 54 blz. (2 ex.). Cfr. L. WILLAERT, nr. 7962.

2008. "De jansenisterije in veelderande stucken onredelijk streng", Brugge, 1693, 88 blz. Cfr. L. WILLAERT, nr. 5728.

Janseniana III

2009. "Lettre pastorale de M. l'évêque de Montpellier addressé au clergé et aux fidèles de son diocèse, en faisant part de la protestation qu'il s'est crû obligé de faire contre une délibération de l'Assemblée générale du Clergé de France du 2 octobre 1725", 10 oktober 1725, 24 blz. Cfr. L. WILLAERT, nr. 9288.

2010. "Relation des délibérations de la faculté de théologie de Reims au sujet de l'acceptation de la bulle *Unigenitus*" (1715), 16 en 128 blz. Cfr. L. WILLAERT, nr. 8461.

2011. "Jugement des saints pères sur les propositions condamnées dans la constitution du 8 septembre 1713 contre le nouveau testament avec des réflexions morales. Seconde édition de l'écrit qui a paru sous le titre de *La Constitution Unigenitus en quatre colomnes*", 4 januari 1714, 6 en 160 blz. Cfr. L. WILLAERT, nr. 8254.

2012. "Dolingen van de zoo genoemde katholijke onderwijsinge, en het vervolg der zelfde voor de bul *Unigenitus* aan alle de Werelt ten toongestelt tot behoedinge der eenvoudige, tot vrede van de Kerke, en rust van den Staet. Bijvoegsel. Verhael van den oproer tegen den zeer eerw. Heer Pastoor van Wevelgem", Delft, 1719, 8 en 128 blz. Cfr. L. WILLAERT, nr. 8858.

2013. "De jansenisterije omverre-worpende de geheele christelijcke religie", Brugge, 1693, 47 blz. Cfr. L. WILLAERT, nr. 5729.

2014. "Bewijs dat de bul *Unigenitus* geenszins is aen-genomen van de H. Kerke. Kan dienen tot antwoordt op de vraegstukken, voorgestelt aan den heer kanonik Ricquaert, enz.", Delft, 1719, 6 en 41 blz. Cfr. L. WILLAERT, nr. 8953.

2015. "Scriptum cui titulus *Quaestiones de constitutione Unigenitus refutatum a belga catholico*", Brussel, 1719, 108 blz. Cfr. L. WILLAERT, nr. 8958.

Janseniana IV

2016. "Acte d'appel interjetté le 1 mars 1717 par messeigneurs les évêques de Mirepoix, de Senez, de Montpellier et de Boulogne avec un recueil de pièces pour justifier cet appel au qui y ont rapport", 1717, 48, 163 en 3 blz. Cfr. L. WILLAERT, nr. 8595.

2017. "Troisième gémissement d'une âme vivement touchée de la destruction du monastère de Port Royal des champs", 2de uitg., 1713, XXXVI en 57 blz. Cfr. L. WILLAERT, nr. 8173.

2018. "Seconde lettre d'un avocat à un évêque sur la manière de recevoir la constitution qui pourrait venir de Rome touchant le livre du Père Quesnel, s.d., 40 blz.

2019. "Mémoire sur la publication de la bulle *Unigenitus* dans le pais-bas où l'on expose les raisons qui doivent empêcher de permettre cette publication, avec la lettre pastorale de M. le Cardinal de Noailles, les lettres de cette Eminence, et de MM. les archevêque et évêques qui lui sont unis, au Pape et au Roi, et la protestation ou opposition de M. Hulot, docteur de Sorbonne", 1714, 45 blz. Cfr. L. WILLAERT, nr. 8284.

2020. "Problème ecclésiastique proposé à M. l'abbé Boileau de l'Archevêché à qui l'on doit croire, de messire Louis Antoine de Noailles, évêque de Châlons en 1695 ou de messire Louis Antoine de Noailles, archevêque de Paris en 1696", 16 blz. Cfr. L. WILLAERT, nr. 5998.

2021. "Remarques sur ce que M. Delcourt dit dans sa réponse pour soutenir l'ordonnance de Monseigneur l'archevêque de Cambrai, etc., auxquelles on a joint la lettre de M. de S. Pons à M. de Cambray", 1705, 84 blz. Cfr. L. WILLAERT, nr. 7324.

2022. "Mémoires pour servir à l'examen de la constitution du pape contre le Nouveau Testament en Français avec des réflexions morales", 1713, XXII en 131 blz. Cfr. L. WILLAERT, nr. 8156.

2023. "Lettre du R.P. Quesnel au R.P. de la Chaise", s.d., 47 blz. Cfr. L. WILLAERT, nr. 10185(?).

2024. "Idée générale de la nouvelle constitution contre le livre des Réflexions morales sur le Nouveau Testament etc., a Monseigneur l'évêque de...", 1713, 72 blz. Cfr. L. WILLAERT, nr. 8132.

2025. Réflexions sur l'instruction pastorale proposée à tous les prélats du roiaume sous le nom de l'Assemblée tenue à Paris en 1713 et 1714 sur l'acceptation de la Constitution en forme de celle de notre Saint Père le Pape Clement XI du 8 septembre 1713", 1714, 56 blz. Cfr. L. WILLAERT, nr. 8320.

Janseniana V

2026. "Difficultez sur l'ordonnance et l'instruction pastorale de M. l'archevêque-duc de Cambrai, touchant le fameux cas de conscience; proposées à ce prélat en plusieurs lettres, par Monsieur Verax, bachelier en théologie, Nancy", 1704, 6 en 126 blz. Cfr. L. WILLAERT, nr. 7129.

2027. "Lettre de M. Lenain de Tillemont au R.P. Armand Jean Boutillier de Rancé, abbé de la Trappe, et les réponses de cet Abbé, avec un discours préliminaire, des éclaircissemens sur les faits qui y sont rapportés, et plusieurs lettres et pièces justificatives", Nancy, 1705, 167 blz.

2028. "Disquisitio historico-theologica an jansenismus sit merum phantasma. Pars tertia. Totius Jansenismi approbatores per Jacobum de Monbron", Keulen, (1692), 168 blz. Cfr. L. WILLAERT, nr. 5579.

2029. Idem. "Pars secunda. Jansenius, primi ejus patroni et sequaces per Jacobum de Monbron", Keulen, z.d., 152 blz. Cfr. L. WILLAERT, nr. 5578.

Janseniana VI

2030. "Réfutation du mémoire publié en faveur de l'appel des quatre évêques, adressée à Monseigneur l'évêque de Mirepoix, avec le témoignage de l'Église universelle en faveur de la bulle Unigenitus", tome premier, Brussel, 1718, 8 en 143 blz. Cfr. L. WILLAERT, nr. 8781.

2031. "De jansenisterije in veelderande stucken onredelijk streng", Brugge, 1693, 88 blz. Cfr. L. WILLAERT, nr. 5728.

2032. "Samenspraek tusschen weetbegerigh en berightvaerdigh over de leeringh van wijlen ... Cornelius Jansenius, bisschop van Yperen, en van zijn medestaenders door C.ST.IM", Keulen, 1688, 42 blz. Cfr. L. WILLAERT, nr. 4918.

2033. "Eer en leer van christien ofte van d'eenvoudige zaamenspraaken, etc. verdedigt door eene zaamenspraak tusschen moeder en dochter, tegen een boekje met titel eer en leer van wijlen den heer Cornelius de Witt, etc. behelsende vijf zaamenspraaken tusschen vader en zoon, opgesteld door Petrus Godefridus Josselin, rustend predikant van Veghel en Erp", Antwerpen, (1774); goedkeuringe, Antwerpen, 26 oktober 1774, 41 blz.

2034. "De jansenisterije hardneckelijk beschermende menige ketterijen en verdoemde dolingen", Brugge, 1693, 65 blz. Cfr. L. WILLAERT, nr. 5527.

2035. "Tertia pars difficultatum propositarum eximio D. Martino Henrico de Swaen in Universitate Lovaniensi S.T. Doctori per Didacum de Oropega", Keulen, 1692, 107 blz. Cfr. L. WILLAERT, nr. 5546.

Jansenistiana VII

2036. "Secrets du parti de Mr. Arnauld découverts depuis peu. Nouvelle édition. Avec un avertissement touchant les plaintes de Mr Arnauld", s.l., 1691, 12 en 88 blz. Cfr. L. WILLAERT, nr. 5442.

2037. "L"origine et les causes du jansénisme avec certains reglemens et instructions mises au jour par le Sieur Marandé, conseiller et ausmosnier du Roy, au livre des inconvéniens du Jansénisme, dédié au Roy", Parijs, 1654, 32 blz. Cfr. L. WILLAERT, nr. 2835.

2038. "Réfutation de la réponse justificative du R.P. Gabriëlis par Henri de Long-val", Keulen, 1692, 94 blz. Cfr. L. WILLAERT, nr. 5532.

2039. "Samenspraek tusschen weetbegerig en berigtvaerdig over de leeringh van wijlen ... Cornelius Jansenius, bisschop van Yperen, en van zijn medestaenders door C.ST.MI.", Keulen, 1688, 45 blz. Cfr. L. WILLAERT, nr. 4918.

2040. "Tweede samenspraek tusschen weetbegerig en berigtvaerdig over zeker boekje genoemd kort bondig bewijs van dat er in Holland geen secte van Jansenisten is, door C.ST.IM.", Keulen, 1688, 36 blz. Cfr. L. WILLAERT, nr. 4919.

2041. "In librum cui titulus est "Amor poenitens" sive de divini amoris ad paenitentiam necessitate, et recto clavium usu, libri duo, cum appendice, etc. auctore Joanne episcopo castoriensi. Animadversionum decas prima per Joannem Peresium, theologum", Mainz, 1684, 8, 75 en 2 blz. Cfr. L. WILLAERT, nr. 4575.

2042. "Avis politiques sur le formulaire que l'archevêque de Malines et les jésuites veulent introduire dans le Païs-Bas", 1693, 12 blz. Cfr. L. WILLAERT, nr. 5708.

2043. "Samenspraak tusschen Crispijn en Crispiniaan, handwerkers van 't schoenmakers gilde, d'een knegt, d'ander baas, over kerkelijke geschillen op nieu met eenige 't samenspraken vermeerderd", Amsterdam, 1702, 115 blz. Cfr. L. WILLAERT, nr. 6901.

Janseniana VIII

2044. "Confutatio libelli anonymi cui titulus Les sentimens etc. de Monseigneur l'archevêque de Malines per Didacum de Oropega, Lovaniensem theologum. Accessit eiusdem auctoris responsio ad comparationem inter doctrinam illustrissimi et novatorum, Keulen, 1691, 24 en 102 blz. Cfr. L. WILLAERT, nr. 5342.

2045. "Brief van Paschier Quesnel aan sijne heyligheyd Clemens XI paus van Roomen met verscheyde bemerkingen", Antwerpen, 1719, 105 blz. Cfr. L. WILLAERT, nr. 8824.

2046. "An abstract of what is necessary to be known concerning the constitution *Unigenitus*. The better to avoid the Errours and Snares of the modern Innovators, address'd to the Faithfull, who are in danger of being seduced by them", Luxemburg, 1724, 12 en 56 blz.

2047. "Nicolai Du Bois, theologi et iurisconsulti ... responsum secundum adversus Seminarium et examinatores Mechlinienses seminarii doctrinae adhaerentes de confessione nullo penitus casu revelanda ...", Keulen, 1682, 8 en 48 blz. Cfr. L. WILLAERT, nr. 4307.

2048. "L'origine et les causes du jansénisme avec certains reglemens et instructions, mises au jour par le sieur Marandé, conseiller et ausmosnier du Roy, au livre des inconveniens du Jansénisme dedié au Roy", Parijs, 1654, 32 blz. Cfr. L. WILLAERT, nr. 2835.

2049. "Deuxième défense de la Constitution *Vineam Domini Sabaoth*, contre un libelle donné au public de la part du P. Quesnel, avec ce titre: "Lettre à M. Decker, doien de l'église de Malines, où l'on réfute son nouveau système du Jansénisme, etc.", et contre la réfutation que l'autheur du libelle intitulé "Defensio Epistolae Leodiensis confutata", prétend de faite dans son...", Leuven, 1707, 110 blz. Cfr. L. WILLAERT, nr. 7488.

2050. "Defensio veritatis catholicae scriptum jansenianum cui titulus: "De quaestione facti Jansenii, variae quaestiones juris et responsa quod hic totum refertur et refutatur", Leuven, 1708, 15, 93 en 3 blz. Cfr. L. WILLAERT, nr. 7589.

Janseniana IX

2051. "Confutatio libelli cui titulus *Responsio brevis J. Opstraet* ad libellum cui titulus *Praxis et doctrina communis ecclesiae*, etc. pro majori elucidatione et propugnatione decreti episcopalis de poenitentia", Keulen, 1697, 134 blz. Cfr. L. WILLAERT, nr. 6034.

2052. "Epistola Didaci de Oropega Lovaniensis theologi ad D. Martinum Henricum de Swaen et D. Petrum Melis occasione congressus eorum cum D. Nicolao Du Bois", Keulen, 1691, 22 blz. Cfr. L. WILLAERT, nr. 5345.

2053. "Decretum Archiepiscopi Mechliniensis contra scripturae sacrae lectionem notis illustratum", 9 januari 1691, 15 blz. Cfr. L. WILLAERT, nr. 5366.

2054. "Responsio brevis ad libellum famosum cui titulus *Apologia pro Huberto Gautio*, in Antverpiensi seminario professore, contra jesuitarum calumnias auctore F.B.G. theologo", 1711, 59 blz. Cfr. L. WILLAERT, nr. 7930.

2055. "Vindiciae responsionis ad considerationes circa exactionem formulae Alexandrinae etc. adversus epistolam qua afferuntur istae considerationes authore D.L.C. De Decker, ecclesiae Metropolitanae Mechliniensis decano et canonico", Leuven, 1711, 76 blz. Cfr. L. WILLAERT, nr. 7996.

2056. "Uyttreksel uyt het proces van 't geregt des fiscaals van 't Geestelijk Hof van Mechelen, tegen Paschasius Quesnel, priester van 't Beruls Oratorie", Brussel, 1705, 158 blz. Cfr. L. WILLAERT, nr. 7345.

2057. "Examen de la réponse aux plaintes contre la conduite de Monseigneur l'Archevêque de Malines par François Manseau, prevost de S. Pierre et professeur en théologie", Keulen, 1691, 117 blz. Cfr. L. WILLAERT, nr. 5412.

Janseniana X

2058. "Le janséniste et le jansénisme. Poème héroïque", s.l., 1715, 40 blz.

2059. "Een stuck van seker sermoon gedaen tot Mechelen op den dertiensten dagh van November 1718, opgedraegen aen de parochiaenen van

S. Rombauts-Kercke voor een tegenvenijn aen eenige schaedelijcke leeringen nopende den paus van Roomen...", Brussel, 1718, 15 blz. Cfr. L. WILLAERT, nr. 8731.

2060. "Berigt aen een advocaet tot Mechelen over zeker sermoon gedaen in deselve Stadt den ... November 1718", (Mechelen), 1719, 54 blz. Cfr. L. WILLAERT, nr. 8970.

2061. "Het noodeloos tegenvenijn van een stuck sermoons door christelijcke liefde van bitterheyt gesuyvert en wederleyt door 't gesagh van d'algemeyne kerck-vergaderingen en van d'heylige Vaders...", s.l., 1718, 70 blz. Cfr. L. WILLAERT, nr. 8768.

2062. "Klaere overtuyginge van de misslaegen ende lasteringen begaen door ... H. Stevaert, pastoor van 't beggijnhof te Mechelen, en de sonder tegen lasteren wederleyt door Theophilus A.F.T.L.D., auteur van 't noodeloos tegenvenijn", s.l., 1719, 8 en 179 blz. Cfr. L. WILLAERT, nr. 8978.

2063. "De onfaelbaerheyt toegeschreven aen de H. Kerke, en niet aen den paus van Roomen door den catechismus van Mechelen en het H. Evangelie, met een waerschouwinge wegens de *Bescherminge van de Pauzen*, etc. door den H. Hieronymus Stevart", s.l., 1719, 12 en 45 blz. Cfr. L. WILLAERT, nr. 8919.

2064. "Eynde uyterwerckingen en de effecten der appellen tot een generael vrij concilie door H.A.V.B.H.V.T.", s.l., 1722, 4 en 25 blz.

Varia

2065. "Cornelii Jansenii oratio de interioris hominis reformatione, habita in monasterio Affligeniensi", Antwerpen, 1708, 33 blz. Cfr. L. WILLAERT, nr. 1860.

2066. "Quaestio theologica excerpta ex publicis lectionibus D. Nicolai Du Bois: an bullis ... adversus Baium ... et contra Jansenium ... recte opponatur doctrina Augustini", Mainz, 1677, 62 blz. Cfr. L. WILLAERT, nr. 3899.

2067. "Nicolai Du Bois ... responsum secundum adversus seminarium et examinatores Mechlinienses, seminarii doctrinae adhaerentes... De confessione nullo penitus casu revelanda", Keulen, 1682, 48 blz. Cfr. L. WILLAERT, nr. 4307.

2068. "Cornelii Jansenii ... Tetrateuchus sive commentarius in Sancta Jesu Christi evangelia", 3de uitg., Leuven, 1685, 8 en 446 blz. (Mattheus, Marcus). Cfr. L. WILLAERT, nr. 4684. *Idem*, Leuven, s.d., 430 blz.

2069. "Examen de la réponse aux plaintes contre la conduite de Monseigneur l'Archevêque de Malines par François Manseau", Keulen, 1691, 117 blz. Cfr. L. WILLAERT, nr. 5412.

2070. "Justification générale des plaintes qu'on a faites de la conduite et des sentimens de Monseigneur l'archevêque de Malines ... par Henri Schreynmaker", Keulen, 1692, 144 blz. Cfr. L. WILLAERT, nr. 5620.

2071. "Nicolai Du Bois epistola prima ad authores libelli, cui titulus *Supplicatio ad archiepiscopum mechliniensem...*", Leuven, 1692, (gevolgd door 12 andere van 1692). Cfr. L. WILLAERT, nr. 5552.

2072. "Replica ad libellum cui titulus Response au motif de droit canonique ... contre Mr. Pierre Van Eesbeke, ... exhibita per authorem ejusdem motivi Petrum Govarts", Mechelen, 1698, 118 blz. Cfr. L. WILLAERT, nr. 6221.

2073. "Vindiciae brevis historia Jansenismi et defensionis ejusdem historiae adversus apologiam tertiam panegyreos Jansenianae per L.C. De Decker", Leuven, 1702, 8 en 92 blz., cfr. L. WILLAERT, nr. 6814; "La quintessence du jansénisme et plusieurs autres erreurs et diverses injures tirées ... d'un livre ... *Histoire générale du jansénisme* ... et avec un petit écrit ... *Parallelum quinque famosarum propositionum cum aliis etc.* ... par un chanoine de la métropole de Malines, Leuven, 1702, 10 en 51 blz. Cfr. L. WILLAERT, nr. 6890.

2074. "Acta Ecclesiae Mechliniensis anni 1718 circa bullam *Unigenitus...*", Brussel, 1719, 152 blz., 2 ex., in een bijgevoegd "Clementis Papae XI damnatio quamplurium propositionum anni 1713, 1714", en twee mandaten van Amatus Ignatius de Coriache, vicaris-generaal sed. vac. van 13 juli en 26 september 1714, cfr. L. WILLAERT, nr. 8208; herderlijke brief van aartsbisschop Thomas-Philippus d'Alsace van 17 oktober 1718. Cfr. L. WILLAERT, nr. 8712.

2075. "Mandement et instruction pastorale de monseigneur l'archevêque de Paris des 19 septembre et 7 novembre 1756", Antwerpen, 1829, 194 blz.

2076. "Entretien entre un théologien français et le père Hannot, lecteur en théologie, recollet, sur l'infaillibilité du pape touchant le dogme et les faits doctrinaux", s.d., 6 en 88 blz. Cfr. L. WILLAERT, nr. 8517.

INDEX

De getallen verwijzen naar de doorlopende nummers in de marge van de tekst.

I. PERSONENREGISTER

II. PLAATSNAMEN

III. ZAAKREGISTER

ANNUA NUNTIA LOVANIENSIA

Uitgegeven door — Published by

Faculteit der Godgeleerdheid / Faculty of Theology
Katholieke Universiteit Leuven

Available:

17. De Theologische Faculteit 1919-1969. Edited by F. Neirynck. 1970, 210 p. BF 200.

18. Bibliographia Academica. Faculteit der Godgeleerdheid – Faculty of Theology. Edited by G. Dreesen. 1972, 348 p. BF 400.

19. De Bibliotheek van de Faculteit der Godgeleerdheid. Plechtige opening 16 oktober 1974. Edited by M. Sabbe. 1975, 109 p. BF 400.

24. Les six dernières années des Facultés unitaires de Théologie et de Droit canonique 1962-1968. Nécrologies et Chronique 1962-1970. — De laatste zes jaren van de niet gesplitste Faculteiten van Godgeleerdheid en Kerkelijk Recht 1962-1968. Necrologieën en Chronica 1962-1970. Edited by J. Coppens. 1980, 418 p. BF 800.

25. A Vindication of My Honor, by Henry A. Poels D.D. Edited by F. Neirynck. 1982, 42*-110 p. BF 480.

26. Authority in the Church. Contributions by G. Alberigo, P. Delooz, G. De Schrijver, P.F. Fransen, R. Gryson, P. Hebblethwaite, F.-X. Kaufmann, A. Keller, J. Moingt, E. Schillebeeckx, P. Schoonenberg, L. Swidler, T.I. Jiménez Urresti. Edited by P.F. Fransen. 1983, vii-246 p. BF 600.

27. Het nieuwe Kerkelijk recht. Analyse van de Codex Iuris Canonici 1983. Bijdragen van J. Backeljauw, W. Blezer-Van de Walle, L. De Fleurquin, H. Demeester, J. Hanenburg, R.G.W. Huysmans, J. Kerkhofs, L. Leijssen, P. Lemmens, W. Onclin, W. Pintens, J. Smets, P. Stevens, F. Temmerman, O.F. ter Reegen, R. Torfs, P. Van den Berghe, C. Van de Wiel, A. Vansteenwegen, K. Walf. Edited by R. Torfs. 1984, xi-257 p. BF 1500.

28. Jansenistica te Mechelen: Het Archief van het Aartsbisdom. By C. Van de Wiel. 1988, 250 p. BF 900.

LEUVEN UNIVERSITY PRESS – UITGEVERIJ PEETERS

ORIENTALISTE, P.B. 41, B-3000 Leuven